U0458440

全国教育科学规划教育部重点课题

失范与规范：幼儿教师教育权力规制机制研究

——基于虐童事件的反思

课题批准号：DAA150204

失范与规范：
幼儿教师教育权力规制机制研究

——基于虐童事件的反思

刘澍／著

上海三联书店

目 录 CONTENTS

前言

　　教育即生活,教育与人类与生俱来。①说到底,教育是人际关系的一种体现。在古代,教育是一种习惯;在现代,教育转变为一种追求。然而,理解、把握教育并不是一件易事。尤其是幼儿教育,在我国至今依然游离于国家教育规划和教育管理的核心范畴之外。至于幼儿教师则更是关注较少。所不同的是,由于近年来幼儿教师虐童事件不时牵动国家和社会大众的敏感神经,才使得幼儿教育的社会地位和法律地位有所上升。既然教育本质上是人际关系,那么理解幼儿教育,尤其是幼儿教师的教育权力规制问题,也就必须回归主体间性关系,否则很难从现实实有之纷繁复杂的社会现象中发现其中蕴含的基本机理。

　　德国存在主义哲学家、神学家、精神病学家卡尔·雅斯贝尔斯对教育本质的发掘有深刻的哲理洞见:"真正的教育,是用一颗树去摇动另一棵树,用一朵云去推动另一朵云,用一个灵魂去唤醒另一个灵魂。"在雅斯贝尔斯对于教育理解的灵魂深处,教育之中是不应该含有半丝的强制,而是喻我于他,启迪他人,警醒自我。然而,世界似乎并不是如此的纯粹。

　　"存在即是对他人的命令。"法国哲学家萨特继承了海德格尔对于我与他的关系的深邃洞见:以我为本座去观察世界、表现世界。不少学者误以为在萨特的眼中,人与人是平等的,其实不然。萨特并不以直线型的眼光来看待人与人之间的关系,而是以个体自由为基石来观测。作为存在主义哲学大师,萨特借加尔文之口表达了对他我主体间性关系的深刻领悟:"青铜像在这儿,我注视着它,我明白我自己是在地狱

---

　　①　李建兴:《中国社会教育发展史》,三民书局 1986 年版,第 1 页。

里。我跟您将，一切都是预先安排好了的。他们早就预料到我会站在这壁炉前，用手抚摸着青铜像，所有这些眼光都落在我身上，所有的这些眼光都在吞噬我……（突然转身）哈，你们只有两个人？我还以为你们很多人呢？（笑）那么，地狱原来就是这个样。我从来都没有想到，……提起地狱，你们便会想到硫磺、火刑、烤架……啊，真是莫大的玩笑！何必用烤架呢，他人就是地狱。"①这一段台词富含着深刻的关于主体间性的哲理。青铜像此时的在场代表了加尔文眼中的"他"。不管加尔文承不承认，青铜像都是存在且在场的。青铜像即便是物，在加尔文眼中也已经被活化为独特的个体"他"，有着"他"自我特有的作为人的一切。因此，萨特在此表达的不是两者的平等，而是青铜像代表的作为客观存在的人的自由。外我的"他"自然作为客观存在限制了加尔文的自由。在此两人的狭小物化空间范围内，油然而生的"我""是在地狱里"的直观感知。不过，这仅仅只是萨特"除去直观认识外，没有任何别的认识"的直觉判断。因为存在是不以人的意志为转移的客观现象，存在即意味着你必须承认它。这是一种假设性物化的意念感知——无论它是否占据"我"所能感知的空间，但它毕竟以它的方式存在；"我"能感知它时它既以它的方式存在也以"我"的主观认知存在；"我"不能感知它时它还是以它的方式存在，但它的存在必然影响"我"的主观感受。这就是存在即是对他人的命令的最为基础的含义，也是萨特所要表达的"在地狱里""预先安排""吞噬我"等台词的基本含义。

然而，有更多的人开始替萨特悲怆起来，认为"他人即地狱"带来的结果是一种绝望——"世界把我抛弃了为的是成为另一个人的东西"。②也有学者认为："萨特把他人与我的关系看作存在与存在的关系，这种关系不是简单的我与物的关系，他人有自己的观点，以自己的方式观察着世界、表现着世界，从这个层面上看，我与他人是平等的，而

---

① ［法］让-保罗·萨特：《萨特戏剧集》（下），袁树仁等译，人民文学出版社 1985 年版，第 154 页。

② 杜小真：《萨特引论》，商务印书馆 2007 年版，第 117 页。

也恰恰因为这种平等造成了混乱。"①严格来说，这两种理解方法都存在某些偏颇。前者在一开始研究的时候将萨特的思想禁锢入一种恐惧人与人交往的绝望状态："在他人的注视下，我就成了'为他人的存在'，就是一种'自在'了。我被固定了。这样，在他人的注视下，我变成了为他的诸如物一类的东西。"②按照这种观点，"我"接受了他人赋予"我"的存在，"我"被他人物化了，被他人不当做一个平等的生物体来看待。于是作者得出了如下令人惊讶的观点："在别人的注视下，我就感到痛苦、混乱与不安。因为在实际上，我又不愿意、也不可能成为真正的自在。"③

依照此种逻辑，在作者眼中，要么"我"是傻子，要么"他"是傻子。好在作者后来似乎意识到了这一观点存在的问题，从而把论点引向了另外一个层面那就是人性善恶这个千古难辨的话题。"不过应该指出，萨特提出他人的问题，指出他人的存在对我的威胁，固然是要说明自为之间交流的困难，人际关系的险恶，另一方面他要指出：人与人之间的关系是存在与存在的关系，人活着，是可以相争的，因为他和他人一样都是自为。"④然而即便如此，作者依然背离了萨特的初衷："我想说的是：'他人就是地狱……我的意思是说，要是一个人和他人的关系恶化了弄糟了，那么，他人就是地狱……世界上的确有相当多的一部分人生活在地狱里……因为他们太依赖于别人的判断了。'"⑤事实上，对于智者而言，真理与谬误之间往往只有一线之差。萨特只是阐释了一种现象，即人与人的存在是客观的，他人的存在及其状态无法为"我"所改变。既然如此，我与他人之间的状态是存在的，那么人要改善与他人的关系，就必须从本真的我的存在出发。这是萨特型构自我与他人之间平等关系的逻辑基础，而不是萨特一开始就认为人与人是平等，而是人

① 李凤：《萨特说人的自由》，华中科技大学出版社 2018 年版，第 81 页。
②③ 杜小真：《一个绝望者的希望——萨特引论》，上海人民出版社 1988 年版，第 106 页。
④ 杜小真：《萨特引论》，商务印书馆 2007 年版，第 120 页。
⑤ [法]让-保罗·萨特：《存在与虚无》，杜小真译，生活·读书·新知三联书店 1997 年版，第 344 页。

与人先是必然互认各自的存在，而后认可各自的自由，再由此种客观的自由衍生出同类的平等关系。就此，平等不是后一作者所理解的混乱根源，恰恰是秩序的开始。

再回到雅斯贝尔斯对于教育本质的判断，我们不难发现，其实雅斯贝尔斯与萨特的判断在本质上是一致的。两位智者的方向一致，观点接近，只不过分析的逻辑有所不同而已。教育本身不是一种强制，因为无论在萨特眼中还是在雅斯贝尔斯眼中，既然人的主体间性是客观存在的，而且是类本质的存在，那么强制他人也就意味着强制自我，不容忍他人或他人的关注，也就意味着自我否定。因此，敞开心扉接受他人，理解他人，包容他人才是人生最为基本的生活技能，也是个体处理好人与人的关系的基础。故而，如下的观点道出了个中真谛："萨特因其哲学与伦理学的深刻人学意蕴而被人们誉为 20 世纪的良心，他的主体伦理学为唤醒沉睡中的自我，赋予人的主体意识起到了积极的推动作用。"①令人惊讶的是，孙老师继而又匆匆忙忙地得出了萨特"他人即地狱"之消极性——"萨特关于'他人即地狱'的主张也为张扬自我、抑制他人提供了思想借口，很容易陷入自我中心论。"②这种观点恰恰又背叛了"他人即地狱"的本真含义，陷入了人与人的非对等状态。

教育学首先必须是人学，其次才可能谈教育的问题。这是当今时代在全世界范围内已经确立起来的一个基本教育准则。我国近年来之所以出现比较严重的幼儿教师虐童事件，从最为根本的角度来看，无非是幼儿教师缺乏最基本的教育理论知识，尤其是缺乏对于人与人之间客观存在的主体间性的认知。不能虐待儿童，显然是一个人尽皆知的常识。然而诸如 2012 年浙江台州温岭蓝孔雀幼儿园教师暴力殴打折磨幼儿事件，2014 年西安枫韵蓝湾幼儿园教师给在园幼儿服用处方药"病毒灵"事件，2017 年北京朝阳区管庄红黄蓝幼儿园（新天地分园）国际小二班的幼儿遭遇老师扎针喂不明白色药片事件，2017 年上海携程托管亲子园教师对在园幼儿殴打强喂芥末事件等等，已经完全

①② 孙庆斌：《勒维纳斯：为他人的伦理诉求》，湘潭大学出版社 2009 年版，第 203 页。

超出几乎所有正常人的心理承受范围。然而，更令人感到惊讶的是，尽管这些行为人受到法律制裁和社会舆论痛批，但类似的事件依然在继续发生，并没有根本好转的迹象。据此，幼儿园虐童"黑数"在我国这个有着281174所学前教育机构①的大国到底有多大，应该不难猜想。

幼儿教师虐童行为引起社会关注仅仅始于2011年11月7日《东莞日报》上发表的两篇文章，②而引发全社会关注的则始于次年的温岭虐童事件。直到此时，中央级媒体才做出反应，国家和社会公众才意识到事态的严重性。此后，尽管社会各界对幼儿教师虐童事件给予了激烈的抨击，但是这并不有助于从理论层面揭示问题的根源。近年来虐童事件常被热烈讨论，但是国家立法对此除了做出临时性的刑事法修改反应外（《刑法修正案九》增加虐待被监护、看护人罪），并没有系统的完善相关领域的立法。换而言之，民众的愤慨、社会的焦虑、媒体的渲染依然未能有效地促成国家的行动。从这一角度而言，失败的并不是国家，而是各种声音的质量，因为其没有有效打动立法者。

诚然，解释教育现象是非常困难的。"教育要研究的学问是针对全人的——无论哪种类型的人，无论哪种社会身份的人，无论哪种智力状况、健康状况、年龄状况、种族状况、文化状况、意识形态状况的人。所有的人都是教育学研究的对象，没有人能够例外。"③众所周知，但凡涉及到人的问题都异常复杂。在当下幼儿教育产业化的大时代背景下，各路人马均在这一领域大显身手，但意图不同，旨趣各异。学术界对此的解释既有法学、哲学、社会学、经济学等各大学科的范式，也有各种交叉学科的方法和路径。各种观点、理论精彩纷呈，可谓莫衷一是。然而，无论如何理解，但万变不离其宗。在本书看来，教育并不重在于教，

---

① 数据来源于国家统计局公布的统计年报，统计年份为2019年。
② 这两篇文章分别是李克杰的《"虐童"频发亟需立法规范》和麦小迈的《"虐童"是教育异化的表现》。
③ 张文质：《教育的勇气：张文质和青年教师的谈话》，长江文艺出版社2018年版，第196页。

而在于育。教育在多数场景下是一种陪伴过程，或者是一种帮助与互助过程。"人的成长本质上都是自我成长，人最终的发展也是自我发展，而不是你用外力去塑造去实现的发展。就像一个鸡蛋，从里面打破是一种发展，从外面打破是一种破坏，其实每一个人的发展都像鸡蛋一样，都是从内部发展的。"[①]

基于以上思考，本书的写作目的并不在于为幼儿教育提供一些晦涩难懂且貌似深奥的理论，而在于相对直白地从正当性、合法性的角度解释幼儿教师教育权力，并希望通过作者的努力，基本理顺和构建其有可能在实务中优化现行幼儿教师教育权之法律规制机制；进而为减少幼儿教师虐童事件，提升我国幼儿教育的质量做出些许努力。

---

① 张文质：《奶蜜盐——家庭教育第一定律》，江苏文艺出版社 2017 年版，第 56 页。

第一章
幼儿教师教育权力的来源、正当性与合法性

"凡是合乎理性的东西都是现实的,凡是现实的东西都是合乎理性的。"①任何一种现存的事务或现象都有其存在的理由或是根据。然而,存在并不意味着其继续存在的合理性,只有合乎理性,或者说合乎人类社会发展潮流的存在才是现实所需。幼儿教师教育权在很多人眼里看来是一种"权利",而非"权力"。然而,在幼儿眼中,幼儿教师近乎神圣般的存在,其一言一行都是"命令",甚至比权力来得更有力。从法律实践的角度来看,幼儿教师行使的教育教学权显然具有行政权的明显特征:在教育教学过程中,主体关系上,幼儿教师与在园幼儿之间不具有平等性;在法律效力上,幼儿教师拥有强制权且必须依法依程序行使。何况,谁也不可能得出我国《教育法》和《教师法》是民商法或经济法的组成部分。而幼儿教师恰恰是根据这两部国家法和诸多幼儿园行政法规与行政规章来行使教育教学管理权的。只不过此种权力与公共行政管理权有着一定的区别,更为软化,更为依赖于合作,在很多时候还需要征得当事人及其法定代理人的同意。也正是基于这些法律上的一些困惑,本书以为,我们很有必要探讨幼儿教师教育权力的来源、正当性与合法性。

---

① [德]黑格尔:《法哲学原理》,范扬、张企泰译,商务印书馆 1961 年版,序言。

第一节　幼儿教师教育权力的来源

一、教育的起源

教育起源于何时?这显然无法查找出确切的源头。这不仅是因为教育本身就是一种生活方式,而且也因为史前史料缺乏,迫使后世对于这一问题只能采取文献分析法进行考证。对于缺乏文字记载的时代,对于教育性状的把握,大抵上是一种理论猜想或构想。

在人类文明发展的历史长河中,早初时期的教育与权力几乎搭不上关系。这不仅是因为人们没有意识到教育的存在与其重要性,而且也缺乏行使教育权力的公共机构。也正是基于此种自然状态,学术界普遍认为教育并未单独从群居关系中分离出来,直到有了家庭才产生了原生性的家庭教育权。有观点认为:"家庭教育权是父母权利的重要组成部分,它经历了一个从无权利状态到私法权利再到基本权利的过程。"①在自然法中,将个人的自然权利视为公权力的土壤似乎已经约定俗成。然而,事实是否如此,对社会契约论之后的社会而言已经显得不那么重要。

从更大的可能性来揣测,也许个人的自然权利并不是产生公权力的土壤。换而言之,教育权也就不可能从中诞生。个中道理在于,社会契约只不过是一种理论假设。无数的史料不断证明这样一种现象,国家往往后于公共机构而产生。在国家存在之前,小范围内的公共机构已经普遍得以滋生,并存在很长一段时间。因此难以保证这些公共机构不采取对族群成员的教育措施(尽管他们自己还没有意识到这一点)。摩尔根在阐释古代社会时,认为人类社会从原始时代逐渐演化而来,步骤不同,但大致呈现出经验的一致性,即从低级蒙昧社会缓慢地向高级社会形态发展。不过,在发展过程中,政治形态并不完全统一,

---

① 叶强:《论作为基本权利的家庭教育权》,《财经法学》2018 年第 2 期,第 75 页。

可以归为两种基本方式：一是以纯人身关系为基础，形成了社会；二是以地域和财产为基础，形成了国家。在他看来，蒙昧社会分为低级、中级和高级三种形态，分别以鱼类食物和用火知识，弓箭的发明和制陶技术的发明为界分标志。野蛮社会也分为低级、中级和高级三种形态，分别以用灌溉法种植作物和用土坯与石头建筑房屋，冶铁技术的发明和标音字母与文字使用为界分标志。①

摩尔根的前述观点显然与马克思相左。马克思在摘抄和整理摩尔根的《古代社会》一书时虽然接受了摩尔根的社会分期法，但是对于如何分期以及支配社会发展的最主要因素——生产力，与摩尔根的判断有着巨大的差异。马克思认为支配人类社会发展的核心要素是生产资料生产中的技术，人类进步的每一伟大时代多少都是与生活资料的生产方式以及由此而带来的食物资源的扩大而直接相符合的；而婚姻、家庭形式、亲属制度等与不同社会形态中人们的生产、生活方式相一致，但同时存在着地域上的巨大差异。②且不说哪一种判断更为合理，但有一点是肯定的，那就是用火知识、弓箭制造、制陶技术等等都必须通过有效的管理和教育，这些技术才可能得以传承。由此可见，马克思提出来的观点——"不是意识决定生活，而是生活决定意识"的唯物论更为可靠。因为摩尔根语义上的社会历史发展取决于发明、技术、心智能力的观点显得过于零碎和孤立，缺乏社会组织意义上的有效连接物。换而言之，只有当人们开始对某种生活状态形成依赖之时，人们才有可能意识到决定该生活状态的生产资料、技术等的重要性，才可能意识到必须采取方法来维系，才可能向后人传授这些知识。此时，教育已经"润物细无声"，在人类懵懵懂懂的状态之下开始起步。从这一角度而言，教育始于家庭的判断是很难站得住脚的。

再者，家庭的起源也并不一定会早于教育的产生。从学者们对古代社会的研究来看，原始社会时期，人类最先开始是在族群之内杂居且

---

① ［美］摩尔根：《古代社会》，杨东莼等译，商务印书馆1981年版，第6—11页。

② 欧潮泉：《基础民族学：理论·人种·文化》（修订本），民族出版社2007年版，第102页。

杂交的,盛行的是毫无节制的性关系。此时还不存在现今意义上的婚姻,更无所谓的家庭。摩尔根在考察易洛魁人的婚姻制度时发现,在同一婚级之内,存在着"一个婚级中的所有男子统统是允许与他们通婚的那一婚级中所有的女子的丈夫"。①这后来被恩格斯称之为"那里凡是兄弟姊妹的子女,都毫无例外地是兄弟姊妹;他们不仅被看做自己母亲及其姊妹或自己父亲及其兄弟的共同的子女,而且毫无区别地被看做自己双亲的一切兄弟姊妹的共同的子女"。②据此,摩尔根认为婚级制度的客观存在导致了这样一种结论,即"人类的一切主要制度都是从早期所具有的少数思想胚胎进化而来的",虽然它们受着"自然逻辑的引导",但是"它的结果是划一的,是连贯的"。③可见,在摩尔根的角度来看,由于婚级制度的阻碍才确保了人类社会从低级向高级"合乎逻辑的发展"。显然,婚级制度不会自动产生作用,后来成长的母系氏族成员只有经过教育(尽管是比较朴素的),才可能认知这一制度。这也可以进一步证明,教育的起源要早于家庭的诞生。在这里,我们可以明显地看到家庭与教育的陌生关系。不过,此种教育状态并非有效的,而且也应当是简单和模糊的。之所以说它简单,是因为这是当时人类的生存状态决定其确立的规则并不复杂,往往是较少且极为严厉的;之所以说它是模糊的,是因为规则的内涵并不十分明确,且相对而言外延比较确定。

二、家庭教育权

在学术界,一种较为普遍的观点认为教育权起源于家庭,其基本的理论依据在于父母生育孩子后自然要对其进行管教,并认为这是自然而然的事情。这一判断在当今社会似乎没有多大问题。然而,如果把教育的时间拉长来观察,这种观点并不一定成立。且不说在氏族社会时期,家庭还没有成立,何况在那种蒙昧时代,人类更重要的使命是如

①　[美]摩尔根:《古代社会》,杨东莼等译,商务印书馆1981年版,第50页。
②　《马克思恩格斯文集》(第4卷),人民出版社2009年版,第40页。
③　[美]摩尔根:《古代社会》,杨东莼等译,商务印书馆1981年版,第59页。

何活下去。面对大自然的"神力",人们更多的是恐惧和顺从。在此种状态之下,人类主动教育的活动虽然可能存在,但很难成为社会生活中的有系统组织的行为和有明确目的的行为。更可能的情形是,教育是一种为了生计甚至是为了活下去的自然行为。有点类似于动物的原始本能,只不过相对而言更为高级而已。之所以形成此种判断,是因为这一点可以从许多的文献中发现相关痕迹。

众所周知,婚姻关系产生于家庭之前。从学术界比较公认的观点来看,古代的婚姻形态,大致按照乱婚制①——血族婚(同辈婚)——族外婚②——对偶婚③——个体婚④这一进路演进。⑤在我国佤族文化史上,对于雷神传说的记载构成了有关族外婚的猜想。《司岗里》以神话的方式记载了佤族史前时期的婚姻家庭故事。其中有雷神与其姐妹性交后造成天气巨变,严重影响后来的耕种,导致人神共愤,雷神被驱逐。

---

　　① 乱婚制又被称之为交辈婚制。也有学者认为这种称谓并不贴切,理由是根本不存在婚姻形态,而是杂乱的"性共有",是乱性行为,与"婚"不存在任何关联。

　　② 西方学者习惯称之为"普那路亚"婚。在族外婚形态下,禁止本氏族之内的男女性关系,男女只能与氏族外男女发生性关系。一般学术上所称之"群婚"指的就是这一婚姻形态。在此种婚姻形态下,由于所处时代系母系氏族时期,女子在氏族内居于领导地位,且所生子女不知父亲为谁,从而成为母亲所在的族群成员。据说"同姓不婚"就起源于这一时期。族外婚目前在我国云南地区的拉祜族中依然存在某些痕迹。不过值得注意的是,在族外婚形态下,族内婚并非得到完全的禁止。摩尔根也明确的说明了这一点。

　　③ 对偶婚大致出现在母系氏族公社后期,属于过渡到一夫一妻制前的一种过渡形态,即一双男女在一定时期内比较固定的偶居在一起,但并不排除与其他异性发生性关系。这种婚姻习俗在我国还存在遗留。比如云南宁蒗县永宁区纳西族的"阿注婚"或"阿肖婚"便是如此。如果双方都同意做"阿肖",那么男方可以到女方家中过夜,暮去朝归,但"阿肖"依然有权与第三者发生性关系。

　　④ 个体婚又被称之为专偶制,具体包括一夫一妻、一夫多妻、多夫一妻等几种形态。至于是否存在多妻一夫形态,从笔者所查阅的史料来看,极少有文献提及。不过,从个体婚形态各异的情形来看,多夫一妻也可能零星的存在,但并不是普遍性形式。理论上来说,专偶制是伴随着男性获取的生活资料比较显著的超过女性而出现的。这意味着男性在社会中的地位得到普遍的上升。男性社会地位的上升必然导致其要求配偶的固定化和排外化。不过男性在获取配偶的过程中还必然遭遇其他男性的竞争,且女性也会利用这种竞争以获得更多的生活资料。这使得专偶制并非绝对的排斥多夫一妻现象的产生。实际上,即便在当今社会,多夫一妻现象也没有绝迹。

　　⑤ 参见杨英杰、苑朋栋编:《中国历史文化》(第2版),南开大学出版社2011年版,第13—15页。

这一记载被后人理解为是对违反族外婚制的惩罚。①不难想象，在族外群婚制下，家庭是难以产生的，因为孩子无法区分父亲。《司岗里》也以神话的方式记载了对偶婚的产生。"他们俩在一起，一个是男的，一个是女子。女子爱上了男子。（男子）想和女子睡在一起，但父母亲不准。以后，男子就跑了，死了。女子到那里看见男子就哭了起来。从这以后，要求和女的睡，我们从此有了孩子。"②类似的故事也存在于傈僳族口头神话《创世纪》中。按照该神话，世界遭遇灾难，从葫芦里出来的同胞兄妹为了传宗接代，也为了证明性行为的合理性，从山顶滚石磨三次，三次石磨皆合在一起。尔后两人结为夫妻，组成家庭。③

以上两则神话故事说明在对偶婚下，孩子已经能够区分父亲母亲。此时，才可能产生家庭，才有家庭教育的可能性。否则，即便有教育，也可能是氏族教育，而不是家庭教育。之所以说氏族内也可能存在教育，是因为在母系氏族时代，虽然孩子不知道父亲是谁，但是可以确定母亲是谁。"母亲把共同家庭的一切子女都叫做自己的子女，对于他们都担负母亲的义务，但仍然能够把她自己亲生的子女同其余一切子女区别开来。"④骨肉亲情的联系即便在狮群这样的群居性动物群体中也普遍存在。换而言之，较多的关注与爱护必然导致生活技能的传教。也就不排除氏族群婚制形态下的氏族教育，但这不能称之为家庭教育。因为家庭是以父母子女关系相对固定为前提的。

还有一点值得提及的是，在蒙昧时代和野蛮时代，由于生活物资的匮乏，吃人之风较为普遍。⑤可以想象，在弱肉强食且食物时常匮乏的

①　云南省民族事务委员会编：《云南民族文化大观丛书（佤族文化大观）》，云南民族出版社2013年版，第111页。

②　云南省民族事务委员会编：《云南民族文化大观丛书（佤族文化大观）》，云南民族出版社2013年版，第113页。

③　云南省民族事务委员会编：《云南民族文化大观丛书（傈僳族文化大观）》，云南民族出版社2013年版，第99页。

④　陈培永：《女性的星空：恩格斯〈家庭、私有制与国家的起源〉》，广东人民出版社2016年版，第17页。

⑤　荣鑫，刘志洪：《〈家庭、私有制和国家的起源〉导读》，中国民主法制出版社2017年版，第13页。

状态下,饥饿很可能驱使人食用同类,尤其是反抗力低下的儿童。而这些因素的存在,必然极大地打击人类对儿童的教育动力。因此,可以说,在氏族时代即便存在教育,这种教育因极容易被人类自己所破坏,从而教育的付出应当是较少的,知识和技能更多的时候是一种自然行为。

在本书看来,家庭教育应该是随着家庭生活自然而然展开的。对偶婚的出现意味着人类社会的生产力已经较为发达,生活资料开始出现富余,吃人的现象也大幅度减少。恩格斯在研究家庭起源时曾得出一个非常经典的判断,那就是,"根据唯物主义观点,历史中的决定性因素,归根结底是直接生活的生产和再生产"。①其中,生产又分为生活资料及生产工具的生产和人自身的生产(种的繁衍)。以血缘关系为纽带的家庭的组成实际上是生产资料和生产工具发展到一定程度所导致的必然结果。反过来,家庭的形成又进一步强化了生产资料和生产工具的私有化程度。一个比较显而易见的结果就是,在生产资料存在富余的情况下,人首先的欲望就是把财产遗传给与自己存在血缘关系的孩子。也正是受此种欲望的支配,家庭开始了真正意义上的教育。因为只有自己的后人掌握更多更熟练的生产与生活技能,才能积累更多的财富,才能保持种族的繁衍。直到当下,社会财富越多,家庭对于后代教育的关注越重视也间接说明了这一点。

然而,家庭教育权到底又是如何产生的呢? 或者说,它是否是一种权利呢? 叶强博士认为家庭教育是自发的,在家庭形成之初,人们并没有意识到所谓的权利,更不存在法律上的权利义务。本书认为这一判断基本上是成立的。尽管吃人这种行为在后来生产资料比较固定地能够解决饥饿问题之后变得越来越少,但是儿童的地位并没有很快得到改变。在人类文明发展进程中的很长一段时间内,父母并不只是把孩子视为孩子,同时也把他们视为自己的财产。试想,在古代,人们并没有有效的避孕药物,也没有发明避孕技术。性需要与性关系的日常化

① 《马克思恩格斯文集》(第 4 卷),人民出版社 2009 年版,第 15—16 页。

必然导致女性不断地处于人口再生产过程之中。婴幼儿不断的夭折必然让父母的怜悯之心逐渐麻木,加上养育孩童的成本非常高,从而使得绝大多数的父母在孩子达到一定的数量时倾向于视其为一种负担。不可否认的是,将有缺陷或多余的子女送养、抛弃、杀死的行为直到近代也屡见不鲜。也正是因为如此,西方的法学家们一度讨论"父母是否有养育子女的义务。有些的确认为,父母养育子女完全是自然理性的要求,但它并不是一种法律义务。"①有些西方学者认为,父母养育子女是自然理性,与其他动物无异。一个明显的侧面证据就是,在早期的各种宗教教义中,对于子女地位的安排也各不相同,爱护子女只是父母"善"的一种表现,并加以鼓励。在我国历史上,直到西汉时期,子女在父母面前依然处于财产的地位,只不过他们是一种可以创造财富的另类财产而已。即便如此,家庭养育孩童的能力是极为有限的,经济理性迫使人们在遇到极限时做出一些在当今看来无法接受的抛弃、虐待,甚至是杀死儿童的行为。

众所周知,女性社会地位的大幅度上升也只不过近 200 余年来的历史而已。作为父权产物下的妇女地位况且如此,可想而知儿童的历史地位并不可能好到哪儿去,哪怕观念上认为孩子是父亲"血脉"的延续。历史地来看,社会重视儿童大致是资产阶级启蒙思想诞生后的事情。"根据基督教原罪的理论,人类天性是恶的,人一出生就带着罪恶而来,人从幼年起就要承担起赎罪的责任,家长对他们要严厉管教,才能帮助他们赎罪。在家庭中,儿童处于从属于家长的地位,是被驯服的对象。"②从理论溯源的角度来看,只有当儿童被视为权利主体之后,才有可能出现当今法律意义上的教育现象。换而言之,家庭教育权才可能真正产生。

据有关史料记载,较早的记载儿童权利概念探讨的行动大致产生于 18 世纪末。1799 年英国伦理学家汉娜·摩尔给出了一个定义:"儿

---

① 〔荷〕格劳秀斯:《战争与和平法》(第 2 卷),中国政法大学出版社 2016 年版,第 135 页。

② 李喜蕊:《英国家庭法历史研究》,知识产权出版社 2009 年版,第 104 页。

童权利是指儿童拥有一种性质截然不同的法律身份，以及不同于其父母的利益和需要。作为一个广义且有些朦胧的概念，儿童权利包括受保护的权利和依赖的权利，以及公民权、自由权或自治权。"①然而，家庭教育权在产生之初很可能并没有被当时的人们所认识到。虽然"孟母三迁""曾子杀猪"等经典家庭教育故事在我国流传了几千年，但是在教育的重要性普遍为人们所知时，家庭教育权是一种权利的概念在我国古代是不存在的。已而，外国的情况呢？

在史学描述上，成建制的进行组织行动意义上的教育最早发生在古巴比伦。古巴比伦在大约公元前 4000 年就已经发明了楔形文字。不仅如此，据记载，古巴比伦人在天文学、数学、建筑学、医学等方面均已经取得了非常高的成就。以数学为例，当时的古巴比伦人在计数法上已经应用十进位和六十进位、分数，开平方和立方，会解二次、三次方程式。显然，这些知识没有有效的组织化教育机制是不可能延续下去的。事实上，当时的古巴比伦已经开设了寺庙学校，展开普通教育。"教学方法非常简单，只限于学生问，教师答，用一种语言解释另一种语言，做各种文字练习或机械背诵。教学通常采用师徒传授的方式。学校纪律严格，体罚盛行。"②由此可以推定，古巴比伦的家庭教育必然广泛盛行于组织化的学校实施教育之前。类似的情况也出现在古埃及。也是大致在公元前 4000 年左右，古埃及就有了天文。到公元前 3000 年中期，埃及文字已经有 600 字左右，且形成了完整的体系。古埃及的天文、历法、数学、医学也取得了很高的成就。还是以数学为例，古埃及人的几何学非常发达，能够计算三角形、梯形、圆的面积，并得出圆周率为 3.16。与此相适应，古埃及的官方教育机构已经体系化，出现了宫廷学校、职官学校、僧侣学校和文士学校等。

尽管官学已经较为普遍的在世界上产生，但是规范家庭教育或官方教育的法律法规在当时并不多见，至少流传到当今时代的信息相当

---

① Stenven Mintz, "Placing Children's Rights in Historical Perspective", in 44 No. 3 Crim. Law Bulletin, May-June 2008, p.35.

② 朱家存、徐瑞：《外国教育史》，山东人民出版社 2008 年版，第 5 页。

匮乏。不过，可以推测的是，既然国家开办教育机构，必然对其作出某些规范，只不过没有形成法典或未写入法典，或没有以某种历史文献的方式流传下来。从现存的研究文献来看，古埃及非常重视教育。有一句谚语可以说明问题："培养一个儿童是整个村庄的责任。"按照个别学者的推断，这种情况在氏族时期就已经变得较为普遍。"因为一个孩童带有他的近亲的名字，他也是氏族的孩子。"①"在古埃及社会中，好的教育要比好的出身和财富更重要，因为真正的'人'是与教育密不可分的。"②如果此种判断成立，那么在母系氏族社会时期，氏族教育应当早于家庭教育。当然，这也并不奇怪。从古代斯巴达关于没有受过法定教育的人不能成为公民集团成员，也不能获得国家分配的份地的法律规定来看，③有关教育的立法可能在某些国家或地区早于家庭教育权的产生。不过，从现存文献的有关记载来看，这并不是一种普遍的情况。

本书认为，从更为普遍的情形来看，家庭教育应当后于氏族教育，并且在专偶婚诞生后才缓慢地成长为普遍现象。当时公共机构依然具有非常高的权威，因此并不能排除氏族教育采取强制性的方案。法富恩瓦在评价古埃及教育时认为，"古埃及教育强调社会责任、职业导向、政治参与和精神及道德价值。"④不过，从古代斯巴达关于没有受过法定教育的人不能成为公民集团成员，也不能获得国家分配的份地的法律规定来看，⑤有关教育的立法在某些地域应该早于家庭教育权的产生。但从现存文献的有关记载来看，这并不是一种普遍的情况。氏族教育这种集体教育现象应该是氏族时代人们结群而居流传下来的自然结果。如果这一判断成立，那么家庭教育从一开始并不是一种权利，相反是一种履行氏族成员的义务。因此，即便当今普遍把家庭教育置诸

---

① 余中根编著：《外国教育史研究》，云南大学出版社 2008 年版，第 4 页。

②④ Mganus O. Bassey. Wenstern Education and Political in Africa. Bergin Garrey, 1999, p.16.

③⑤ 参见曾天山主编：《外国教育管理发展史略》，教育科学出版社 1995 年版，第 8—12 页。

于国家教育之下来讨论也并不为过。毕竟公共教育早行于家庭教育，家庭教育是公共教育的延伸和补充。不过，如此一来，这样一种观点是值得警惕的：家庭教育权，"从自然法角度来看，这是一种具有原生性质的权利，拥有天然正当性与合理性"。①

不难想象的是，当社会生产力进一步发展并达到个体劳动所得超越自身所需时，集体生产活动就会因私人对财产的占有欲望而变少，公共机构对于个体的约束力开始变得稀薄起来。与此相对应，当家庭生产越来越普遍，私有欲望推动下的私有制开始快速发展，家庭教育也就开始变得越来越普遍和越来越重要。由此，不同家庭能够担负的教育支出和投入意愿也愈来愈差距悬殊。这就不难解释我国古代和古希腊等都曾有过私学先兴而后再行官学的教育发展史；也就不难解释孔子、荀子、苏格拉斯、柏拉图、亚里士多德等先贤都曾外出游历求学并办过私学。不难理解，当生产力达到一定高度后，社会分工随之加剧。家庭教育开始流行，但只限于那些财力比较雄厚的家庭。

私学的兴起多数被记载产生于奴隶制时代。在这一时期，人类社会已经远离蒙昧脱离野蛮。个体独立性的增强减少了人与人之间的合作而加剧了人与人之间的竞争。竞争又成为另一促进社会分工的巨大推力。就此，家庭教育在人际竞争、社会分工等诸多因素的影响下其功能开始向宗教、生活习惯、伦理道德、交往礼仪等普世性教育回归，而将更高层次的知识的获得、传播和创新的功能寄希望于社会。这正是私学兴起的原因。然而，私学的兴起显然给社会注入了蓬勃生气的同时，也给公共机构带来了巨大的困扰——不仅分解了权威而且许多治国理政的观点与其意愿向左。于是，苏格拉底的悲剧就自然而然地酿成了。私学毕竟势单力薄，无法与公共机构抗衡，世界于是快速地进入了国家垄断教育权的历史进程之中。当然，这一进程往往伴随着国家与私学机构、家庭之间的复杂博弈。

在国家出现后的很长一段时间之内，官学与私学相得益彰，甚至合

---

① 姚伊：《家庭教育权之法理探微》，《社会科学动态》2018 年第 3 期，第 73 页。

作共赢。以稷下学宫①为例，其创办于公元前 4 世纪中叶的齐国（齐桓公田午时期），延续了 150 余年。其突出的特点是"百家争鸣"："稷下士人相聚一堂，挈徒属而演道术，穷事理而致诘难，促进了学术思想的分化和融合。其发展的趋势，大体是随着政治形势的需要，由黄老而转入名、法、儒、墨之学，前期（桓公——宣王）以道家与黄老为主体，后期（滑王——建王）以名、法为时尚。兼收并蓄，将长期以来的历史成果进行整合，主要集中在礼法、王霸、人治与法治等问题上面。"②然而，私学的特征在于百家争鸣。诸子纷起，学派纷呈，观点各异，只有经过长期的争论才可能得出某一居于主流地位的学派或观点。这显然对于公共机构的统治是极为不利的。因此，打压或笼络私学为自身服务在后来逐渐成为中西方各国政府的一些主要作法。且不谈我国历史上的焚书坑儒、罢黜百家独尊儒术以及后世的一系列文字狱，在西欧史上，类似的事件也不少见。比如苏格拉底之死就是典型的代表。虽然西欧史上政府对私学的打击远不如中国来得强硬和残酷，但是柏拉图创立的阿卡德米学园在延续九百余年后也因其怀疑主义被罗马帝国封门了事。亚里士多德的吕克昂学院（又称学园）虽然也曾长盛不衰，但其命运也与阿卡德米学园类似——于公元 529 年被东罗马帝国皇帝查士丁尼以非基督教学校而勒令关闭。

西欧私学之所以长期兴盛，一个重要的原因就在于该地域上政治力量众多，国与国之间关系极为复杂而微妙。加上私学不仅众多，③而

---

① 稷下学宫现象在学术界颇有争议。有学者认为，除开荀子等著名学者之外，其余稷下学者几乎无遗世之作，后世诸子分家中也未提及，可见所谓的稷下学派可能为汉代某些一厢情愿的学者所吹捧而成；或者虽然曾经有那么一个地方，但是由于稷下学者几无建树，实为一些三四流的人士，而无法称之为学派。因此，该观点认为，所谓的稷下学宫很可能只是齐国为了招待过往学者而设立的一个类似于招待所的机构。参见高专诚：《荀子传》，北岳文艺出版社 2018 年版，第 143—148 页。

② 马平安：《走向大一统》（华夏传统政治文明书系），团结出版社 2018 年版，第 99 页。

③ 据后来的研究表明，在大学这种大型的教育机构产生前，典型的城市学校都很小，往往只有一位老师和十几位或二十几位学生。不过，在巴黎、博洛尼亚、牛津等大城市，学校的规模不断扩张。比如牛津，在 1190 年到 1209 年期间，已有 70 位教师在此任教，学生数高达几百人。值得格外注意的是，生源地也格外复杂，外国慕名而来的学生比比皆是。参见[美]林德伯格：《西方科学的起源》，湖南科学技术出版社 2016 年版，第 343 页。

且名流辈出,呈现出非常繁荣的状况。公共力量对于私学的打击畏手畏脚。再者,西欧诸国在历史上即便有统一史,但是同一地域上政治力量众多且相互分散的事实使得后来的统一者不得不尊重既往历史,从而私学得以维持一种相对宽松的政治环境。此外,西欧历史上形成的民主惯例使得世俗的政府或公共机构往往在财政上捉襟见肘,无力兴办大型的官学,也就无力统一该地域内的思想。何况,一般情形下,个人观点很难有威慑力。"胡言乱语就像炸药,只有放在下密封的容器里,再加上外力的打击才会产生危险。如果放任一个可怜虫去讲演,他最多只能招来几个好奇的观众,事实上更多时候他的努力只是给人当笑话讲。"①由此,西方在历史上逐渐形成了对个人观点和行为趋于宽容的传统。然而,这并不意味着国家对私学放任自流。政治力量企图干预私学的行为常见不鲜。不过,相比对于私学的干预,西欧国家对于干预家庭教育更为卖力。因为一个显而易见的事实是,力量对比上,政治力量不敢过多的倾轧私学,尤其是有着源远流长的私学机构。与明目张胆的打压、排挤不同,西方政治力量更多的是采取怀柔政策,即以渗透的方式来获得私学的支持或影响私学的办学方向。西欧史上,教皇、皇帝和国王大力支持大学,颁发特许,免受地方管辖,免于交税等等手段都是获得私学支持的常见手段。②

相较于私学不同的是,西欧教育史上,国家与家庭之间对于教育权的争夺则呈现出另一幅景象。在 16 世纪中期马丁·路德(1483—1546)宗教改革运动中,马丁·路德认为,如果政府有权强迫人们服兵役,那么政府更有权强迫父母送子女入学。他在《论送子女入学的责任》中提出了国家应该实行强制的义务教育的观点。③从此,义务教育开始萌芽。到 1619 年,《魏玛学校章程》明确规定建立适学儿童名册,监督家长将 6—12 岁的儿童送入学校接受教育。④在争夺教育权的同

①　[美]房龙:《宽容》,煤炭工业出版社 2016 年版,第 85 页。
②　[美]林德伯格:《西方科学的起源》,湖南科学技术出版社 2016 年版,第 345 页。
③　叶强:《论作为基本权利的家庭教育权》,《财经法学》2018 年第 2 期,第 75 页。
④　参见李楠:《德国义务教育法制变迁历程探究》,《安康学院学报》2012 年第 1 期,第 119 页。

时,政府也顺应启蒙思想家们的呼吁,开始了对儿童的争夺。

众所周知,在文艺复兴前,儿童在西欧史上没有独立的法律地位。儿童没有独立的人格,只不过是成人的附属品。在古罗马,不满 17 周岁且自由合法出生的孩子属于儿童。依照公元前 451—前 450 年《十二铜表法》,父权制下的儿童只不过是父亲的私有财产,其对子女有生杀予夺之权。据记载,当新生儿出生后,孩子将被放置在父亲的脚下,如果父亲不愿意抱起孩子(往往是因为孩子比较瘦弱),则让他/她躺在地上(意为抛弃);即便父亲接受了新生儿,日后的生活中父亲有权抛弃孩子,也有权杀死孩子,还可以出卖、抵押或送养。"总之,儿童在家庭中缺乏独立和自主,必须服从父亲的权威。"①

与我国封建统治史上父权一直异常强大所不同的是,西欧历史上父权快速没落。导致这一现象的出现是多重因素综合作用的结果。一方面,西欧诸国长期争锋的历史使得各国极端重视国内资源的积累;另一方面,西欧史上诸国统辖区域经常变化,导致各国人之间交往充分,文明呈现出糅合性发展态势。这导致一个非常奇特的现象,那就是西欧历史上横跨地域的大统一带来的结果不是王权的加强,反而是王权的削弱。之所以造成此种现象,那就是地域政治力量的强大往往不能维持较长时期,其根基浅短的基础导致其必然走向党同伐异的路径。而这种政治力量的短时间结合同样也不能维持很长的时间。以罗马为例,公元前 2 世纪,古罗马完成了对地中海地域的征服。然而以血缘为基础的狭隘公民体系无法完成对庞大地域的管辖。此种城邦政治的局促使得其不得不改变统治策略——包容性的政治体系。包容性的政治体系使得越来越多的异域人成为公民,被赋予与罗马人同等的身份和地位。由此,古老的血缘型公民体系自动瓦解。以至于在这一过程中,对于奴隶的公共政策也发生了极大的改变——可以转换身份成为公民。

① 王振霞:《城市化视域中古罗马儿童地位研究》,《商丘师范学院学报》2016 年第 11 期,第 74 页。

到中世纪时期,西欧的封建制度形成了非常奇特的现象——"我的封臣的封臣不再是我的封臣"。孟德斯鸠在《答格罗莱对〈论法的精神〉》一篇中提到,之所以他认为"奴隶不像是奴隶,倒像是罗马人的顾客,或者是封臣和封臣的封臣",是因为"想要对奴隶制作出判断,不能只看奴隶对于每个国家中的一小撮家财万贯而且骄奢淫逸的富人是否有用,奴隶对于他们来说肯定是有用的;应该从另一个角度看待这个问题,假设在每个国家,每个城市,每个村庄进行抽签,抽到白签的十分之一的人成为自由民,抽到十分之九黑签的人成为他人的奴隶,把生死和全部财产统统交给此人。为奴隶制说好话的那些人就将变成最憎恶奴隶制的人,最贫穷的人则将更憎恶奴隶制。"①孟德斯鸠之所以能够得出这一结论,是因为在西欧史上,王权、教会权、父权等等从来不是绝对强势的,而是呈现出拉锯式的你强我弱,你来我往的反复博弈状态。而这种状况造就了一个非常有利于理性讨论的宽松环境,哪怕在黑暗的中世纪,这种相对独立的理性精神也并没有丧失。显然,这构成了父权的没落的现实基础。据记载,古罗马安敦尼王朝第二任皇帝图拉真(53年9月18日—117年8月9日)就曾流放了一位虐待儿子的父亲,并让男孩获得自由。②到公元2世纪,法律已经废除了父亲杀死孩子的权力。儿童的权利在中世纪时期已经比较明显的得到了提升。在基督教横行的中世纪时期,儿童总体上是"赎罪的羔羊",不具有独立的人格。有所进步的是,孩子是"小大人",虽然在法律上不成权利主体,但是已经被看做是人,而不是父亲的财产。③据悉,1544年英国人托马斯·费尔出版《儿童之书》标志着儿童已经获得了"未发展成形的人"的地位。到16世纪中期,天主教在第一本长老会信纲(Presbyterian Book of Discipline)呼吁建立全国性的教育体系,并制定了《1646年法案》,儿童接受学校教育开始起步。

---

① ［法］孟德斯鸠:《论法的精神》(下),许明龙译,商务印书馆 2017 年版,第 1024 页。

② Jerome Carcopino. Daily Life in Ancient Rome. New York: Penguin Books Press, 1956. p.87.

③ 吴鹏飞:《儿童权利一般理论研究》,中国政法大学出版社 2013 年版,第 68 页。

当然,儿童地位的彻底改变是启蒙思想家们的杰作。作为人权系统理论的奠基人,洛克虽然不认为儿童是权利主体,但是他们是权利的未来主体,即待他们成年后可以行使权利,而儿童时期的权利则由父母代为行使。儿童虽然受到父权的束缚,但是他们本身应当是自由的。父权是儿童行使权利的条件,其目的是为了避免儿童滥用权利。①儿童不是权利主体的观点也得到了卢梭和康德的支持。对儿童权利进行系统论述的应当归功于德国幼儿教育家福禄贝尔。他顺应儿童的发展将儿童分为婴儿时期、幼儿时期和少年时期;反对强制性地自以为是的教育,提出幼儿教育应当顺应自然,按照儿童本性去理解和对待他们。他提出必须重视儿童游戏的权利,认为游戏是幼儿时期儿童的一个重要的成长性生活要素。他不仅据此呼吁为幼儿建立公共游戏场所,而且身体力行地创办了世界上第一所幼儿园,建立了完整的幼儿教育体系。至此,家庭教育中,教育主体、受教育主体的角色迁入开始进入近代正轨。而与此同时,国家开始取代家庭,成为幼儿教育的最为重要的主体。

三、国家教育权

对于国家教育权,虽然有学者从自然法的角度加以讨论,但是从权力的根源性角度阐发的却并不多见。绝大多数的观点以近代社会契约论为基础,主张"国家教育权是指政府通过国家权力行使教育权,是相对于家庭教育权、社会教育权而言的,是国家管理教育的权力";②或者认为"国家教育权是国家领导和实施学校教育事业的权力";③或者认为"国家教育权是国家通过国家机关对教育实施发展、举办、领导、管理等活动的公权力";④或者认为"国家教育权是国家依法行使的公权力,

---

① 王本余:《儿童权利的观念:洛克、卢梭与康德》,《南京社会科学》2010 年第 8 期,第131 页。
② 鞠光宇:《美国国家教育权配置特点分析》,《中国高教研究》2010 年第 12 期,第55 页。
③ 李春生:《中国小学教学百科全书教育卷》,沈阳出版社 1993 年版,第 28 页。
④ 赵敏:《大学校长与国家教育权力系统关系论释》,《现代大学教育》2004 年第 1 期,第 33 页。

它包括国家的施教权和对教育的统治权、管理权"。①这些观点的一个显著特征认为国家教育权必然是国家的公权力活动的体现,在很大程度上将国家教育权所产生的深刻影响排除在外。这似乎与现实情况存在一定的差异。从行政法的角度来看,国家教育权并非要求国家权力机构亲力亲为,行政授权、行政委托同样可以产生公法意义上的教育行政现象。

将教育权理所当然地授予给国家显然是与教育权产生、发展相偏差的。事实上,在公共生活场域中,国家只不过是现代社会中最为重要的一种力量而已,但这并不表明国家教育权的取得是具有天然的正当性。当然,本书在此也没有否认其正当性。"教育作为人类的一种最基本且最重要的伦理生活方式,它本身就体现了一种权威。"②从教育产生的根源来分析,教育本来就是一种自然而然的社会活动。回想到氏族时代,聚群而居的人们面对着众多的危险——人身安全危险(动物伤害、异族入侵等)、疾病风险、饥寒风险等等。现代人之所以又被称之为"智人",一个重要的特点就在于现代人能够不断增强抵御风险的能力。而这种能力只有在前人积累的基础上继续提升才能获得进步的机会。而提升生存能力的需要必然要求后辈不断模仿、学习前人的劳动成果,并在此基础上创新。更何况,对于各氏族群体而言,为了抵御外来的风险和化解内在的矛盾,他们首先要做的就是内部抱团。这必然要求氏族成员严守规矩。这显然也是离不开教育的。

值得格外指出的是,在原始社会,氏族成员往往是具有血缘关系的。因此,教育从一开始就带有浓厚的伦理色彩。"以中国远古的历史而言,有巢氏,教民穴处巢居;燧人氏,教民钻木取火;伏羲氏,教民渔猎;神农氏,教民稼穑。这些先民的生活方式,在田野相互模仿,父子沿习。"③血缘关系的客观存在使得氏族成员几乎不可能心生对长辈教导

---

① 秦惠民:《对市场经济条件下国家教育权作用的再认识》,《国家教育行政学院学报》2000年第2期,第41页。

② 翟楠:《教育权力及其正当性之研究》,南京师范大学2008年度博士学位论文,第50页。

③ 李建兴:《中国社会教育发展史》,三民书局1986年版,第1页。

的反抗意念。他们不仅是教导者的至亲,也是他们身家性命赖以延续的保证。当然,氏族时代的教育也许很粗暴、残酷、简单,但显然是极为有效的。因为他们的日常生活往往是依习惯而行:"要成为一个会长不是依人的意志,而是依习惯,听老年人指示而决定,他能规定公社的田园和牧场。预先布告每年的节日、宴会、团舞、游戏、比赛。属于非习惯的事件,生、死。"①据此,在氏族时代,教育并不是一种权力,而是习惯,是生活中自然而然的组成部分。只不过后来为国家所部分吸收而已,转换为一种内含外部强制力的公共权威。

本书认为,国家教育权并不直接起源于公共习惯,而是统治阶级与家庭、社会长期博弈的结果。众所周知,国家是在城邦、村落、公社等众多因素交汇且反复博弈的基础上产生的。国家一个显著的特点是不再以血缘关系为依据来划分群体,而是以地域为划分依据。对于国家的产生,在史学界获得了比较高的认可度方案是:随着社会分工和生产力的发展,劳动产品开始略多于维持生存的需要,从而促进了生产的需求。生产需求的扩大显然需要大量的劳动力。出于填补劳动力不足的需要,古代社会一个极大的变化是不再轻易杀死战俘,而是将战俘禁锢起来,转化为奴隶,以提供劳动。由于私有制刺激了占有欲望,氏族之间的掠夺战争开始变得频繁,并诞生了军事首长。军事首长依赖手中的权力和财富,将选举制变成了世袭制。就此,以对内压迫,对外掠夺为基本手段的暴力本性的国家机关得以诞生了。②

从马克思主义经典作者的研究成果来看,国家的产生并不是偶然的事件,而是以家庭和氏族之间的对立关系为前提的。私有制和父权制的"兴趣"一致,共同促成了这一结果。一方面,允许财产私有,导致财产越来越多地积累于家庭,氏族权威被迫降级,低于国家首领,并日

---

① 〔俄〕库斯聂:《社会形式发展史大纲》(上),高素明译,上海社会科学院出版社 2016年版,第 328 页。
② 参见刘凤珍主编:《史说世界大讲堂》(双色图文版),中国华侨出版社 2018 年版第 10 页;马兰主编:《悦读坊:世界通史》(耀世典藏版),天津人民出版社 2015 年版,第 7 页。

渐呈现出没落态势；①与此同时，家庭财产的差异导致了少数人在氏族内部获得了更高的话语权和威望，导致了贵族和王权的萌芽。另一方面，同样受私有制的推动，以氏族为单位而进行的攫夺牲畜、奴隶和财宝的抢劫活动逐渐成为正常的营生。这显然引发了连绵不绝的部落战争。在这一过程中，"所缺少的只是一件东西，即这样一个机关，它不仅保障单个人新获得的财富不受氏族制度的共产传统的侵犯，不仅使以前被轻视的私有财产神圣化，并宣布这种神圣化是整个人类社会的最高目的，而且还给相继发展起来的获得财产从而不断加速财富积累的新的形式，盖上社会普遍承认的印章；所缺少的只是这样一个机关，它不仅使正在开始的社会分裂为阶级的现象永久化，而且使有产者阶级剥削无产者阶级的权利以及前者对后者的统治永久化。"②私有制的诞生对社会结构产生了伟大的影响力，使得后世社会无论如何变化，均"万变不离其宗"。从当前来看，人类世界还在不断强化私有制。因而，国家权威往往也得到了强化。

国家诞生后，虽然颁布了一些维持其统治阶级地位的暴力性规范外，但教育并不是其关注的重点，甚至在很长一段时间内不是其关注的对象。之所以如此，是因为新生的国家根基未牢，消灭对手，积累财富才是"王道"。国家之所以关注教育，一个重要的原因是在统治者牢握权柄之后为长治久安谋划而产生的谋略。因此，可以肯定的是，国家产生之初，教育还主要由家庭和社会公共机构承担，而这正是私学兴起的一个重要原因。在西欧的历史上，这种迹象更为明显。"在罗马帝国衰落之后教育基本还在继续。尽管教育的设施减少，但是，许多学校几乎

---

①　氏族权威的没落是一个极其漫长的过程。国家诞生后，各氏族之间的间隙依然非常强烈，血缘关系成为维系各部族共同体利益的最为主要的纽带。而幻想有朝一日取代国家首领的野心也促使了此种内部关系的紧固。因此，宗法关系的长期维系几乎是世界各地国家产生后非常常见的现象。在我国，宗法关系的瓦解大致在改革开放之后才出现明显的迹象。而在西欧，由于商业活动的频繁，个体获得财富和权力的机会大大增加，从而宗法关系的瓦解在以资本主义兴起为经济基础的文艺复兴之后呈现出加速迹象。

②　［南斯拉夫］普雷德拉格·弗兰尼茨基：《马克思主义史》（第 1 卷），胡文建等译，黑龙江大学出版社 2015 年版，第 250 页。

没有受到影响而一直继续存在。……另外一个错误的估计,就是认为中世纪所有的学校都是教会控制的。但现在已经证明,在这个时期,世俗学校和非教派教师一直在发挥作用。"①

诚然,在逻辑推理上,国家与家庭、其他社会公共机构竞争教育权上享有巨大的便利。毕竟权力在手,大不了进行强制。然而,历史总是有着其不可推测的一面。麻烦的是,教育是一项需长期且巨额投入但短期无效的"无底洞"工程。因此,官学在各国历史上往往都是国家出现很长时间之后才得以面世。即便面世,也只不过是局限于极少数居于统治阶级地位的权贵子弟的福利,与普通民众无关。据悉,世界上第一所学校是美索不达米亚的"泥板书屋",诞生于公元前 3500 年左右,乃是氏族社会时期的产物。而最古老的宫廷学校出现在公元前 2500 年的埃及。此时距离埃及最早的国家——美尼斯(公元前 3100 年)已经有 600 年之久。

不难知晓的是,国家大举兴办教育大致是近代以来的事情。法国 1791 年《宪法》第 4 条明文规定:"应行设立和组织为全体公民所共有的公共教育,一切人所必需的那部分教育应当是免费的,此类教育机构应按王国区划的配合渐次分布之"。国家主动担负起公共教育的职责,在历史上属于国家职能的功能性回归。然而,为什么国家将公共教育视为自身的义务首先出现在法国而不是别的国家呢?这还得从近代的一些主要事件说起。

众所周知,随着经济不断发展,中世纪基督教的精神禁锢引发了越来越多的人的怀疑。以人文主义为核心的文艺复兴终于打破了这一切。说起来有趣的是,这一切还得归因于基督教自身的世俗化。基督教取得了精神上的统治权力后,不断将手伸向世俗社会。比如打击宗教异端,组织十字军东征,与各国国王争夺统治权等等。到了 15 世纪,世俗化已经将基督教腐蚀殆尽。尤其是"赎罪券"的产生已经表征着基

---

① 〔美〕R·弗里曼·伯茨:《西方教育文化史》,山东教育出版社 2013 年版,第 131 页。

督教精神世界的内部崩溃。①作为奥古斯汀教团修士的马丁·路德怀疑起"赎罪券"来。经过反复犹豫之后，1517 年 10 月 31 日马丁·路德将一份用拉丁文写成的《关于赎罪券的意义及效果的九十五条论纲》钉在维滕堡城堡教堂的侧门上，意图激发公共辩论。

"九十五条论纲"大致的意思是教皇无权赦免任何罪责，赎罪券不仅不能实现灵魂超脱炼狱苦海意义上的赎罪，而且会激发更多的贪婪和上帝的愤怒。②这份文件无情地抨击了各级教会，列举了教会的种种腐败和滥权，包括：裙带关系、放高利贷以及出售赎罪券等，同时还质疑了教廷的核心教义。很快，"九十五条论纲"被翻译成多种文字，传遍了整个西欧。在不经意期间成为了宗教改革运动的导火索。经过反复博弈，马丁·路德在这场辩论中近乎完美胜出。由此，人文主义迅速抬头，把人们从"上帝的儿子"拉回了人间。马丁·路德宗教改革的核心要义是"因信称义"，即"灵魂称义不因任何行为，仅由于信仰"，"你可以通过这种信仰而成为新人，使你一切的罪都得到赦免"。③在他看来，人人都是传教士，基督徒是自由人，在人身、精神上均不从属于任何人；基督徒通过学习《圣经》自己就可以接近上帝，无需罗马教廷做中间人。"因信称义"把人们从教会的精神枷锁下解放了出来，打破了教会垄断教义和原罪赦免才是脱离精神苦海的唯一通道。

虽然马丁·路德领导的宗教改革运动主旨并不在于推动教育的国家义务化，但是其汹涌澎湃的改革锐意却波及了教育。"因信称义"去

---

①　赎罪券诞生于 1300 年的罗马教会，属于新增的一种悔罪形式。在此之前，悔罪操练形式多样：去圣地朝圣，收藏殉道者遗物，从事慈善事业，鞭笞自己的身体等等，可谓五花八门。不过，赎罪中最为核心的一道门槛是必须得到神的赦免（由教会宣布）。正是教会把持了这一道程序，从而使得其有机会滥用这一程序性权力。赎罪券刚开始发行时为教会带来了非常可观的收入，于是教皇规定每百年可以发行一次。然而，事情的变化完全超乎了设计的预设。1400 年改为 50 年发行一次，1450 年改为 25 年一次，1501 年改为 5 年一次，1506 年变成了每年一次。到了 1515 年，每个教区的主教在预交一笔费用后就可以代销赎罪券了。由于银行介入代销，导致赎罪券成为了可以肆意买卖的商品。参见赵立行：《世界文明史讲稿》（修订版），复旦大学出版社 2017 年版，第 247 页。

②　［美］斯科特·克里斯蒂安松：《文件中的历史：改变世界历史进程的 100 份文件》，王兢译，北京联合出版公司 2017 年版，第 52 页。

③　赵祥麟：《外国教育家评传》，上海教育出版社 2003 年版，第 296 页。

除了教会的权威,同时提出只要有信仰,那么在上帝面前人人都具有平等的权利义务。此种平等思想也包含了受教育权的平等。在他看来,父母有一种神圣的义务,那就是提供机会使子女受到良好的教育:"在上帝眼中,使人世承受沉重负担和应受严厉惩罚的公开罪行,莫过于忽视子女的教育了。"①在他看来,"儿童是国家的信使、帝王的信徒以及现实世界和平的基础和支柱。使儿童受教育,不仅是神所欣慰的事,也是父母对国家和社会的义务。"②不仅如此,路德认为,世俗政权是根据神的旨意而存在的,由于教育关系到国家安危,从而国家必须对其承担基础性的责任。由此,义务教育的基本原理得到了路德的阐发。路德还阐释了义务教育的可行性:"各都市每年为修筑道路,购办军器,造就军人,支出很多的费用;为什么不以同额的金钱,为学校及教师而支出呢? 凡都市之繁荣,不单靠物质之富有,城壁之巩固,军器之充实;而赖有良好的市民,故造就有教育的市民,即所以谋都市之安全,并可增进其力量。此种学校纵说不是神的世界,但对于日常的事务,也是必要的,这与希腊、罗马时代,认学校为必要是同一的道理。世界必须有受教育的人民,俾男子能治理国事,女子能保育小孩,料理家政。试一想今日的家庭教育为如何的状态,便可知道学校的必要了。"③在他的倡导和实践下,德国不少地方建立了以自由主义为基本指导思想的教会学校,举办初等教育由此成为国家的义务。因此,马丁·路德也被誉为"初等教育之父"。

诚然,世界的改变需要时间。马丁·路德虽然证立了初等教育是国家的义务,但这一事业并没有立刻呈现出蓬勃的发展态势,直到 300 余年以后才得到根本性的改观。之所以如此,是因为受基督教的影响,在中世纪中叶以前,欧陆地区的人们大都只知道有教而不知道有国。

① 华东师大教育系等编:《西方古代教育论著选》,人民教育出版社 1985 年版,第183 页。

② 吴式颖、褚宏启主编:《外国教育现代化进程研究》,山西教育出版社 2006 年版,第252 页。

③ 将经三:《西洋教育思想史》(上),福建教育出版社 2011 年版,第75—76 页。

宗教改革运动后,受路德教权从属于王权思想的启发,欧陆地区的民族主义思潮得以迸发,加上商业活动促进了本民族语言的发展,从而创办本族语言学校和应用本民族语言进行教学成了当时的主流倾向。当民族意识和本族语言交汇,强化本民族凝聚性的作法得到社会各界的认同,于是举办公立学校成了自然而然的事情。

四、幼儿教师教育权

幼儿教育在很长很长的一段时间内均以家庭教育的方式出现,而没有转化为社会教育或成为国家教育的组成部分。据记载,很早就将幼儿教育纳入国家教育体系的是如斯巴达之个别国家的孤例,而没有成为一种普遍现象。即便在斯巴达这种极端化的军事教育模式下,幼儿教育的前期阶段也是在家庭中完成的。①事实上,斯巴达以国家的名义来挑选婴儿和监督婴儿的养育。婴儿出生后,只有强壮的婴儿才能允许被交到父母手中养育。这看起来很残酷,但也许是当时社会生产力条件下比较普遍的做法。与同一时期的斯巴达有所不同的是,雅典虽然也挑选强壮的婴儿,但对幼儿教育更为重视——挑选保姆以承担保育职责,为培养身心和谐的人而做准备。幼儿教育之所以在长时间范围内都没有走出家庭,不仅仅与生产力所决定的社会经济水平直接相关,而且也和当时的教育理论水平直接相关。这一点直到1769年法国慈善家和教育家奥柏尔林创建欧洲第一所幼儿学校才得以改变。不过,虽然幼儿教育主要由家庭负担,但是西欧幼儿教育的思想却源远流长。

对于婴幼儿,古希腊第一位强调的是优生。这一做法也得到了古希腊哲学家柏拉图和亚里士多德的赞同。亚里士多德更是创立了一整套标准来认定婴儿是否属于优生:(1)父母体格;(2)孕妇保健;(3)结婚年龄;(4)生育时间;(5)身体检查。在他们看来,婚姻的目的是生育优秀的后代,体格强健是最为基础的要求,不符合健康标准的婴儿不能享

---

① 单中惠主编:《西方教育问题史》,人民教育出版社2011年版,第2页。

受国家公民的权利。对于幼儿的教育，柏拉图主张分阶段进行，0—3岁由妈妈监管抚养；3—6岁集中到幼儿场由国家安排的保姆来教育。难能可贵的是，柏拉图认为游戏是幼儿的本性，因而应当重视幼儿的游戏。昆体良也同样认为，教育应当及早进行，因为婴儿时期所习得的知识就是青年时期的收获。他甚至认为，雄辩家的培养应当从咿呀学语时开始。"愈是年纪小，头脑就愈易于接受小事情，正如只有在身体柔软的时候，四肢才能任意弯曲，强壮本身也同样使头脑对多数事务更难于适应。"①昆体良更为精彩的论述体现在反对幼儿教育中的体罚上。他极力反对体罚行为。"对于如此纤弱、如此无力抗拒虐待的幼年，任何人都不允许滥用权威。"②体罚儿童百害无一利。因为体罚本质上是一种凌辱，一旦体罚习以为常，教育便不可行；儿童幼年时期的体罚将造成成年后的失控；体罚只能造就奴隶性格，无法培养雄辩才能；体罚扭曲儿童的心灵，造成抑郁和恐怖心理。基于良性幼儿教育的考虑，昆体良特别慎重对待教师，并确立一些原则性的标准：一是教师要热爱儿童，并以理智赢得儿童的尊重；二是教师要善于观察、了解儿童，因材施教；三是教师要正确运用褒扬和批评，既不吝啬也不滥用。在这一时期，人们经常谈到如何教育幼儿，但是对于幼儿教师教育权基本上还没有触及。

据史料记载，我国幼儿教育思想比西方产生更早，而且在思想深邃程度方面也更胜一筹。我国殷周时期已有幼儿教育的相关阐述。《周易》告诫人们："家人嗃嗃，悔、厉、吉；妇子嘻嘻，终吝。"③意思是家里人被训斥，治家虽然严厉，但家庭会吉祥；妇女孩子终日嘻嘻哈哈，最终会有烦忧。再者，中国很早就有胎教的记载。我国古代信奉"母子同体"，因而对于孕妇的要求也比较高。《列女传》记载太任在怀孕周文王时，

---

① ［古罗马］昆体良：《昆体良教育论著选》，任钟印译，人民教育出版社1989年版，第10页。

② ［古罗马］昆体良：《昆体良教育论著选》，任钟印译，人民教育出版社1989年版，第28页。

③ 《周易·家人卦》。

"目不视恶色,耳不听淫声,口不出敖言,能以胎教。"[1]类似的情况也出现在周成王母亲怀孕的记载中:"立而不跛,坐而不差,笑而不喧,独处不倨,虽怒不骂,胎教之谓也。"[2]到了春秋战国时期,对于幼儿教育更是有一些耳熟能详的典故流传至今。比如孔鲤学诗、孟母三迁、曾子杀猪等等。

与西方不同的是,东方幼儿教育直到近代都没有真正走出家庭,耗费的时间更长。所谓的私学(私塾),也往往只是富裕家庭的孩子过了幼年期,才可能到附近的私塾先生家上学,根本谈不上幼儿教育的实践。显然,只有家庭条件特别优渥的才有可能聘先生到家中施教。此时,按照当今的学龄区分标准,已经是小学生的年纪了。即便如此,进入儿童期的孩子们无非是学习儒家经典、道德礼仪,外加吟诗作对而已,至于数理知识,几无涉及,导致两千余年间周而复始,无所进展。直到朱熹提出小学大学之分,[3]也没有将幼儿教育从家庭教育中独立出来。而西欧的幼儿教育随着商品经济的不断活跃而变得更为与时俱进。尤其是文艺复兴后,东西方幼儿教育的差距立现。"对于名门世家来说,重要的是要维持买卖的繁荣和家世。……要培养优秀的接班人,必须调整家庭生活的方方面面。特别是儿童的培养方法,从与事业经营的兴衰有关的方面开始,都给了极其详尽的指示。……他们要求培养既具备办事圆满、周全,同时又有独特才华、出类拔萃的双重人格。"[4]虽然我国古代也对幼儿教育提出了很多设想,但遗憾的是在对幼儿教师的要求上,我国古代相关文献几乎处于缺位状态。

文艺复兴显然是区分世界幼儿教育史的分水岭,并在幼儿教育理论上呈现出波浪式前进螺旋式上升的快速发展态势。1450年,威尼斯

---

① 《列女传》(卷一)。
② 《新书·胎教》。
③ 朱熹认为,"人生八岁,则自王公以下,至于庶人之子弟,皆入小学,而教之以洒扫、应对、进退之节,礼乐、射御、书数之文;及其十有五年……皆入大学,而教之以穷理、正心、修己、治人之道。此又学校之教,大小之节,所以分也。"《晦庵文集》(卷七十六),《大学章句序》。
④ [日]日本世界教育史研究会编:《世界幼儿教育史》(上),刘翠荣译,吉林人民出版社1986年版,第3页。

撰写了专著《儿童教育论》,专门论述了儿童的教育方法和方式,主张人道主义教育。1529年伊拉斯漠(1465—1536)在《幼儿教育论》中提出了爱的教育论,并阐释了其中的机理——儿童通过对教师的爱产生对学习的爱,因此幼儿教师必须是深受儿童爱戴的慈祥的人。1538年,比维斯(1492—1540)在《论精神和生活》中开创了从经验心理学的角度论述了幼儿教育个性化的先例,树立了教育心理学的历史里程碑。更令人羡慕的是,17世纪诞生了世界史上最伟大的教育家夸美纽斯。他在1632年发表的《大教学论》中建立了幼儿教育的框架体系,奠定了幼儿教育的基础理论。他的论述被誉为幼儿教育的"百科全书",几乎涉猎了当今相关议题的绝大部分内容。许多经典的创见一直沿用至今。比如反对幼儿读写教育,强调外部感觉训练,创立沿用至今的以6年为期的学校制度和"干中学习"的教育方法等等。他的主张直接影响了后来两百余年的幼儿教育理论与实践。及至启蒙思想家约翰·洛克,幼儿教育史上最大的难题得以被攻克——人权。在此之前,人们教育幼儿,无非是出于两点功利性因素的考虑:一是孩子最终会成长为大人,与其浪费其幼儿时期,还不如趁早打下将来成长的基础;二是社会竞争毕竟以家庭为原点,自家孩子培养不好,无法出人头地,也就无法与外界竞争。至于关爱幼儿,只不过是世界上普遍都存在的道德要求和人类天然的同情性在起作用。然而,洛克改变这一切,阐明了为什么幼儿必须得到教育。1690年,洛克在《论父母的权力》一文中提出了振聋发聩的观点:尽管孩子们不是在平等状态下出生,但是是为了实现完全平等而生存;父母同样也作为自由的人而生,因而不能使用任何武力来对待孩子;父母之所以享有教育权,是基于儿童自然的权力——教育权。"教育权与其说是父母的特权,毋宁说是孩子们的特权,父母的义务。"[①]至此,幼儿教育最坚实的基石已经奠定。也就是说,幼儿受教育权是幼儿本身的权利,家庭教育是一种义务;至于幼儿教师的权力,根

---

① [日]日本世界教育史研究会编:《世界幼儿教育史》(上),刘翠荣译,吉林人民出版社,1986年版,第13页。

本不来自于教师的身份,也不来自于父母的授权或委托,更不是国家授予的。这也就是本书不厌其烦地在前文中罗列各种国家教育权的概念并指出其理论缺陷根源的原因。从这里可以看出,对于教育权,人们的误解是多么的深!

此后,西方幼儿教育理论体系不断丰腴起来,有血有肉,扣人心扉。1762 年卢梭出版了《爱弥儿》和《社会契约论》。他主张幼儿教育应采取"自然教育"方法以顺应儿童的天性。"大自然希望儿童在成人以前就要象儿童的样子。"①这是一种消极教育主义,旨在排除教育过程中人们不适当的外在干预,顺应人成长的自然规律,以确保幼儿教育的纯洁。所以,在开篇第一句,卢梭就写到:"出自造物主之手的东西,都是好的,而一到了人的手里,就全变坏了。"②本书认为,自然教育在理论出发点上是善意的,但是存在过多的幻想色彩。毕竟所有人都是在社会中成长的,离开社会,人就不再成其为人。幼儿从出生时的那一刻起,就被禁锢在特殊的社会环境之内,只能被动地接受社会信息。及至其接受与反应能力达到一定的阶段能够有自身的独特见解,诸如母语、生活习惯、风俗人情等已经逐渐定格。这些社会性因素留下的是烙印,几乎伴随人的一生。因此,自然教育之消极教育主义对于这些难以改变只能顺应的社会因素而言,是并不利的,甚至是有害的。因为刻意的回避将导致其社会化进度反而变慢,延长社会对他的接纳时间,甚至可能造成永久的伤害。由此,本书并不认为消极教育主义是卢梭对幼儿教育理论最伟大的贡献。本书更钦佩的是卢梭的另一个贡献,即从共同体的角度论述了公民教育。"培养公民,你就有你所需要的一切东西;没有公民,则自国家的统治者以下,除了一些下贱的奴隶之外,你一无所有。"③他所建立的这一条政治哲学下的教育理论解决了一个重要

---

① [法]卢梭:《爱弥儿——论教育》(上),李平沤译,人民教育出版社 1985 年版,第 84 页。

② [法]卢梭:《爱弥儿——论教育》(上),李平沤译,人民教育出版社 1985 年版,第 1 页。

③ [法]卢梭:《论政治经济学》,王运成译,商务印书馆 1962 年版,第 38 页。

问题——培养符合时代需要的有健全人格和责任精神的人,即教育的目的问题。从自然属性来说,孩子出自父母,很容易被人们认为是父母的人,家庭的人,大而化之是家族的人。其实这都是一种偏见。自从有了国家之后,超越血缘关系的强而有力的国家就注定了只有国家需要的人才是教育的出口。卢梭在当时能够发现这一奥妙可谓极具洞察力的。而这正是《爱弥儿》一书画龙点睛,最为精妙的地方。

为了阐述这一创见,卢梭在概括社会契约时用了这样一段话:"我们当中的每个人都同样献出了自己的财产、人格、生命及一切力量,服从整体意志的最高领导,我们将作为一个群体,把每个成员都作为整个群体中不可分割的一部分。"①在他看来,一个人从出生到成长,利用了特定地域内的资源,通过自然教育的方案接纳并养成了顺应该自然地域内的生活习惯、风土人情和社会交往规则,自然也就应当承担该地域范围之内的一个人的职责。因此他进一步阐释道:"整个集体的契约不仅没有提及每个签订契约的人,反而制造了一个精神上的集合体,……整个共同的人格一般称为'政治体',当政治体处于被动的时候,它的成员称它为'国家',而当它处于主动的时候则称它为'政权',把它和它的同类相比较的时候称它为'权力'。关于其成员本身,他们共同的名字叫作'人民',作为城邦的成员或者政权的参与者,则叫作'公民',而服从同一政权的人叫作'庶民'。"②卢梭在这里从多个维度论述了以公共意志为基础的政治实体。对于在这个实体范畴内成长起来的所有个体都负有一种不可推卸的自然法责任。因为这些人的人格是政治体/精神集合体的组成部分,相互依存,既是作为参与者的公民,也是作为服从者的庶民。这是第一层含义。第二层含义是,政治体/精神集合体意义上的国家是被动的,因为它是个体意志的集合,所作出的行为应当有利于政治体/精神集合体的维系和运作。第三层含义是第二层含义的

①　[法]卢梭:《爱弥儿——论教育》(下),李兴业、熊剑秋译,人民教育出版社 1985 年版,第 656 页。

②　[法]卢梭:《爱弥儿——论教育》(下),李兴业、熊剑秋译,人民教育出版社 1985 年版,第 656—657 页。

延伸,当有外在的危险危及政治体/精神集合体时,国家处于主动状态,作为成员的个体应当服从国家的决定,依令而行。

公民与国家的关系是自然而然产生的,是自然法的内在规定,无从改变。在卢梭看来,按照自然规律在特定地域内成长起来的人自然就负有对同一地域政治体的责任。这个责任不是来自于强迫,而是来自于他成长过程中的一切。因此,他说每个人都和自己签订了一份契约,也就应当遵守这份自然契约所设定的基本规则——在精神集合体之内,服从精神集合体,并顺应精神集合体而行为。"这个集体契约强化了公众和个体的相互约束,每个人都可以说他和自己签订了契约,因而它具有双重关系,即:对于别人来说,他是行使主权的一分子,对于主权者来说,他是国家的一个成员。"[1]因此,卢梭在第五卷将要结束的时候表露了隐藏在自己内心深处对教育的最终的那份真挚的期望:"亲爱的爱弥儿,因为一个人即使没有祖国,至少也还有一个可以居住的地方。一个人总是要在一个政府和法律外表庇护之下才能过着安宁的生活。如果个人利益也像全体一致那样保护了他,如果公众暴力保护他不受到个体暴力的侵害,如果他所目睹的坏事使他能够爱那些善的东西,如果我们的社会制度本身就能使他认识并憎恨那些极不公平的事,那么即使社会契约没有被遵守,那又有什么关系呢?"[2]"因此,不能说我在哪里对我来说有什么关系,实际上,这关系到你是否能够履行你全部的职责,其中之一就是你是否眷恋你出生的地方。在你还是孩童的时候,你的同胞曾经保护过你,等你长大之后,你就应该爱他们。你应该生活在他们当中,或者,至少你应该生活在能够对他们有益的地方,以便使他们在需要你的时候可以找到你。"[3]后文中他鼓励爱弥儿不到大城市生活而是过田园式的生活——减少城市的烦恼增加乡村的活力;不要过分眷恋眼前的甜蜜生活,而是在国家需要你的时候勇于承担

---

① ［法］卢梭:《爱弥儿——论教育》(下),李兴业、熊剑秋译,人民教育出版社1985年版,第657页。

②③ ［法］卢梭:《爱弥儿——论教育》(下),李兴业、熊剑秋译,人民教育出版社1985年版,第676页。

责任——忠实地执行你的任务，为国效劳。①行文至此，我们不难发现，卢梭之所以不厌其烦地在《爱弥儿》的上卷中反复絮叨培养爱弥儿的自然方法，其根本目的不是为了采取自然教育方法去教育儿童，而是最终服务于唯一的目的——培养具有责任意识和责任能力的合格公民。

第二节　幼儿教师教育权力的正当性

在前文中，本书阐述了教育的起源、家庭教育权、国家教育权和幼儿教师教育权的来源与目的。然而，始终在逻辑环节上缺失了一个重要的组成部分，那就是，孩子从出生后是如何从国家教育权力体系中分配给了幼儿教师教育权力的。换而言之，幼儿教师教育权的取得是基于父母还是基于国家，亦或是基于幼儿本身？从我们所阅读的文献来看，几乎所有的资料都没有解读这个问题。要知道，幼儿具有普通人的权利，但其自身无力行使其权利，即使他们拥有受教育权，但是权力的本性在于主动。幼儿缺乏行使权力的能力，自然就无促动幼儿教师去行使权力。更何况，幼儿出生于家庭，幼儿教师是从何处获得的教育权？何况，更为奇特的是，本书使用"幼儿教师权力"一词，而没有表述为"幼儿教师权利"一词。这其中的逻辑关系何在？理由何在？本书认为，说到底，这一问题是幼儿教师教育权力的正当性问题。

一、幼儿受教育权是幼儿教师教育权正当性的起点

诚如洛克所分析的，幼儿如同其他所有人一样都是自由人，他们作为社会成员的一份子，自然要参与社会活动，拥有教育权。从这一点上来说，幼儿的受教育权根源其固有的教育权。对于受教育权，我国大致在上世纪末兴起了一波讨论的热潮。尤其在齐玉苓案后，这一波研讨

---

① ［法］卢梭：《爱弥儿——论教育》（下），李兴业、熊剑秋译，人民教育出版社 1985 年版，第 678 页。

达到了高潮。仔细揣摩这些研究成果,大致有如下代表性观点:

1. 以人权理论为依据,将受教育权定性为国家——公民对国家的权利。最具有代表性的概念将受教育权表述为:"由法律所规定的、公民要求国家作一定行为或不作出一定行为的权利,即公民从国家那里获得均等的受教育权条件和机会的权利。"①这一概念直接将受教育权列为国家的义务,是国家对公民应当承担的责任。然而,如果这样理解,那么很容易演变为国家自然而然地可以干预和控制各类教育,包括幼儿教育。事实上,在二战前夕,诸如德国、日本,均设置有类似的国家导善机构,将国家公共服务机构转变为实现国家意志的工具。这显然不符合社会契约论,也不符合历史唯物主义的世界观和价值观。从社会契约论的角度而言,国家是在公共意志基础上产生的公共机构,公民设立国家是为了获得人身和财产安全保障,并追求福祉。而国家在历史上被无数的事实证明,其权力容易滥用,将矛头指向公民。再者,按照历史唯物主义的观点,受教育作为一种权利,是生产力达到相当高的水平后才逐渐演变形成的,是社会化的产物,而不是直接来源于国家。不过,这一概念在我国拥有极大的影响力,可以说,对后来学界关于受教育权的属性分析产生了深远的影响。据此,有观点认为,受教育权兼具有自由权和社会权的双重属性。作为自由权的受教育权,"标志着一个原则上不受控制和干涉的私人空间;国家的职能就在于保护个人自由",因此应当理解为"教育自由",实际上就是"受教育自由"和"学习自由"。更确切地来说,"教育自由应在不同方面得到实现,如受教育的内容(学习什么)、受教育的时间(什么时候学习)、受教育的形式(通过什么形式学习)、受教育的地方(在什么地方学习)等不受国家、社会团体与其他公民的非法侵犯。"②作为社会权的受教育,意味着"国家基于自身发展的要求也应对受教育权进行一定程度的控制和干预。因此它要求国家积极主动地为受教育权的实现提供条件和制度,同时要求国家

---

① 顾明远:《教育大词典》,上海教育出版社 1998 年版,第 1439 页。

② 谢非非:《受教育权属性阐释》,《社会科学家》2013 年第 9 期,第 99 页。

制定法律促成这类权利的实现。"①显然，此种解释存在内在的矛盾性。这不仅缘于自由权消极性和社会权积极性的对立，也体现在受教育权既是一种防御性权利，也同时是一种请求权的矛盾性上；更与人权基本理论存在消极的冲突。众所周知，人权是作为人享有的权利，具有不可剥夺性。国家又如何能剥夺公民的教育权呢?!

2. 以主权为依据，将受教育权定性为国家保障公民参与政治权利的义务。具体说来，这种观点又可以细分为公民权说和人民主权说。前者认为，"受教育权实质是一种公民政治权利和自由，是享有主权的国民为有效行使政治权利并扩大其参政能力而要求国家帮助创造文化教育条件的权利。"②持"人民主权说"的观点众多，内部又可以细分。中村睦男先生的观点具有代表性："受教育权的保障具有主权者教育的意义，受教育权是为了使国民现在和将来具有一定的政治能力，使之能稳固民主主义政治。"③这显然是一种目的论。受此影响，我国也有一些学者提出条件论，认为"受教育权是实现人民真正享有主权的必备条件"。因为"人民要真正成为主权的享有者，必须理解基本的政治原理，清楚政治的运作及政府行事的规则。这一切只有通过学习才能获得"。④理论上来说，这种观点更贴近社会契约论。因为社会契约论在论述国家产生的理论依据时，将国家奠基于公共意志之上。如果公民不能行使参与公共政治的权利，那么公共意志就无法形成，也就不可能存在所谓的国家。然而，社会契约论毕竟是一种理论猜想，其假设的天赋人权，人人自由而平等等理论设想为当今社会实现民主、法治起到了巨大的作用，但其并没有确切的依据，而且也与人类社会真实的历史发展轨迹相背离，更与国家作为一种暴力机器的本性相冲突。

3. 以社会现象为依据，描述受教育权的基本概貌。这类概念主要

---

① 谢非非：《受教育权属性阐释》，《社会科学家》2013 年第 9 期，第 100 页。
② 李卫刚：《宪法学讨论教学教程》，对外经济贸易大学出版社 2005 年版，第 207 页。
③ 马岭：《对受教育权性质的评析》，《中国青年政治学院学报》2009 年第 4 期，第 91 页。
④ 胡锦光、任端平：《受教育权的宪法学思考》，载郑贤君：《公民受教育权的法律保护》，人民法院出版社 2004 年版，第 107 页。

有如下表述形式：(1)"所谓受教育权，是指个人在国家和社会创建的各类学校、教育机构等学习文化等方面知识，以提高生存和发展能力的权利"。[1]这一概念描述了人的自利性，契合人性的基本逻辑。(2)受教育权是指"公民有在各类学校、各种教育机构或通过其他途径学得文化科学知识，提高自己的科学文化业务水平的权利"。[2]这一概念基本沿袭了前一概念的基本特征，但在受教育的场所方面有所扩大，把国家的、社会的、个人的各类教育机构均包括在内。对于这类概念，学术界颇为不能接受，认为它们一是没有明确国家的积极作为义务，二是违背了权利义务的一致性原理。当然，这种批评的声音显然也是一种目的论，即概念定义必须朝着作者内心认定的方向描绘。本书认为，此类概念最大的问题就在于它没有指出受教育权的本质属性，从而达不到下定义的基本规范要求。不过，有学者更为高明，干脆将受教育权描述为社会权的下属概念。日本学者大须贺明教授即是如此："受教育权的基本特质是社会权，其为生存权性质层面的基本权利之一。"[3]我国著名宪法专家许崇德教授也将受教育权纳入这一范畴："在社会主义宪法中，社会权利主要包括劳动权（或劳动保障权）、休息权、物质帮助权（或生存权）、退休人员生活保障权利、受教育权等多项内容"。[4]这并不奇怪。事实上，世界上很多宪法学均持这种观点。比如德国的布鲁纳和奥地利的陶曼德就将社会基本权利分为工作权、社会安全权、文化教育权。荷兰学者范得文将"教育权以及参与学术研究之权利"归入社会基本权利的范畴。在这一体系范畴之下，更有一些学者以人的社会属性为依据，将受教育权描述为生存权。受教育权之所以与生存权扯上关系，是因为社会分工的细化与竞争的加剧导致了社会对知识的普遍需求。缺乏受教育的机会而导致没有相适应的知识很容易导致个体在社会生活中处于极为不利的境况。因此不少学者认为受教育权的设立是出于符

---

① 李龙执行总主编：《人权的理论与实践》，武汉大学出版社 1995 年版，第 615 页。
② 李步云主编：《宪法比较研究》，法律出版社 1998 年版，第 541 页。
③ ［日］大须贺明：《生存权论》林浩译，法律出版社 2001 年版，第 155 页。
④ 许崇德：《宪法》，中国人民大学出版社 1999 年版，第 168 页。

合人性尊严生活的需要,因而是一种具体的生存权。同样,也有学者基于社会权将受教育权视为发展权。[1]

4. 本书的观点:受教育权植根于生存权,已转化为社会权。从历史唯物主义的角度来看,受教育权产生于孩子出生。众所周知,孩子出生即意味着社会接受一个新的成员的到来。任何人都必须经历从弱小到强壮的一个自然成长经历。此种成长不仅包括物质条件的发展,也必然包括社会知识的丰富。任何人只有成为社会成员,才可能成其为人。从普遍的意义上来说,父母已然是社会人,他们期待小生命的到来,也就期望着孩子如同他们一样成为社会人,具有所有人应当具有的社会属性。不管在遥远的古代,还是竞争日趋激烈的当下,所有人首先必须解决生产问题才可能谈发展。因此,发展权并不是受教育权的必然组成部分。同样的道理,国家是人类社会生产力发展达到一定高度的基础上才产生的。人类对秩序和安全的基本需求是国家产生的社会心理基础,也是人类社会历史进程中的产物。因此,受教育权并不必然是国家的义务和公民的权利。否则,我们很难解释为什么先辈们在奴隶制社会、封建社会就不把受教育权视为一项理所当然的权利。要知道,人类社会发展至今,人的大脑和智力水平并没有发生多大的变化。把受教育权视为自由权或社会权的子项,也就不符合社会的真实情况。再者,自由权是一种消极防御权利,强调的是人的自主性。对于儿童而言,自由是奢侈的。要求自由,意味着保障待遇的下降。任何一对父母都不可能满足子女超出其社会人本身地位的要求,实际上也无法满足。因此,受教育权是人权的自然内涵,是人作为一个社会主体能够过上如同其他人一样的基本生存权利。反过来说,作为一个社会人,其拒绝接受教育也是不现实的。教育在社会生活中无处不在。"善有善报恶有恶报,不是不报时候未到。"即便在善恶论中,人们总是期望着更有权势的人来教训桀骜不驯与狂妄不羁的非理性人。人是社会成员,就必然拥有社会属性,也就是必须社会化。这个过程其实是一个自然过程,是

人成其为人的必然经历。换而言之,教育也许是刻意而为之,也许是无心插柳柳成荫。总之,教育和受教育的机会无处不在。因此,受教育是一种必然,教育即是生活,受教育也是生活的组成部分,谁也不能拒绝。将受教育的机会提升为一种权利,显然是社会已经高度发展的结果。于是教育活动变成了一种可期待的权利——受教育权,是人的社会属性的高级形态,但这并不能否认其是基于生存的基本期望。也正是在此种意义上,受教育权不仅属于教育权,而且是社会基本权利的范畴。从古到今,概莫能外。

二、幼儿教师教育权正当性受幼儿社会属性的约束

众所周知,按照我国现行教育制度,0—5岁的幼儿并没有纳入国家义务教育覆盖的范畴。《幼儿园管理条例》第五条规定,地方各级人民政府可以依据本条例举办幼儿园,并鼓励和支持企业事业单位、社会团体、居民委员会、村民委员会和公民举办幼儿园或捐资助园。这一条显著区别于《义务教育法》第二条之强制性规定:国家实行九年义务教育制度。义务教育是国家统一实施的且所有适龄儿童、少年必须接受的教育,是国家必须予以保障的公益性事业。实施义务教育,不收学费、杂费。国家建立义务教育经费保障机制,保证义务教育制度实施。依据《幼儿园管理条例》,由财政经费支持运作的公共机构可以举办幼儿园。这显然是一种任意性规范,但是《义务教育法》则将九年制义务教育强制性纳入财政经费保障的教育体制。且《义务教育法》第十一条明确规定年满六周岁的儿童应当由父母或者其他法定监护人送其入学,接受并完成义务教育。虽然《幼儿园管理条例》没有排除公办幼儿园,实务中公办幼儿园也绝不在少数,但是两者确立的依据显然有着根本性的差别。值得格外指出的是,这种作法并非中国独有,反而是世界上非常普遍的作法。换而言之,6周岁以前的幼儿教育主要以家庭教育或(和)社会教育的方式完成,并不属于国家的义务。据此,值得追问的一个问题是,幼儿受教育权基于其生存权,是人权的子概念。但幼儿教师教育权又是如何产生的呢?理论依据或正当性依据何在?性状

如何?

所谓正当性,在英文中常见的词汇是 legitimacy。据考证,"正当性"一词首次出现在 1691 年。学术界公认马克思·韦伯对这一概念做出了最为系统的学术梳理。不过,我国国内往往把其语义上的"正当性"译成了"合法性"。事实上,"正当性"是一个多义词,也是法哲学和政治哲学中非常常见的一个专业术语。古往今来,人们普遍认为任何一项权利或权力以及制度都需要进行正当性论证。然而,即便如此,什么是正当性,却是一个令人非常困扰的议题。为了辨析这一概念,有学者曾从分析哲学的角度入手,把与"正当性"相关的概念分为两组:其中,与正当性同义或近义的词汇很多,比如正统性(legitimacy)、正确性(correctness)、恰当性(rightness)、合理性(reasonability)、理性(reason,rationality)、正义(justice)、证成性或证立(justification)、权利或正当(right)、合法性或合法律性(legality)、有效性或效力(validity)、权威性(authority)等等。而与正当性相关的词汇至少有如下一些:可接受性(acceptability)、守法义务(obligation of law-abiding)、服从法律的义务(obligation to obey the law)、政治义务(political obligation),以及稳定性(stabilitve)、强制性(coercion)、强力(force)。①由此可见正当性一词的概念在外延上极为复杂,更不用说其内涵。

古往今来,不同学者在不同场合应用这一专业术语,导致其内涵变化不居,外延莫衷一是。此种情况,即便在马克思·韦伯的笔下也是如此。不过这并不排除有些知名学者对其下定义。美国政治学家阿尔蒙德认为正当性具有如下含义:"如果某一社会中的公民都愿意遵守当权者制定和实施的法规,而且还不仅仅是因为若不遵守就会受到惩处,而是因为他们确信遵守是应该的,那么,这个政治权威就是合法的。"②著名政治学家李普塞特认为:"合法性(也被译为正当性)是指政治系统使人们产生和坚持现存政治制度是社会的最适宜制度之信仰的能力。当

---

① 刘杨:《正当性与合法性概念辨析》,《法制与社会发展》2008 年第 3 期,第 13 页。

② 〔美〕阿尔蒙德·鲍威尔:《比较政治学:体系、过程和政策》,曹沛霖等译,上海译文出版社 1987 年版,第 35—36 页。

代民主政治系统的合法程度,主要取决于解决造成社会历史性分裂的关键问题的途径。"①哈贝马斯对如上的经验主义正当性理论范式进行了批评。在他看来,前述正当性之关注政治秩序的大众认同度,否定了认同本身的价值;如果仅仅从规范主义的角度来关注价值,也很容易失去大众认同的基础。他综合两者的优势以避免他们的弊端,将正当性(合法性)定义为:"同一种政治制度联系在一起的被承认是正确的和合理的要求对自身要有很好的论证。合法的制度应该得到承认。合法性就是承认一种政治制度的尊严性……统治制度的稳定性,甚至取决于对这种要求的起码的事实上的承认。"②

综合这些经典作者的定义来看,给正当性下一个规范的学术定义难度极大,但是其某些基本内涵是相对确定的。首先,正当性应当得到社会的普遍认同、尊重或事实上的承认(包括默认),这是经验层面的要求;其次,从价值的层面,正当性并不是某种虚无缥缈的观念,而是能够解决实际问题的且具有相对稳定性的规范或标准,尽管这种规范或标准并不体现为某些客观的因素。据此,在教育权问题上,教师应当拥有教育权,且不问其是权力亦或是权利,这是经验层面的要求。否则,就不存在教的问题,最多存在育的问题。这一点显然把教师和保姆给区分了开来。因此,问题又返回来集中到了"教"上。换而言之,不管怎么"教",至少"教"要有某些相对稳定的规范或标准。换而言之,教育权正当性问题集中体现为"教"的问题,但并不排除"育"。也正是如此,"现代对正当性的论证实际上就是对终极价值和信仰的追寻。"③对于幼儿教师教育权正当性的论证也就集中体现为该权力的认同问题和规范问题。

从幼儿教师教育权的认同问题来分析,第一个障碍是权力的来源

①　[美]李普塞特:《政治人:政治的社会基础》,张绍宗译,上海人民出版社1997年版,第55页。

②　[德]哈贝马斯:《重建历史唯物主义》郭官义译,社会科学文献出版社2000年版,第262页。

③　翟楠:《教育权力及其正当性之研究》,南京师范大学博士学位论文,2008年,第50页。

问题。众所周知,按照现行价值观念,法律面前人人平等,父母、孩子、教师、学生概莫能外。在这里似乎,父母和孩子,教师和学生都是平等者,他们之间并不存在权力与权利上的区分,因而幼儿教师教育权只可能是权利关系问题,而不应当是权力关系问题。然而,在国家教育体系之中,教师明显行使的是教育权力,而不是教育权利。几乎大多数观点均认为教育权力来自于国家的授权。毕竟《教师法》第三条明确教师是履行教育教学职责的专业人员,且第八条中有"带领学生"、"关心、爱护和保护学生"、"制止学生"和"批评和抵制有害现象"等不平等管理关系的授权。幼儿教师也是教师,也是依据《教师资格条例》取得教师资格证的专业人员。可见,幼儿教师对在园幼儿行使的是权力而不是权利。不过,与此并不协调的是,从《幼儿园管理条例》和《幼儿园工作规程》来看,幼儿教师的主体地位规范是极为稀缺的。前者中对于幼儿教师权利义务几乎无所涉及,从而不得不援用《教师法》的相关规定;但是从《幼儿园工作规程》来看,幼儿教师所享有的权力不像是权力,更似乎是一种合同法的民事权利。这不仅仅是因为该规章第四十一条规定幼儿园教师实行聘用制,而且在规定其职责时设定了许多"育"的义务,而不主要是"教"的权力。还有一处与此矛盾的是,《幼儿园工作规程》又设置了保育员岗位,且完全区别于幼儿教师的职责。正是在此种意义上,很多学者均认为幼儿教师的教育权是一种权利而不是权力。比如有的观点认为,幼儿教师的教育权是指"幼儿教师在幼儿园开展教育教学活动及其他专业性活动中所享有的一切作为专业技术人员的权利"。[①]这是基于现有法律规范进行的来源问题分析。

从价值层面来判断,幼儿教育在目的上服务于"按照保育与教育相结合的原则,遵循幼儿身心发展特点和规律,实施德、智、体、美等方面全面发展的教育,促进幼儿身心和谐发展"。这显著区别于《义务教育法》所设定的"实施素质教育,提高教育质量,使适龄儿童、少年在品德、

---

① 成绍荣,李旭:《幼儿园教师教育权失范及规范路径构建》,《陕西学前师范学院学报》2018年第4期,第111—112页。

智力、体质等方面全面发展，为培养有理想、有道德、有文化、有纪律的社会主义建设者和接班人奠定基础"之目标。在教育手段的采用上，两者之间的区分更为明显。基于这些判断，有观点认为，理想的幼儿教育应当是平等的师幼关系，教师和幼儿之间应是"基于对人格、地位及主体性权利的尊重，在合作意向上的交往关系"。①还有观点认为，家长与幼儿园之间订立的是幼儿教育合同，从而幼儿园享有对幼儿的教育只能可能是一种民事法律关系范畴的合同权利。进而幼儿园和家长之间的合同关系是一种"第三人利益合同"，任何一方的违约只能按照违约责任来追究另一方的民事责任。②依据这种逻辑加以延伸，按照我国民事法的基本原理，当事人之间的合同可以为第三人设定权利，但不能设定义务，否则属于侵权而归属无效。这说明幼儿教师所享有的权利绝不可能是一种权力，而只能是一种合同权利。

本书认为，前述学理探究是有积极意义的，但是在分析的逻辑上依然存在诸多的问题。这主要体现在如下两个方面：一是从国家的角度来分析幼儿教师教育权在逻辑上存在缺漏，即国家并不是教育权来源的最终主体。这一点，在前文洛克的分析中已经有了详尽的回答。因为教育权本身不是根源于国家，而是根源于幼儿本身，是受幼儿受教育权支配的结果。二是从家长与幼儿园之间的合同关系来判断，也存在逻辑上的缺漏问题。同样，幼儿接受教育既不是基于家长的授权，也不是基于幼儿教师的身份，而是基于幼儿自身的需要。尽管幼儿不一定知道身处社会之中的意义，但是从善的角度和有利于幼儿的角度，不难推测出这一点，即人的社会属性。几乎所有幼儿都是希望在一个正常的社会环境中成长，而不是其他环境。

众所周知，任何人都是社会人，具有社会属性就必须受教育。受教育有两种来源，一是来源自身，二是来源于自身之外的其他主体。不管

① 常畅：《论幼儿教育中平等的师幼关系》，《湖南第一师范学报》2006 年版第 3 期，第 60 页。

② 邓永妍：《幼儿教育合同若干法律问题研究》，《湖南医科大学学报（社会科学版）》2005 年第 2 期，第 44 页。

承认与否，幼儿自降生人世间就负有将自身社会化的客观义务。这一点，并不以其意志为转移，否则其无法满足人的社会属性要求。这是自然规律带来的命令性。"他人即地狱"就带有此种客观意义上的强制性。因此，任何人，包括幼儿，都必须将自己社会化，受教育是无法避免的客观要求。从外界的强制性因素来说，不管幼儿是否愿意接受，客观化的社会因素也将自动教育所有人。人类社会对秩序的天然心理倾向必然迫使所有人服从特定社会的规则。即使家长、幼儿教师与国家不强制幼儿，幼儿也必然受到强制，以服从社会的一些强制性需求。比如道德规范、宗教礼仪等等都是如此。当然，这些并不意味着幼儿教师的教育权是一种权力，因为平等主体之间也可以带有强制性的要求。比如男女有别，如厕就必须遵守性别法则。一个幼儿园的孩子上厕所可能不触犯这一道德规范，但是对于小学生可能就面临极大的禁忌，一旦违反将面临道德和法律上的双重责难。换而言之，人类天然的同情性和容忍度都是有底线的，尽管此种底线并不明确，但是并不意味着其并不存在。幼儿教育实务中，教师对在园幼儿施以适度的惩戒，不仅父母接受，而且社会认为也是有必要的。有教育，必然有惩戒权，否则，教育就失去了其应有的以"教"为核心的基本含义。由此，从社会认同的角度而言，幼儿教师拥有教育权几乎没有多大的阻碍。不过，值得指出的是，幼儿教师教育权的社会认同是基于特定地域内所有幼儿社会共同属性的认同，而绝非来自于其他方面。在这一点上，特定地域显得格外重要。当然，特定地域首先是指一个主权国家之内的地域，而非跨国际的地域。其次，特定地域应当服从于一般的判断，比如类似善良风俗所约束的地区。

当前最为棘手的是，幼儿教师教育权到底是权利还是权力？如果是权力，又是何种权力？本书的一个初步结论是，幼儿教师的教育权属于行政权，而且是存在于幼儿教师与在园幼儿之间的社会行政权。由此，我们不仅需要探讨幼儿教师教育权力的合法性问题，而且应当从幼儿教师与在园幼儿之正当性法律关系的角度来予以分析。下面，本书试为努力。

第三节　幼儿教师教育权力的合法性
——基于师幼法律关系的分析

尽管在正当性理论研究中,正当性与合法性具有纠缠不休的关系,但是出于理解的便利性和逻辑上的一致性,本书依然希望尽可能将两者给区分开来。本书的一个基本观点认为,正当性是合法性的合理根源;拥有合法性,并不意味着其具有正当性;反过来,某种制度规范具有正当性,但并不意味着其必然具有合法性。不过,有一点是肯定的,那就是不具有正当性的制度规范,存在内生性缺陷,属于应当改革或废除的对象。"正当性的重要功能就是补救实定法的漏洞、修正实定法的错误,避免'恶法亦法'给人类带来万劫不复的命运。"①不仅如此,本书更认为,正当性与合法性更类似于制度规范与社会容许性之间的源流关系。没有正当性作为依据的制度规范,即便其取得了一国法律制度效力规范的许可性,也必然面临世人的责难。因此,正当性在多数场合下可以置换为狭义上的正义与法律的关系来进行理解。人类铁骨铮铮的历史表明,权力虽然常常表现出不可抗拒的姿态,但是它总是在向正当性低头,而这正是社会进步所留下的一个个脚印。

一、幼儿教师教育权合法性之学理介评

幼儿与其他所有人的关系是由幼儿与其他人本身所决定的,绝不来源于其他任何人。而且此种双方之间的法律关系有一个必然的前提,那就是有利于幼儿。这是前文中本书所证成的一个理论基石。因此,分析幼儿教师教育权的合法性,也必须以此为前提。综观世界教育学史,关于幼儿教师与在园幼儿关系的理论多种多样,而对两者之间的法律关系讨论较少。不过,教育学理论却内在地影响着两者之间法律关系的构建,部分学者也论及这一主题。下面,本书选择几种代表性理

---

① 刘杨:《正当性与合法性概念辨析》,《法制与社会发展》2008 年第 3 期,第 20 页。

论予以介评。

（一）相关教育学理论

1．"消极的教育"理论下教师居于看护义务地位，幼儿居于自由地位。"消极的教育"理论为卢梭所倡导，流传至今。"最初几年的教育应当纯粹是消极的。它不在于教学生以道德和真理，而在于防治他的心沾染罪恶，防止他的思想产生谬见。"①卢梭的这一观点与其法律思想一脉相承。在他看来，一切立法体系所应追求的最大的幸福是自由和平等；而法律是人民意志的记录，且法律只考虑共同体的臣民的意志和行为的普遍性，个人，包括主权者擅自发号施令绝不是国家的法律。对于儿童，卢梭认为儿童有他自己的地位，不能等同于成人。儿童需要成人的垂爱，且用儿童的方式来对待儿童。具体到幼儿教育，卢梭主张进行"隶属于物的教育"，以避免"隶属于人的教育"所带来的污染。也就是让幼儿率性发展的同时防止其受到不良环境的污染，以保持儿童的善良天性。因此，老师的责任在于指导孩子如何行动，而不是随意干预其言行。即使孩子犯错，也不得惩罚幼年学生，只能采用"自然后果法"，即让他碰到有形的障碍，或者由他的行为本身产生惩罚。卢梭的此种理论集中体现在《爱弥儿》一书中，但综观全书卢梭虽然将幼儿教师和幼儿置于法律地位平等的基础上来分析，但是其并没有直接论述幼儿教师与幼儿之间的具体权利义务关系。不过，结合卢梭的平等思想来看，其主张的是立法上的平等（包括义务平等），而不是行动上的平等。人之所以在立法上平等，是因为人是自由意志的主体，必然不受任何同类个体的束缚。人之所以在行动上不平等，是因为协议法则在分配上造成了不公平。②卢梭认为幼儿教师应当按照幼儿自身的方式来

---

① ［法］卢梭：《爱弥儿——论教育》（上），李平沤译，人民教育出版社 1985 年版，第 89 页。

② 卢梭在《论不平等》一书中区分了"自然不平等"和"协议不平等"。前者指体格、体力、智力、健康等生理因素；后者指财富、荣誉、权威方面的差别。"自然不平等"是不平等的起源，也必然会影响"协议不平等"。不过，这两种不平等的性质是不同的。"自然不平等"不可避免，是善意的，无关紧要的；而"协议不平等"是危险的、非正当的，没有合法性基础。为矫正"协议不平等"，卢梭提出了"分配正义"（distributive justice），根据公民对国家的实际贡献来作出评价。

对待幼儿,说明在幼儿教育上教师是教育义务的最重要主体,幼儿恰恰是最重要的权利主体;幼儿教师要尽可能少地干预幼儿的行为,尽可能少地惩罚,即保持最大的克制。一句话,幼儿教师的职责是履行看护责任,完全区别于当下之教育乃教师的积极作为义务。

2. 自然主义教育理论下幼儿教师的作为义务。这种观点为《儿童的世纪》作者爱伦·凯所倡导。她在吸收卢梭观点的基础上更进一步认为,教育不应该是一个任由外来因素压制儿童的过程,而应当是以儿童兴趣为中心促进他们自由自主发展的过程。这种理论的根基是个体本位主义,即教育的个人目的应当与教育的社会目的融合起来,且这种融合不应当是强制性的,而是受教育者根据社会意志自主选择的结果。这种观点在很大程度上受到了 20 世纪上半叶自由主义思潮和个体本位主义的影响。在此种背景下,幼儿个人权利受到高度重视,幼儿被视为权利主体,而不是义务承担者。任何粗暴的惩罚方法,比如殴打、恐吓等都是受到反对的。这在教育教学中确立了幼儿的自由主体地位。而教师的义务在于为儿童创造一个适宜的学习环境,与其平等,并避免直接干涉儿童的行为。这与卢梭的"自然后果法"比较接近。不过,与"消极的教育"理论不同的是,幼儿教师在教育过程中承担了更为积极的角色,比如幼儿教师要发现幼儿的兴趣,并围绕其创造新的学习环境。具体来说,自然主义教育理论不是纯粹放手,其核心在于保持教师与学生之间的关系平衡。爱伦·凯有言道:"斯宾塞把生活定义为对周围重要条件的适应,尼采则把其定义为确保权力意志,而正确的平衡必须介乎这两者之间。"①在她看来,孩子都是以自我为中心的,这本无可指责,但是这并不能抹杀孩子也必须为他人着想的义务。因此,在对幼儿的教育过程中,幼儿教师是积极的,而非消极的;幼儿教师是有权利干预幼儿行为的,只不过这种干预比较委婉、柔顺;同时,对于幼儿教师的教育权利,幼儿也有较低的服从义务(教师不得强迫)。

---

① ［瑞典］爱伦·凯:《儿童的教育》,沈泽民译,商务印书馆 1923 年版,第 64 页。

3. 教育契约。将社会契约理论引入幼儿教育是近代以来教育理论的一个巨大发展,也是幼儿教师与幼儿师生法律关系在教育学理论中得以成型的基础。不过,这一理论内部发生了极大的分歧,尤其是多学科视角,不同阐释理论工具被引入之后,其内涵发生了多维度的变化。随着此种理论的变化,对在园幼儿与幼儿教师法律关系的具体内涵方面产生诸多分歧。有的学者从后现代理论的角度出发,将契约论基础上的平等师生关系理解为教师在其中占据主导地位。理由是现代教学范式过于沉闷,是一种结构化的固定模式,学生和教师都失去了灵活性和主动性。而教无定法,应因材施教,从而主张"去中心化","去权威化"。教师更应当是学生学习过程中的指导者、辅助者、合作者、服务者,其作用是阐释而不是传授,是解释而不是判断或下结论。①也有学者借用哈贝马斯的交往沟通理论来阐释此种平等师生关系,认为师生之间是"主——客——主"的对话关系。理由是,传统的教育太过于功利,教学活动带有过强的目的性、组织性、计划性,从而坠入了"主体——客体"模式之中,教育异化成了对学生的控制和训练。实际上教育应当以变革受教育者的心身为目标。因此更适当的方法是教师与学生之间应当建立起全面了解、对话和交往关系。②还有学者从构建主义理论切入,主张教师与学生之间是一种帮助与被帮助的关系,即学生是知识的主动构建者,教师是意义构建的帮助者。③更有学者从结构功能主义的角度认为师生关系存在两重结构:一个是人与人之间的内隐结构;另一个是教学关系、心理关系及伦理关系的外显结构。④诚然,不管从何种角度看待,总而言之,前述观点并没有脱离法律意义上的平等关系。所不同的是,教师和学生在此种关系中所处的实际地位或产生的作用或所担负的角色有所不同而已。

---

① 李方:《后现代教学理念探微》,《教育研究》2004 年第 11 期,第 36—38 页。
② 冯建军:《论交往的教育过程观》,《教育研究》2000 年第 2 期,第 37—41 页。
③ 王金云:《论建构主义的师生角色观》,《河南师范大学学报(哲社版)》2004 年第 1 期,第 186 页。
④ 鲍聪:《生存论视野中的师生关系》,《宁波大学学报》2005 年第 3 期,第 72—73 页。

（二）对相关理论的评价

"一千人眼中有一千个哈姆雷特"。幼儿教师与在园幼儿关系的教育理论认知也是如此。从上述有关理论中我们不难看到，"消极的教育"和自然主义教育理论将教师置于一种开放式的教师对学生服务的场域之中。这种两种理论均近乎取消了教师对幼儿行为的强制干预权和惩罚权。这对于避免虐童现象的出现是非常具有积极意义的。不过，这些理论过于理想化，距离现实过于遥远。因此，在此种理论中，教师成为保姆，也许第一个不答应的就是幼儿家长。

于消极的教育理论而言，其并没有界分清楚教师和幼儿的相互关系。实际上，当教师置身于幼儿园这种教育机构之中则不难发现，儿童的行为和想法并没有理论家们所设想的那么纯粹。这不仅无法完成基本的教学组织活动，甚至无法控制幼儿们相互争吵、争夺甚至伤害行为。尤其是"自然后果法"在相对封闭的幼儿园这种环境中，几乎无法产生其所期待的障碍与惩罚。

于自然主义教育理论而言，将儿童作为教学活动主体的同时强调了教师的组织、协调和服务角色承担，具有积极意义，较"消极的教育"理论有了更进一步的发展，但是其并没有从根本上解决幼儿教师如何有效约束在园幼儿的这一难题。尤其是其主张教育"自然静静地、渐渐地任其本然进行，教育者只需注意周围的活动环境"，[①]必将导致教师成为承担安全保护、生活起居照料的保姆，反而在无形之中限制了幼儿的成长。这较之"消极的教育"理论之有意让幼儿遭遇有形障碍或接受本身行为产生的惩罚反而有所退步。

于教育契约论而言，其进步意义自然是显而易见的，即从根本上解决了幼儿教师与幼儿关系的基础理论问题。不过，这种学说的典型缺陷在于：一是幼儿无民事行为能力，无法有效解释幼儿无法与教师达成契约之现实尴尬；二是这种理论虽然将幼儿教师与在园幼儿置于平等地位，但是在具体内涵上要么教师居于主导地位，强化了教师的尊贵地

---

① 单中惠、杨汉麟：《西方教育学名著提要》，江西人民出版社 2000 年版，第 288 页。

位而实质违背平等关系;要么教师居于被强制的施惠者或服务者地位,贬低了教师的地位,也同样贬损了师生平等关系。尤其是结构功能主义的分析结果更不可靠。这种观点之下,幼儿教师将不可避免地被异化为幼儿看护人,必须对幼儿进行全方位的照顾。显然,这对于社会化的教育者而言,既是不可担负的责任,也是无法完成的工作。

二、幼儿教师教育权合法性之法理分析

观察一种法律关系的构建是否妥适,在法学上主要取决于两点:一是这种法律关系具有正当性,即既有道德规范的支撑,又能融合于一国的法律体系;二是这种法律关系能够为相关实践主体所能适应,并能应用于生活之中,以至于能够便当地融入法律生活。

（一）相关法学理论论争

在当今的世界,无论中外,绝大多数拥有某国国籍的自然人都被国家法赋予公民资格,即具有与其他所有人一样的权利能力。所不同的是,一国公民因年龄、智力、疾病等因素的影响,行为能力会有较大的差异。在幼儿园就读的幼儿,基本上年龄介于三岁到六岁之间,属于有权利能力,但无行为能力之人。因此,从师生平等关系的角度来说,只能是指权利能力的平等,他(她)们的行为能力不可能平等。由此而言,教育契约理论契合了权利能力平等的特点,而"消极的教育"理论和自然主义教育理论契合了幼儿的无行为能力与教师无法平等的特点。也正是这一权利能力和行为能力二元分离的法律关系特性,决定了幼儿监护人、幼儿园、在园幼儿和幼儿教师的多重关系。这也就为理论争辩提供了空间。

在我国现阶段的法律规范中,幼儿监护人与幼儿之间形成了法定监护关系;幼儿教师与幼儿园要么是劳动合同关系(私立幼儿园),要么是参照公务员法管理的非劳动关系(公立幼儿园)。这一点在国家法中是相当明确的。因此,问题的关键是,在园幼儿与幼儿园、幼儿教师之间是何种法律关系? 这一点存在争论。1993 年教师法颁布前后,代表性的观点有三种:一种观点认为是教育和受教育,管理和被管理的某种

纵向性关系;①另一种观点认为是平等或平行关系;②还有观点认为是学校代行了未成年人的监督权,因而是监护关系。③

　　十余年之后,相关研究有了缓慢的进步。目前,通说认为幼儿教师与在园幼儿属于平等法律关系。不过,如何理解则成为问题。有学者引进英美法上的亲权委托理论,认为幼儿教师之所以能够管理、教育、惩戒幼儿,是因为父母将部分教育权委托给了幼儿园,并由幼儿教师代表幼儿园来具体实施。④有学者持行政管理说。理由是,教师法、教育法属于行政法。这些法律规定,教师因国家、学校的教育、教学委托而对幼儿拥有教育权。标志性的因素是教师拥有复合性的惩戒权。不过,与一般的惩戒权不同的是,教育惩戒权作为权力,它必须行使,作为权利又存在灵活和选择的余地。⑤也有学者依据《未成年人保护法》第二十五条提出管教说,即认为教师拥有管教权,这一权利既是教师管教的权力,也是教师管教的权利,具有复合性;但管教既不是惩罚,也不是惩戒,更不是体罚或变相体罚。管教权是"教师在教育过程中依据一定的规范(法规、校规或班规等)对学生的失范行为所采取的合理有效地矫正、约束和指导的行为,是以管理和教育为最终目的,以达成学生健全人格的培养,使学生获得身心健康发展的一种教育手段。"⑥此外,国内还存在诸如自由权说、专门职业说。前者认为教师拥有学术自由权,教师完成本职工作是是学术自由的需要;后者认为教师是法律赋予的资格,幼儿教师管理、教育幼儿是职业权利。⑦

①　包秀荣:《试论教师的法律地位》,《内蒙古民族师院学报(哲社版)》1998 年第 1 期,第 77 页。

②　崔跃武:《试论教师法律关系》,《佳木斯教育学院学报》1992 年第 4 期,第 13 页。

③　冯购:《校内受伤害,校方应负责》,《人民日报》2000 年 8 月 30 日第 11 页。

④　劳凯声:《变革礼会中的教育权与受教育权—教育法基本问题研究》,教育科学出版社 2003 年版,第 195 页。

⑤　李普华、曹辉、李晓波:《基于权力与权利的教师惩戒权属性研究》,《煤炭高等教育》2011 年第 5 期,第 88 页。

⑥　张竟洋、祁型雨:《"教师管教权"的概念辨析》,《辽宁行政学院学报》2010 年第 5 期,第 30 页。

⑦　宋熙炯:《论教师教育权》,《江西教育科研》2007 年第 1 期,第 8 页。

（二）对相关法学争论的评价

1. 法理通而不融。从上文不难看出，近三十年来，法学理论上对于幼儿教师与在园幼儿法律关系的研究并没有取得足够的进展。唯一有所进展的是，法学上承认了在园幼儿与幼儿教师权利能力上的平等。但在当前，如何理解此种平等，则并没有达成共识。这种分歧，主要体现为部门法上的对立。持行政管理说、管教说的学者主要是站在行政法的角度来推理；而持亲权委托说、自由权说、专门职业说则是从民事法角度进行推理的结果。实际上，这两种学说表面上相同，但都不能相融，也无法自圆其说。因为，在行政法上，无论中外，都不存在通过行政法剥夺父母对幼儿行使亲权的理论和立法；而在民事法上，权利主体平等必然引发契约关系。换而言之，按照这种理论推理，幼儿教师要管理、教育幼儿，就必须得到无民事行为能力之幼儿父母的特别授权。而实践中，几乎没有幼儿父母向幼儿园及相关教师出具特别授权书的情形存在。因此，在解析幼儿教师与在园幼儿法律关系时，前述理论难免陷入困境。

2. 法律依据多而不一。在我国，涉及幼儿的国家立法多种多样，既有民事法，也有行政法，还有社会保障法、刑事法。具体到幼儿教师与在园幼儿法律关系问题上，教师法、教育法、民法通则、未成年人保护法、国际公约等都可以成为其依据。因此，依据不同的法律规范，理解的角度必然不同，得出不同的结论也不足为怪。因此，如何理解这些文本、法律规范在同一问题上的相互关系也成为当下必须解决的难题。

3. 法律关系似是而非。对于幼儿教师与在园幼儿法律关系，国际国内都认可为平等法律关系。然而，这一关系只不过是一个笼统的界定，并没有界分清楚各自权（力）利义务的边界，以至于国内出现了教育权、管教权既是权利，又是权力之似是而非的学术主张。这从根本上违背了权力之公法性和权利之私法性，法律关系要么是公法关系，要么是私法关系的基本法理。

三、施惠型社会行政权:幼儿教师教育权之法理重塑

本书以为，要从根本上解决幼儿教师与在园幼儿法律关系问题，就

必须对这一关系依次进行法理、法律体系、法律关系等三个层面的理论重塑。

（一）法学理论重塑

从法理层面来看，"法不禁止即自由"。而国家法对于人们行为的约束大致可以分为三个层面：首先是自由行为层面，属于民事法领域，实行意思自治原则。其次是一般禁止层面，属于行政法领域，实行依法行政之控权法原则。在这一领域与民事法领域的界限较为模糊。大致的边界为：当民事法律无法有效约束人们的某些具有较小危害性的行为时，行政法开始介入。由于行政权具有限制人身自由、剥夺财产、科以义务等危害，因此法学理论上强调对其加以限制。即在一般情形下不得随意以行政权干预社会生活。在警察法时代，"无法律即无行政"成为名言。只不过，在福利国家时代，随着国家职能的扩张，服务行政的需要，行政法所作用的领域也不断扩大，产生了不同类型的行政法律关系。最后是特别禁止层面，属于刑事法领域，实行罪刑法定原则。在这一领域，某些具有严重社会危害性的行为被国家法严厉禁止，并科以刑事责任。刑事法具有歉抑性，即只有在其他法律手段不能替代的情况下才能介入。

由上而言，幼儿教师与在园幼儿在法律关系的目的性上使幼儿受益，明显不属于刑事法特别禁止的范畴。再者，这一法律关系原则上也不得属于行政法一般禁止的范畴，因为幼儿园作为教育机构，并不是法律上的公务行政机关或法律法规授权的履行公职的行政机构或行政组织。其次，幼儿教师本是自由行为人，不负有对无亲权之其他幼儿的管理、教育之施惠义务，从而也难以解释为纯粹的民事法律关系。由此推理，幼儿教师与在园幼儿之间的法律关系只可能是处于民事法与行政法交叉领域的一块特殊地带。这就导致了性质界定上的模糊性与矛盾性：从幼儿教师的职业身份来看，其拥有教育、管理在园幼儿的义务；这种义务体现在对幼儿的具体教育、管理活动中就表现为强制干预幼儿言行的权力行为；反过来，从幼儿的角度来看，在园幼儿属于无行为能力人，是国家法强制施惠的对象，从而使得幼儿教师的权力不具有强制性的明显特征，在表现形式和实际效果上更接近民事权利。这种权利的临界状态在法学理论上称之为社会行政，调整此间关系的法律被称之社会行政法，在这一领域中形成的法律关系是为社会行政法律关系。

与控权理念支配的单一板块结构的行政法观念不同的是，社会行政法是管理理念支配的多板块结构的行政法观念。在社会行政法中，除开规范政府公务行政权那一部分，还存在"规范政府行政管理事务和行政相对方的那一部分规范"，"是以社会问题和社会过程为轴心的行政调控之法"，目的是要"最大限度地达到国家、社会、私权三个元素的和谐统一"。①社会行政法之所以出现，是因为国家的资源、力量无法满足多元化的经济社会秩序维护的实务需要，从而出现了社会、私人与国家合作的现象。在这一领域，通行的法则是"自我规制"。"私人主体得以自己或者经国家认可参与到规制过程中并形成法律关系，但决非是政府规制的替代，而是互补关系，政府也应该承担一定的保障责任。"②直言之，幼儿教师与在园幼儿法律关系本质上是行政法上的教育管理法律关系，只不过其更多地受到私人"自我规制"秩序的调整，而在外在表现形式上更类似于民事法律关系而已。

（二）法律体系重塑

从有关理论认知的矛盾性不难看出，国内相关立法在法律体系上存在诸多不协调的地方，以至于部分学者从某单行法视角出发，对同一法律关系形成了完全不同的判断。因此，如何从法理层面重塑幼儿教师与在园幼儿法律关系相关单行法之间的关系也显得格外重要。

从宪法的层面来看，我国在法律体系上形成了以宪法为母法（根本大法），其他法为子法的金字塔型体系。在宪法中，其第十九条规定国家举办各种学校，也同时鼓励集体经济组织、国家企业事业组织和其他社会力量依照法律规定举办各种教育事业。这一规定肯定了合法幼儿

---

① 张淑芳：《社会行政法的范畴及规制模式研究》，《中国法学》2009 年第 6 期，第 44—45 页。

② 高秦伟：《社会自我规制与行政法的任务》，《中国法学》2015 年第 5 期，第 74 页。

园从事幼儿教育的资格。其第四十六条进一步规定了我国公民(包括幼儿)的受教育权。同时第四十九条规定了对儿童的国家保护义务,和父母有教育未成年子女的义务。综合这些条文来看,在园幼儿的教育权由其父母、合法教育机构共享。

而从法律的层面来看,调整在园幼儿与幼儿教师权(利)力义务关系的法律规范主要有教育法、未成年保护法、教师法、民法通则、侵权责任法等等。其中,教育法未对教师的权利义务进行详细规定,但是对受教育者的权利义务进行了简单的列举式规定。从权利的角度来看,受教育者有参加教育教学活动,使用教育教学设备,获得奖学金贷学金助学金,获得公正评价和学业学位证书,提出申诉与诉讼等权利。类似的是,教育法也规定了受教育者的义务包括:遵守法律法规、学生行为规范,尊敬师长,完成学习任务,遵守学校管理制度等。从此种权利义务的结构性关系来看,幼儿教师拥有控制在园幼儿的几乎所有权利。不过,幼儿教师的这种权利又受到了其他法律的严厉限制。比如侵权责任法第三十八条规定,无民事行为能力人在幼儿园等教育机构学习、生活期间受到人身损害的,幼儿园等教育机构应当承担责任。只有在幼儿园能够证明尽到教育、管理职责的情形下,才不承担责任。

由上可见,国家法在界定幼儿教师与在园幼儿法律关系时,并不是冰冷冷的,而是富含有保护和施惠于幼儿的目的性倾向。这一点,在2013年修改后的《未成人保护法》中体现得非常明显。首先,该法第三条给予未成年人根据其身心发展特点以"特殊、优先保护"的特权。其次,该法强调了未成年人保护的三个原则:尊重人格尊严原则,适应身心发展规律和特点原则,教育与保护相结合原则。最后,该法将未成年人保护工作确立为上至国家机关、武装力量,下至社会团体、企事业组织、成年公民的"共同责任"。因此,综合我国现有规制幼儿教育之立法文本来看,宪法、行政法、民事法、社会保障法等均涉足其中,其本质上应当划入行政法范畴。不过,没有幼儿父母民事授权和监护义务的适时转移,幼儿教师与在园幼儿之间的法律关系将无法产生。故而,幼儿教师与在园幼儿法律关系是以行政法为核心,同时糅合了部分民事权利义务的教育法律关系实际上是一种新型法律关系,即施惠型社会行政法律关系。

由此,幼儿教师教育权是一种社会行政权,自然具有社会法之"软法"的特征。更为独特的是,幼儿教师教育权不管是在"教"方面,还是在"育"方面,具有非常明显的目的性,那就是为了幼儿健康快乐成长,从而此种教育的本质属性是施惠型的权力,即在幼儿做出不利于己或不利于他的行为时,教师可以适度采取强制手段来纠正;但是此种强制本身不能超过有利于幼儿之必要限度。"社会行政法的主旨是克服市场缺陷,维护社会公平正义和保证社会和谐。"①公共教育显然是社会行政法的重要内容之一。幼儿教育(现称之为学前教育)虽然没有完整地纳入公共教育体系,但是目前越来越向公共教育靠拢。这体现在:一是教师资格、教学场所和教学社会必须符合国家标准;二是教学规章制度、教学目的必须有国家法依据作为前提;三是教学教育活动时常受到国家的监督检查。在我国,国家法上并没有对幼儿园的教育教学建立一套相对独立且完整的法律制度体系,但是现行《教师法》和幼儿园管理制度规范依然将其参照小学教育体系进行管理。这也从侧面说明,幼儿教师教育权的行政法属性,而非民事法属性。

① 于安:《论社会行政法》,载中国政法大学编:《中国法学文档》(第6辑),知识产权出版社2009年版,第105页。

第二章

外国幼儿教师教育权力规制机制之比较法考察

考察域外经验,兼容并包,取长补短已经成为当代极为风行的研究方法。我国法学界从上世纪初开始,便抱着诚恳的态度不断向西方学习,继而演变成一股西学东渐的思想风潮,极大地推动了我国法学研究的进步。无怪乎有学者如此重视道:"比较法的研究方法是二战后至今比较法学界最核心的问题之一。"①不得不说,类似的研究活动也广泛在教育学界存在。这种方案在很大程度上快速引入了包括西方学前教育在内的一些先进制度、方法和措施,极大地缩短了中国与世界先进国家的差距。迄今为止,此种研究方法在国内依然方兴未艾,蔚为壮观,成效斐然。基于此,放眼世界,采取比较法对发达国家之幼儿教师教育权力规制机制进行考察,实有必要。限于篇幅和笔者精力的限制,本书主要以美、英、日等国家作为参考的样本。

第一节　美国幼儿教师教育权力之规制机制

一、美国幼儿教师教育权规制机制之立法概况

在近代史上,美国是后起之秀。不过,相对于老牌的资本主义国家而言,美国不仅少了一些历史包袱和地理政治环境的掣肘,而且受启蒙思想家们和外来移民的影响,思想更加自由与开放,使得其迅速吸收了

---

① 李秀清等:《20世纪比较法学》,商务印书馆2006年版,第151页。

文艺复兴以来世界上的最新思想，从而在政治、经济、教育等诸多领域成为时代的弄潮儿，备受国际瞩目。美国幼儿教育立法如同其法律体系一样，呈现出非成文法的特点。综合来看，其大致经历了三个阶段：福利阶段、扶弱阶段和普惠阶段。①理解美国幼儿教师教育权立法状况就必须了解其整个学前教育（包括幼儿教育）立法的历史和其教育体系。

教学组织形态意义上的美国学前教育起步于 1825 年欧文在印第安纳州建立的第一所幼儿学校。受其影响，美国很多州都建立了类似的教育机构。仅仅几年的时间，美国人就意识到了幼儿教育的重要性，但是并没有找到正确的办学方法，直到 1855 年德国移民玛格丽特·舒尔兹夫人在威斯康星州瓦特镇创办了全美第一所德语幼儿园。她采用福禄贝尔教育理论进行指导，受到了热烈欢迎。受其影响，5 年后，美国妇女伊丽莎白·皮博迪在波士顿开办了第一所英语幼儿园。②此后，美国的幼儿教育机构如雨后春笋般涌现出来，又出现了慈善幼儿园、公立幼儿园、日托所等等幼儿教育机构。至而今，幼儿家庭教育也被纳入学前教育，成为学前教育的一个组成部分。

美国的政治体系、法律体系都非常复杂，其学前教育体系也不例外。事实上，可能采取排除法更容易理解美国的学前教育体系。从美国义务教育体系（K—12）来看，其包括从 Kindergarten（简称为 K）到 12 年级，K 到 5 年级相当于我国的六年制小学，③6—8 相当于我国的三年制初中，9—12 相当于我国的高中学制（只不过是四年）。不过，美国学制并不是整齐划一的，由于存在联邦和州两套系统，且各自的法律体系有很大区别，且各州之间适用国际法规则。因此存在七年制小学、

---

① 钱雨：《美国学前教育立法的发展、经验与启示》，《湖南师范大学教育科学学报》2020年第 3 期，第 16—17 页。

② 参见廖军和、曹丽：《中外学前教育简史》，安徽大学出版社 2013 年版，第 196 页；田景正主编：《学前教育史》，湖南大学出版社 2015 年版，第 62 页。

③ 在这里需要特别指出的是，K—12 中，Kindergarten 是指 5—6 岁儿童的教育，属于小学阶段。Kindergarten Teacher 必须持有小教执照。广义上的幼儿园划分为 0—1 岁，Infant 班级；1—3 岁，toddler 班级；3—4 岁，Preschool 班。也就是说，把 Preschool 视为学前班也没错，但是含义是对应于 Kindergarten 前的学前班。在学制这一方面，英国和美国有着很大的相似性。

两年制初中等差异化现象。不过高中一般为四年制。规范的学前教育机构主要包括幼儿园（Preschool，主要接受 3—4 岁的小孩）和日托中心（Daycare，主要接受 6 周以上的婴儿到 3 岁幼儿）。如果幼儿年介 4—5 岁，则往往进入 Pre-Kindergarten（简称 PreK，相当于我国的学前班）学习。①也许有国内有很多人认为美国的福利政策会在幼儿教育上帮上大忙，然而真实的情况比预计的要糟糕很多。美国的幼儿教育虽然可能获得很多来自公共机构的援助，但是费用过高、师资短缺等现象也同时在这里呈现出来。由于幼儿教育机构以私立为主，因此都是由父母申请，幼儿园决定是否录取。优质资源始终是稀缺的，全世界都是如此。在美国，幼儿能否进入一个知名的幼儿机构接受教育，父母的社会地位、经济实力都非常重要。曾经一位母亲出版过《录取》（Admissions）一书，将优质幼儿园的申请过程描述为"流血的运动"。②当然这并不是本书关注的重点，下面回归主题。

美国幼儿教育法律体系极为庞大。在主体上涉及联邦、州、行业协会、幼儿教育机构、家长、幼儿、教师等多个方面。从内容上来说，涉及面更为广泛。美国幼儿教育立法缘起于 1642 年马萨诸塞普通法院颁布的一个教育法令。该法令规定各地社区必须协助家长为儿童提供学校和教师。③1791 年美国联邦政府颁布宪法第 10 条修正案，④除了授

①　韩显阳：《告诉你一个真实的美国学前教育》，《光明日报》2017 年 3 月 29 日第 15 版。
②　［美］艾伦·埃森斯托克：《幼儿园大战：美国精英教育的第一步》，新星出版社 2007 年版，第 2 页。
③　［美］弗雷德赫钦格等：《美国教育的演进》，美国驻华大使馆文化处（香港）1984 年版，第 8 页。
④　该修正案规定：本宪法所未授予合众国或未禁止各州行使的权力，均由各州或人民保留之。这一条规定过于模糊。这既涉及联邦与州之间的法律权力，也涉及各州与州内地方自治机关、人民的权力划分。从后来的情况来看，实务中联邦更多的时候是从"被授予"的狭义角度去理解，从而导致了但凡各州能自主决定的事务，联邦则不予干预。当然实务中，涉及这一问题的案件和讨论还是相当多。然而，各州或人民到底有多大的权力？则完全是一片空白。1868 年爱荷华州大法官约翰·迪龙提出，地方自治机构的设立、权力和权利都源自于州的立法机构。这被称之为"迪龙法则"。该观点将地方政府看成州政府的衍生物，使得州域地方政府的关系发生了颠覆性的改变——州立法机关对地方自治机构和其他形式的地方政府有着绝对的和无限的主权。不过这一判例后来被 1871 年密歇根州最高法院的法官托马斯·库雷所质疑。库雷认为，地方政府有着天然的地方自治权。因为地方自治的权力应（转下页）

予给联邦的权力以外的权力均视为各州保留的权力。据此,教育被划归各州"保留权力"的范畴。这奠定了现今美国幼儿教育立法多元化格局的宪法基础。此后,美国各州开始制定教育法。比如《义务教育法》(Compulsory Attendance Law),《任期法》(Tenure Law,即教师聘任与解雇法)。后来,联邦政府也颁布了一些法案。比如1862年《第一莫雷尔法》(First Morrill Act),1917年《史密斯-休斯法》(Smith-Hughes Act),1946年《全国学校午餐法》(Nation School Lunch Act)等。联邦政府制定的法案为避免触怒各州,往往是从权利的角度切入,以避免干预地方的教育自主权。

当历史的车轮进入上世纪50年代,美苏争霸导致美国转变观念。尤其是苏联卫星上天,极大地刺激了美国的神经,快速改变了其教育观念,即主流的观点认为人才竞争才是长期竞争的优势所在,而教育制度是人才竞争的关键所在。[①]事实上,美国教育事业的发展也内在地要求全国教育制度相对统一。不过,改变分散的美国教育立法状态是一件极不容易的巨大工程,因为这涉及到宪法相关条款的重新解释,各州立法机关的共识和自治地方的权利。为达此目的,美国学者均将目光投向了联邦政府,并开始呼吁重新解释宪法相关条款,希望联邦政府能够采取统一教育体制和制度的举措。然而,这些呼吁迄今为止并未成功。当然美国联邦政府也试图在这一领域做出别样的努力。1867年国会通过《教育部法案》,建立联邦教育部,但其职责因受到各州的强烈反对而仅限于收集资料、传播新知识,因而名不副实。很快,1869年起联邦教育部被迫降格,成为内政部的教育司。1929年又再次被降格,改名为教育局,隶属于内政部联邦安全总署。不过,随着二战后社会情况发

(接上页)该是保留给人民的,或说,地方自治是人民应保留的天然之权力。人民有权独立制定宪法和自治宪章,划定地方政府单位的结构和权力,而不是州政府通过州宪法或州立法案。这就是著名的"库雷法则",且得到了印第安纳、肯塔基、得克萨斯和爱荷华等州的支持。不过这并没有形成权威观点,州内的政治博弈从未间断。参见王涵:《美国进步时代的政府治理1890—1920》,上海社会科学院出版社2013年版,第112—113页。

① 郝维谦、李连宁主编:《各国教育法制比较研究》,人民教育出版社1999年版,第117页。

生急剧变化,教育被重视,该机构开始走上坡路。1953 年随着联邦安全总署升格为联邦卫生、教育和福利部,教育局也升格为教育总署。经过漫长的等待,1979 年国会才通过《教育部组织法》,重新建立了联邦层面的教育管理机构。但这一部门的依然缺乏干涉各州教育管理事项的权力,因为其目的仅限于"旨在保障州政府、地方政府及公立教育机构在制定教育政策及行政管理上的权力,并改进它们对自身教育工作及政策的控制"。①不难看出,美国教育行政体制是"典型的、彻底的地方分权制,由地方公共团体独立自主的经营和管理,地方的自主权居于统治地位,中央政府处于援助、指导地位。"②此种体制一直维系到当下。所不同的是,由于联邦政府不断加大了对教育事业的援助力度,使得其话语权不断增大;尤其是其考核机制对幼儿教育产生了非常深远的影响。

目前,影响美国幼儿教育的联邦立法主要有 1935 年《社会保障法》、1940 年《兰汉姆法案》(The Lanham Act)、1946 年《全国学校午餐法》、1981 年《开端计划法》(Head Start Act,实际计划启动于 1965 年)、③1974 年《儿童虐待预防和治疗法》(Child Abuse Prevention and Treatment Act)、1975 年《所有残疾儿童教育法》、1990 年《儿童保育与发展整体拨款法》、1994 年《2000 年目标:美国教育法》(Goals 2000:Educate America Act)、2002 年《不让一个儿童掉队法》(No Child Left Behind Act)、2003 年《入学准备法》(School Readiness Act)等。此外,还有很多有关网络、毒品、色情、淫秽、枪支管理方面的法案也涉及幼儿教育。

---

① 吴遵民:《教育政策国际比较》,上海教育出版社 2009 年版,第 32 页。
② 李帅军:《美国教育行政管理体制简论》,《教育评论》1991 年第 2 期,第 79 页。
③ 该法制定于 1981 年,主要目的是为了应对低收入家庭幼儿教育和综合保健方面开支的困难,避免代际差距愈演愈烈,以实现教育公平。后来该法案进行了多次修正,拨款数额不断提升。据刘彤博士的研究,开端计划之所以兴起,是因为在早期的美国幼儿教育中,因为经济分层自然而然的形成了教育双轨项目组:富裕家庭的孩子进入私人托儿所和幼儿园——富裕轨道(Prosperity Track);贫困家庭的孩子进入日间托儿所——贫困轨道(Poverty Track)。在贫困轨道项目中的幼儿往往只能起到一个临时看护的作用,根本谈不上教育和游戏,甚至连休息场地都非常局促。当这一问题变得普及而受到社会关注后,国家于 1935 年启动了贫困母亲补助计划,以便其能够在家照顾和教育孩子。1962 年改为对未独立子女家庭的补助计划。不过开端计划实际开始于 1965 年。参见刘彤:《美国开端计划历程研究》,河北大学博士学位论文,2007 年,第 10—28 页。

总体来看,联邦立法主要服务于教育福利,尤其是拨款、健康保护、人权等宏观方面,对于具体的幼儿教育管理、教师教育权力等方面几乎无所涉及。①而涉及幼儿教育权力的立法及其他政策主要为各州议会、州教育管理机关、地方自治机构以及行业协会等所制定。事实上,各州政府对于幼儿教育的干预权也非常有限。其中的原因主要根植于幼儿教育不属于义务教育体系,行政权力干预容易引起民众反对,这是所有政治公共人物所不愿意看到的。这种微妙的关系导致联邦政府和州政府常常处于一种合作、共享、博弈的混合状态之中。从长期的情况来看,由于联邦政府所涉的教育事务分属于多个部门(主要是资助拨款、监督考核、竞评等),从而导致联邦决策和执行权力分散。而各州的情况差异极大,巨大的贫富差距使得其对联邦的教育事务心态不一。这导致为了协调州与州、州与联邦机构、州与地方自治机构之间的儿童保育、教育、扶助政策关系,不得不设立各种议事协调机构、监督机构和竞评机构。值得特别注意的是,美国教育体系整体上是一个开放型、个性化体系,这使得各界力量,尤其是政治力量纷纷意图在这一全民关注的事项中吸引民众的注意力,进而获得支持率。故而,政治人物、行业协会、教育专家、家长等等都对幼儿教育、保育等公共政策等拥有很大的发言权和参与权,从而使得幼儿教师教育权受到了多方面的约束。

二、美国幼儿教师教育权之梳理

"当儿童置身于大自然和自然物品之中时,他们就会受益无穷。"②在美国,幼儿教育属于一个特殊的领域,自然教育法是几乎所有幼教机构适用的教育指导性理论,过分干预幼儿成长经历被视为禁忌。

---

① 当然,统一美国立法的努力并没有停止过。2019 年明尼苏达州参议员沃尔特·蒙代尔(Walter Mondale)和印第安纳州众议员约翰·布拉德莫斯(John Brademas)共同提出全民学前教育计划——"蒙代尔-布拉德莫斯提案"(又称"儿童全面发展提案")(Mondale-Brademas Bill)。该提案得到了国会通过,但被尼克松总统否决。理由是政府无法在学前教育中起到如此重要的作用。事实上,尼克松否认这一提案是不得已而为之,因为它超出了联邦权力的边界,干预了州的"保留权",极容易引发各州的反对。

② Condie Ward. Connecting Young Children With Nature. Teaching Young Children. Teaching Young Children. 2014,8(1),pp.25.

"教育的最终目的在于发展儿童的个性,开发儿童的潜能,推动儿童的自我实现。"[1]对于幼儿教育,美国通行的观念认为:"能激发儿童好奇心的学习就是最好的学习",因为"大自然就能使儿童按照自己的好奇心、想象力和兴趣去活动"。[2]因此,美国幼儿教师的教育权是极为有限的,主要体现为引导、指导、帮助和激发幼儿对外界事物的兴趣,存留个性,开发潜能;当然也存在必要的管理、干预和惩罚权。另外值得注意的是,幼儿教师的教育权并非纯属于幼儿教师,保育员也享有部分的教育权,主要是起辅助幼儿教师的角色。本书作者加以梳理之后,发现美国幼儿教师教育权大致存在如下几种类型:

1. 课程设置、课程内容建议权与课程内容实施权(教学权)。美国幼儿教育中的课程设计极为灵活,可谓五光十色,赚足了人们的眼球。目前,课程设置方案比较有影响力的主要有海伊斯科普课程模式、瑞吉欧教育方案、蒙台梭利教育方案等。严格来说,幼儿课程具体有哪些门类并不特定,但是原则上要遵从全美幼教协会(National Association for the Education of Young Children)、美国家长教师协会(National Parent Teacher Association)等主要行业协会的指导,参照"开端计划"所确定的"联邦标准"、各州教育管理机构和自治机构所确立的规范和建议。比如全美幼教协会发布的《0—8 岁儿童适宜发展课程》属于建议方案,目标瞄准身体、社交、情感、语言、审美等的发展;课程内容涵盖语言、算术、社科、健康、科学、视觉艺术、表演艺术、社会技能、社会责任、安全教育等等。而"开端计划"对于课程设置及内容反复修正,所涵盖的内容从原来的 8 大领域扩展为 11 个领域。[3]此外,美国学术与实

---

[1]　万超、陈清淑主编:《幼儿园课程论》,东北师范大学出版社 2016 年版,第 162 页。

[2]　李生兰:《美国学前教育机构崇尚自然的教育及启示》,《比较教育研究》2017 年第 10 期,第 98 页。

[3]　这 11 个领域包括:(1)身体健康,内容为健康状况、健康知识、粗大与粗细动作技能;(2)语言,内容为接受和表达语言;(3)读写,内容为书籍鉴赏、语音、字母、早期书写等;(4)数学(算术),内容为数字与数量、数字关系、几何与空间意识、模式、测量等;(5)科学,内容包括自然与世界的认知、学科技能与方法;(6)艺术,内容包括音乐、舞蹈、戏剧等欣赏,创造性运动;(7)情感与社会,内容包括性关系、自我意识与效能感、自我调控、情感与行为;(8)学习品质,内容包括主动性、好奇心、坚持性、专注性、合作能力等;(9)逻辑与推理,内容包括推理与问题解决、符号表征;(10)社会研究,内容包括认识自我、家庭、社区、环境、历史、事件等;(11)英语语言发展,内容包括语言接受技巧、表达技巧、英语写读等。参见孙向阳主编:《高素质幼儿教师新思维:域外视野国外学期教育理念解析》,北京少年儿童出版社 2011 年版,第 74 页。

践成果非常丰富,很多名家名作和喜闻乐见的课程实践均对幼儿课程设置、内容及实施方式产生很大的影响。更值得借鉴的是,美国很多研究者长期与幼儿教育机构合作,从实践中提炼理论,从实践中验证和发展理论。当然,幼儿教育机构、幼儿教师为了扩大影响力和吸引力,常常向家长、社会公开其课程设置及其主要内容。在多数时候幼儿教育机构和幼儿教师会邀请家长一起参与部分课程教学活动的设计、实施,并征求和汲取他们提出的意见和建议。可见,美国幼儿教师实际上只具有课程设置、课程内容方面的建议权和实施方面的主控地位,并不拥有完全的相关权力。

2. 幼儿信息披露权。在幼儿教育过程中,幼儿隐私信息受到严格保护,这几乎是世界所有法治国家的通行作法。美国 1974 年《家庭教育权利和隐私法案》对学校教育所涉及的受教育者的隐私权、家庭教育权均有比较细密的规定。依据该法"合格学生"①有权向教育档案部申请查阅自己的教育记录,该部将安排合适的时间和地点以供查阅。学生本人认为教育记录中存在不准确、误导性或其他侵犯隐私权的记录,可以书面申请修改,但必须提供理由。是否决定修改教育记录,教育档案部将以书面形式通知申请者。对该决定不服的申请者可以申请听证。对于教育记录的披露,合法披露(无需被记录者本人同意)对象主要是本校管理人员和教育工作者。其中管理人员包括行政管理人员、纪律委员会与申诉委员会人员、教育教学督导人员、学术研究人员、支援人员(比如安保人员)以及为教育机构或教育管理机构服务的人员等。在教育过程中,幼儿教师必须向主管机关、幼儿机构、幼儿家长和其他主体适度披露幼儿受教育过程中的某些信息。一般来说,所披露的幼儿教育信息是整体教育状况信息,而不是个人信息。即使涉及到某个特定的儿童教育机构,信息披露也不能涉及特定儿童个人。披露的范围也受到立法的严格限制,仅限于教育信息,而不得涉及有个体针

---

① "合格学生"是指 18 岁或以上年龄的学生,或就读于高等教育机构的任何年龄的学生。

对性的特定信息。此外，即便在专业机构的评估、监督过程中，这些信息也不得泄露，除非符合信息立法的有关规定。2013 年美国修订后的《儿童在线隐私保护法案》正式施行，儿童信息收集和披露必须适用"父母同意原则"；尤其是以儿童为特别对象的网络服务商必须禁止第三方通过插件(plug-ins)获取儿童信息；而未成年人也有权要求相关网络服务商删除个人信息。幼儿教师教育信息的披露也同样受到严格限制。

3. 幼儿监护权。在法学理论上，美国未成年人的监护权以亲权为基础，在法定监护情形下父母履行保养教育义务和以子女财产管理为中心的权利。依据美国立法，未成年人只能有一名法定监护人，由父母协商确定。一方放弃监护权时，另一方才可以取得监护权。但是，这种监护权的转移并非自动的。因为还受到诸多因素的影响。比如"最早管理人原则"、"儿童的最佳利益"①以及监护权是否存在等。在一个案件中，一位继母在继女生父去世后，请求获得对继女的监护权，但生母前来争夺。伊利诺斯州上诉法院解释说："对儿童的监护权不能在其生父已死的情况下自动地归属于生母，生母没有绝对的监护权。"②该案之所以排除了生母的监护权，是因为其在 1981 年面向孩子的生父永久性地放弃了监护权，而无法成为"自然监护人"。幼儿进入幼儿机构受教育一方面是基于监护人的委托，另一方面是相关立法要求幼儿教师必须履行的一项义务。监护权本身也带有监督、看护、管理、教育等权力。因此监护权其实是幼儿教师行使教育权最为坚实的基础，是所有

---

① "最早管理人原则"并非指时间上的最早，而是实际履行管理、照顾和养育职责的最早。在"加里斯卡诉麦科伊"一案中，西弗吉尼亚州最高法院提出了一整套特殊的标准，即法院在确定涉案未成年人的"最早管理人"时，应当考虑如下具体生活细节：①食物的准备及计划；②洗澡、梳洗及穿着；③对服装的选购、洗涤及整理；④医疗护理，包括请护士或看医生；⑤安排课外的活动，例如去朋友家作客，或参加小朋友的聚会⑥其他安排，如请保姆或日托等；⑦晚上督促小孩睡觉，夜间照顾孩子的睡眠，早晨叫孩子起床；⑧一般行为方式的教育及对儿童卫生习惯的训练；⑨宗教、文化、社会等方面的教育；⑩读书、写字、算术等基本技巧的教育。本书认为，这其实是对"儿童的最佳利益"的判断依据的综合。因为，此前美国流行的观念认为"儿童的最佳利益"导致的结果是监护权归属于母亲。但在该案之后，这一原则过于模糊的问题得到了纠正。

② [美]W·韦德林顿：《美国对儿童问题的再认识》，郭伟译，《法学译丛》1992 年第 1 期，第 48 页。

幼儿教育权力中最为核心的组成部分。事实上,为了防止家长或教师等密切接触儿童的人滥用权利或权力,美国各州普遍设置了热线电话,如发现有虐待或忽视儿童的事件发生,所有市民均可以报案。儿童保护机构由此有权介入。如果是教师发现类似事件,则有义务报告,否则将视为失职。

4. 监督家长权。美国将幼儿的成长视为家庭、社区、幼儿园等教育机构、州政府和联邦政府的共同责任。因此,从幼儿进入早教机构受教育开始,家长就负有家庭之外的教育协助义务,这构成了幼儿教师对家长的监督权。上世纪 90 年代美国家长教师协会曾制定有《家长/家庭参与项目国家标准》。在本世纪初修订为《家庭与幼儿园合作国家标准》(National Standards for Family-School Partner-ships),将重点从"幼儿园应该做什么""让家长参与"转移到"家长、幼儿园、社区可以共同做什么",以此支持幼儿发展。其内容主要涉及六个方面:(1)欢迎家长加入幼儿园共同体(幼儿园是家庭、社区、幼儿园合作的共同体);(2)幼儿园与家长共享信息,有效沟通;(3)分享幼儿进步信息,督促家长融入幼儿学习过程;(4)引导家长熟悉幼儿园和学区的项目、政策、活动,提出意见建议,了解联邦和州相关法令下家长的权利和责任;(5)与家长分享教育权;(6)引导家长与社区合作。①

5. 管理权、引导权、制止权、惩戒权等行政权。理想很美好,现实很骨感。美国幼儿教育目标虽然设置得非常高大上,但现实情况中,由于采取自然教育法,鼓励幼儿个性发展和好奇心,加上各种立法的层层保护以及美国社会高度崇尚自由主义,使得儿童管理成为一个极大的难题。因此,授予幼儿教师适度的教育行政权非常必要,但由于其中区分标准和尺度难于把握,从而也常常面临重重责难。在这一系列的行政管理权中,美国联邦和州层面的立法主要赋予幼儿教师引导权、制止权、建议权、即时强制权(如计时隔离)、搜查权,但是惩戒权除非极有必要才

---

① 张鸿宇:《美国家园合作国家标准评介与借鉴》,《教育探索》2017 年第 4 期,第 105—108 页。

能行使,而且随时可能面临司法审查。随着美国社会隐患越来越多,导致近年来司法机关逐渐放松尺度。美国第七巡回法院曾有判例:"只有当对自由的限制在某种情景之下不合理并且过于明显时,教师或管理人员在身体上控制学生的行为才违背了《联邦宪法第四修正案》。"①教师在合理程度内使用强制力量控制幼儿的行为是为法律所允许的。

整体上来看,美国幼儿教师教育权的行使主要在宽松、合作、商谈、引导和建议的氛围中进行,甚至可以说,教师教育管理权不过是他/她义务和责任滋生的地方。其中的原理就在于:"仇恨产生仇恨,法则产生欺骗和罪恶,压制产生奴性,在产生盲从的地方,在严厉和刻薄引起反抗和虚伪的地方,任何教育、训练和教学的作用便遭到破坏……一切以规定的方式表现出来的东西必须顺应学生的本性和需要。"②额外值得提及的是,美国沿袭英美法系之传统,没有严格意义上的行政法体系,政府与私人受同一法律的支配。因此,在美国地域内,区分权力与权利的意义并不如大陆法系国家明显。

三、美国幼儿教师教育权规制机制之特征

从上文不难看出,美国幼儿教师教育权被整合在联邦监管权、州教育权、家长监护权、社区监管权的丛林之内。更令人倍感压力的是,美国对幼儿教育机构存在数不尽的评估、评价、激励和竞争机制,幼儿教育机构如想得到联邦和州政府提供的各种资金、项目,就必须拼尽全力去争取。这导致美国幼儿教师教育权规制机制独具特色。

1. 教育权多层嵌套,内部平衡特征突出。纵观美国幼儿教师教育权力的规制机制,其最为明显的特征就在于多层嵌套。这表现在:一是联邦政府几乎无权干涉,但又因政治机制而卯足了干预的动力。二是州政府有着全面的干预法律机制,但是又受到众多主体的掣肘。三是涉足幼儿教育领域的主体纷繁复杂,权力与权力,权力与权利之间处于

---

① Wallace v. Batavia Sch. Dist.101, 68 F.3d 1010(7th Cir. 1996).

② [德]福禄贝尔:《人的教育》,孙祖复译,人民教育出版社 2001 年版,第 33 页。

博弈状态,使得各方权力/权利主体均不得不保持足够的理性。这些因素综合在一起,使得美国幼儿教师教育权处于多主体竞争、综合制衡且被淹没的状态,被隐藏在政府行政管理权、社会行政权、家庭教育权、幼教机构教育权等众多权力/权利之中。

2. 权力与责任联系紧密。与其说幼儿教师教育权是一种社会行政权,还不如说其是一种巨大的社会责任来得更为直接。在极为开放且崇尚自由化、个性化的幼儿教育体系中,美国幼儿教师的地位、话语权被淹没在众多的主体和声音之中。当然,最大的受益者恰恰就是幼儿。无论是联邦政府、州政府,还是行业机构、家长、幼教机构和幼儿教师,均处于各种权力交织的密网之内,加上政治人物、新闻媒体无时无刻不在拿幼教做噱头,从而使得看上去最为弱势的幼儿恰恰能够得到社会各界的关注,导致社会资源绵绵不断地往这一领域集中。这可以从联邦对幼教投入的巨额经费增长轨迹窥见一斑。不难预见,全美幼教全免费的时代终将到来。

3. 幼儿教师权小且少,收入低,但教育任务相对轻松。按照自然教育主义和个性发展的幼儿教育理论预设,将幼儿作为教育的主要主体,幼儿教师不仅权力小且少并且不被寄予厚望;她/他们更多的角色类似于教育过程中的合作者、引导者。虽然在园期间,幼儿教师的教育教学活动处于中心地位,但也仅仅限于教学活动的安排、引导、辅助方面。这使得美国幼儿教育机构幼儿教师的教学任务相对轻松。当然,幼儿教师的待遇也普遍较低,这导致相关人才流失特别严重。据有相关经验者在 2018 年 1 月利用查薪利器 Glassdoor 上的数据得出 Pre-school Teacher Salaries(幼儿教师薪水)的 Base Pay 为 28 620 美元/年,相当于时薪 13.6 美元或月薪 2 385 美元,税后月薪不到 2 000 美元。佛罗里达州、纽约州、德克萨斯州、加州、堪萨斯州、宾夕法尼亚州、田纳西州幼儿教师的时薪分别为 9.71＄、12.54＄、10.32＄、14.04＄、10.55＄、11.23＄、10.34＄。[①]这在美国是非常非常低的薪水,以至于

---

① Ms. A:《谁说美国幼师收入高的|一个美国幼师的声音》,https://zhuanlan.zhihu.com/noteofeceeducator,2020-6-05。

幼儿教师只能勉强养活自己,能够深耕于这一行业的人士并不多见。加上,美国的幼儿园多数是私立学校,园区相对较小,幼儿和班级也少,且园长往往又是老板,对幼儿教师的尊重度不够高,更难留住有较长工作经验的幼儿教师。

第二节　英国幼儿教师教育权力之规制机制

英国虽然是一个老牌的资本主义国家,幼儿教育史悠久,但是二战后其幼儿教育发展相对较为缓慢,在近年来才出现蓬勃发展的积极信号。据悉,在产业革命前,英国政府坚持传统观念,认为幼儿教育属于慈善事业,态度相对冷漠。1802 年,空想社会主义者欧文在苏格兰纽兰纳克创办了第一所幼儿学校,产生了较为广泛的影响。此后,英国政府的态度有所转变,1833 年开始拨款资助幼儿教育,但随之政府的干预理念也开始萌生。英国政府从 1840 年后开始加强对幼儿教育的控制,导致福禄贝尔教育模式一度受阻,幼儿教育陷入低谷。1870 年英国颁布了《初等教育法》,幼儿教育有所起色。1873 年第一所免费幼儿园在曼彻斯特开办。①受二战影响,英国经济困难,国家财力有限,限制了政府对幼儿教育的兴趣。不过,民间对于兴办幼儿教育机构的呼声越来越高。1961 年,私立性的幼儿教育组织——"游戏班"(The Playground Movement)逐渐发展起来。次年英国出现了"游戏小组协会"。类似的幼儿教育合作团体迅猛增长,到 1972 年已超过 7 000 个。1967 年《普洛登报告》②建议把幼儿教育放在优先发展的位置,引起了政府

---

① 陈倩、郭东爽、李广海、马炳霖编:《国内外幼儿教育改革动态与趋势》,东北师范大学出版社 2015 年版,第 79 页。

② 该报告由以普洛登为主席的中央(英格兰)咨询委员会于 1967 年发表,题为《儿童及其小学》(Children and Their Primary Schools)。其内容主要研究初等教育以及初等教育向中等教育过渡问题,涉及幼儿教育的内容主要有:(1)承认家长对儿童教育的重要作用,建议强化家庭和学校之间的关系;(2)要求确立教育优先发展区,政府加大师资力量和资金投入,资助贫困落后儿童,优先解决 2% 条件最差的学生,并逐步扩大覆盖范围,以实现教育平衡;(3)立即发展幼儿教育,使所有 3—5 岁儿童可进半托性的幼儿园,并使 15% 左右的儿童可进整天全托的幼儿园;(4)改组初等教育分段,实行新的三段制:幼儿学校(3—5 岁,至(转下页)

和社会的广泛关注。1972 年 2 月,教育科学大臣萨切尔发表了教育白皮书——《教育:一个拓展的框架》,提出"扩大幼儿教育",并制定了实施计划。《普洛登报告》和教育白皮书产生了广泛而深刻的影响。英国幼儿教育由此步入了普及阶段。不过,学校教育一直发展缓慢,到 1980 年前后,英国五岁儿童的入园率仍然只有 18%,相对落后于欧洲其他国家。①受世界各国幼儿教育快速发展局势的影响和民间呼声的不断高涨,英国政府不得不开始关注这一领域,开启了改革历程。此外,美国的幼儿教育也对英国产生了较大影响。英国和美国不仅具有血缘上的近亲关系,而且两国语言基本类似,这给英国学习美国的幼教制度提供了很多便利。从 1997 年起,英国开始普及幼儿教育,加大投资力度,力图将 3 岁以上幼儿纳入免费教育的范畴。当前,英国的幼儿教育以 5 岁为分界点,2—5 岁阶段属于社会教育(也有部分公立幼儿学校),5—7 岁阶段属于义务教育阶段(小学阶段)。②

一、英国幼儿教师教育权规制机制之立法概况

了解英国幼儿教师教育权规制体系必须简短地对其教育体制作一介绍。与美国有点类似的是,英国在幼儿教育体制上也采取国家、地方、学校三级管理体制,但英国的教育体制更为简明:国家负责立法,地方负责执行(地方自治区相对独立,有较大的立法权),学校负责实施具体的教育教学活动。为确保保育和教学质量,英国严格控制学前教育班级规模。3 个月—1.5 岁婴幼儿班配保教员 2 名,最多看护儿童 6 名;1.5—3 岁儿童班配保教员 3 名,最多看护儿童 9 名;3—4 岁儿童班

(接上页)少是半托性),第一级学校(5—8 岁)和中间学校(8—12 岁);(5)在幼儿和初等教育阶段广泛推行儿童中心主义教学方法,放弃能力分组,改为实验性分组,放开教育计划,将初等学校从成人的教学商场改造为学会生活的场所,以顺应儿童的天性。参见徐辉、郑继伟:《英国教育史》,吉林人民出版社 1993 年版,第 300—304 页;顾明远主编:《教育大辞典(12):比较教育》,上海教育出版社 1992 年版,第 259 页。

① 海存福:《我所看到的英国幼儿教育》,《学前教育研究》2003 年第 11 期,第 23 页。

② 汪明、梁艳、刘慧敏主编:《学前比较教育》,安徽大学出版社 2016 年版,第 29 页。

3名保教员,最多看护儿童15名。受人口结构中单亲家庭,尤其是单亲母亲或少女妈妈比例过高的影响,英国不得不考虑妇女外出工作的便利性。这导致英国的幼儿园学制与中国的学制都存在很大的区别——分得特别细,主要形式有:(1) Childminder(幼儿保育人)、Nanny(保姆)等私立机构或经过注册审查登记的家庭或个人,接受3个月以上到3岁的婴幼儿,有点类似于我国的托儿所;(2) Nursery school(相当于我国的幼儿园,又称保育学校),一般接受3—4岁儿童;(3) reception(学前班,便利有效衔接),一般接受5岁儿童,相当于我国的小学一年级。由此看来,英国的儿童在7岁时已经入读小学三年级。英国之所以如此设计学前教育,除了受美国影响外,一个重要的原因就在于考虑与小学阶段的有效衔接(即将学前教育的两个年级故意与小学阶段的两个年级重叠)。英国政府对 Nursery school 和 reception 的孩子学费全免,家长几乎只要负担午餐费。本部分内容关注的对象主要是 Nursery school 的相关教师教育权立法。

英国是典型的非成文法国家,所不同于美国的是,其中央和地方的权限相对较为清晰,没有美国那么复杂的博弈状态。这导致英国的幼儿教育立法体系非常完整,也相对好理解一些。值得注意的是,英国存在地方自治,全国分为英格兰、威尔士、苏格兰和北爱尔兰四个大区(实际虚设),地方自治又分为三级:第一级为郡、郡级市(以大伦敦为典型代表,下分32个区),数量为66个;第二级为郡区、郡辖市,数量为848个;第三级为乡镇和教区,数量10 000个左右。地方政府也采用议会制,议行合一,议会的权力等同于政府,拥有立法权、决策权、人事任免权、市政预算权、行政监督权。[①]幼儿教育立法和行政管理依据除了中央外还有许多地方的相关法律文本。目前,对于英国幼儿教师教育权有重要影响的立法文件或公共政策主要有如下一些:(1)比较重要的公共政策有:1987年《初等教育法》、1994年《儿童保育券计划》、1998年

---

① 程汉大:《英国地方自治:法治运行的三个阶段》,《经济社会史评论》2016年第3期,第12页。

"确保开端"计划（Sure Start）、①2003 年《每个儿童都重要：为了儿童而改变》（Every Child Matters：Change for Children）绿皮书、②2004 年《儿童保育十年战略》、2005 年《儿童作者策略》（Children&aposs Workforce Strategy）、2006 年《早期教育专业教师资格标准指南》、2013 年《给予儿童更多关怀》（More Great Childcare）与《早期教育教师标准》（Early Years Teachers Standards）、2008 年《早期基础阶段法定框架》（Statutory Framework for the Early Years Foundation Stage，现行版于 2017 年第三次修正）等。（2）幼儿教育立法文本。目前英国涉及幼儿教育立法的法律文件主要有：1988 年《教育改革法》、1998 年《学校标准与框架法》、2001 年《拨款法》、2004 年《儿童法》（Children's Act）、2005 年《教育法》、2006 年《儿童保育法》、2006 年《儿童、青年及家庭资助拨款计划法案》等。

二、英国幼儿教师教育权之梳理

与美国之社会专业机构对教师教育权干预强度很大所不同的是，英国幼儿教育中的行政管理来得更为直接，且由自治地方在不违背国家立法的前提下根据时代变迁不断调整。以课程设置为例，1996 年学校课程与评价局颁布了《期望的儿童学习结果》，对幼儿升入小学设定了学习标准。不过，由于此种标准的设置导致了幼儿教育中的强制教学，妨碍幼儿自然成长，这一文件受到了广泛的批评。很快，1999 年该文件被修改为《早期学习目标》。2000 年教育与就业部和资格与课程局联合颁发《基础阶段课程指南》，第一次在基础阶段设立了统一的国家课程。2008 年，儿童、学校和家庭部颁布了《早期基础阶段法定框

---

① 这一计划始于布莱尔政府时期，从 1998 年推行至今。其目的和内容主要在于促进儿童社会性发展，培养其学习能力，保障身体健康；扶助对象主要是 4 岁以下的婴幼儿；支持家长、社区与幼教机构合作。周小虎：《为了儿童的利益：美英学前教育政策比较研究》，山东教育出版社 2015 年版，第 150 页。

② 其主要内容为：在全国贯彻"每个儿童都重要"理念；强调影响孩子成长的关键因素是家庭和监护人；在危急关头为孩子提供必要的干预，避免其掉队；提高儿童教育及福利工作人员的社会地位、报酬和培训机会等待遇。

架》,并在 2012 年、2014 年分别进行了修订。①尤其是新世纪后大规模培训幼儿教师项目的长期运作,英国幼儿保教工作的规范程度不断提高。值得格外注意的是,英国的各地方自治区的自治权大小不同,导致其幼儿教育制度也有比较大的差异。以苏格兰和英格兰对比为例,英格兰对基础教育采取强制的国家课程模式,而英格兰则实行建议模式;在学制上,苏格兰分为小学与中学,英格兰则不区分而直接按年级排列,且苏格兰的小学教育比英格兰要多一年,而中学教育则要少一年。因此,英国幼儿教师教育权在各自治区存在不同。②经本书作者梳理,发现英国幼儿教师教育权主要可以归纳为如下几个方面:

1. 课程设置、课程内容建议权与课程内容实施权(教学权)。英国实行地方自治,因此幼儿课程设置权方面也有所区别。当然,无论各地自治权有多大,但有一点,那就是幼儿教育课程设置必须遵循国家标准。这一点显然不同于美国的行业倡导制。英国《早期基础阶段法定框架》(经过三次修订)开篇第一句话就表明该《框架》于 2017 年 4 月 3 日起强制适用于所有英国早期公立学校、非公立学校、私立学校、所有早教注册机构和所有涉及任一早教阶段注册登记的服务机构;而且该《框架》也明确列明其所依据的法律条款:(1)依据 2006 年《儿童保育法》第 39(1)(a)条制定的第 3 号命令授予其具有规定学习和发展要求的权力;(2)依据 2006 年《儿童保育法》第 39(1)(b)条制定的条例 4 授予其规定保障和福利要求的权力。然而,表面措辞强硬,但实际上该《框架》为避免此前过于硬性的标准模式而给各自治区留下了很大的自由空间。依据《框架》,其在如下几个方面设定了课程内容要求:(1)语言表达(Communication and language)方面要求丰富、温和、柔顺的语言环境;(2)身体发展(Physical development)方面要求普及儿童健康知识、自我保护知识,鼓励户外与手工活动,有效应用设备工具,积极与

---

① 曹能秀:《英国和日本学前课程目标的比较——以两国新版的学前课程纲要为蓝本》,《外国中小学教育》2016 年第 2 期,第 49 页。

② 参见姚家康:《苏格兰地区地方》,山东师范大学 2017 年度硕士学位论文,第 28—29 页。

他人交往、合作并自信；(3)个人、社会和情感的发展(Personal，social and emotional development)方面要求树立自信和自我意识，营造熟悉氛围，管理情感与行为，发言全面细致且估计情境，遵守集体规则，融入合作建立积极人际关系；(4)读写能力(Literacy)方面要求儿童掌握基本词语规则，尝试复杂语句结构，训练儿童阅读写作能力，鼓励读写结合和自编有一定逻辑的语句；(5)数学概念(Mathematics)方面要求结合实务教授 1 至 20 的符号加减运算，结合日常生活教会空间方位，学会运用身体部位进行简单的测量、排序和分类等等；(6)了解世界(Understanding the world)方面要求家长引导儿童了解过去和现在发生的事情，扩大儿童事物认知范围，熟悉社区环境，谈论周边事件，以激发儿童的观察能力，亲近自然，尊重生命，了解传媒以开阔儿童眼界；(7)富有表现力的艺术创作(Expressive arts and design)方面要求幼教机构提供丰富的素材，鼓励儿童主动探索，发挥想象力，表达真实感受。

虽然目标和要求设定较为明确，但是具体教育内容则由各机构和教师具体设定和实施。为了避免执行过程中的偏差，《框架》又增设了四项"总体原则"：(1)每个孩子都是一个独特的孩子，他们不断学习，并且能够保持韧性、能力、自尊和自信；(2)孩子们通过积极的关系学习变得坚强和独立；(3)孩子们在有利的环境中学习和发展良好，经验满足他们的个人需求，从业者与父母和/或照护者之间建立了牢固的伙伴关系。儿童以不同的方式发展和学习。①事实上，英国儿童教育机构太多（很多就是家庭主妇在家带几个孩子），且阶段区分过细，导致师资力量极为分散，教师群体内部缺乏有效沟通机制。幼教市场的混乱会使学前教育的正外部效益处于缩水状态。②这导致许多幼儿教师对于《框

① Ddpartment for Education. "Statutory framework for the early years foundation stage Setting the standards for learning, development and care for children from birth to five Published：3 March 2017 Effective：3 April 2017 ". chrome-extension：//ibllepbpahcoppkjll-babhnigcbffpi/https：//assets. publishing. service. gov. uk/government/uploads/system/uploads/attachment_data/file/596629/EYFS_STATUTORY_FRAMEWORK_2017.pdf. 2020-6-30.

② 赵梦雅、武翠红：《英国学前教育的再出发——基于 2017 年〈早期基础阶段法定框架〉的分析》，《外国教育研究》2019 年第 4 期，第 51 页。

架》的实施处于基本达标状态。因此整体教育水平较低且极难提高。
"家长由于缺乏专业知识，难以分辨托幼机构的质量好坏、做出正确选
择，高价不一定就能换取高质量的回报。"①在另一方面，由于单亲家庭
比例过高，沉重的社会压力又使得立法者和教育管理者不得不考虑现
实问题，从而迫不得已采取大规模培训的方式来提高教育质量。目前
来看，这种做法成效甚微。

2. 幼儿信息披露权。在2000年10月《欧洲人权公约》对英国生效
之前，其隐私保护的法律制度是零散而有限的。随着一系列司法案件
发生之后，英国不断加大了对幼儿信息的保护。2012年7月25日英
国司法部发布了《数据保护（个人敏感数据）法令》，明确各机构必须按
照1998年数据保护法处理个人敏感数据。目前，这一法令正处于修改
过程中，已经公布了立法草案。与美国采用"父母同意原则"有所区别
的是，英国相关立法是以"知情——同意"制度为基础的，未成年人由于
无法作出相关法律行为，因此实际上依然得父母同意披露相关信息才
合乎法律规定。更具有前瞻性的是，即便个人在有关网络平台上发布
了个人信息，基于遗忘权，也可以要求将其个人信息删除。

3. 幼儿监护权。英国幼儿教育机构负有更大的监护义务。之所
以如此，是因为英国的幼儿教育制度开放时间过早，3个月—3岁的婴
幼儿可以入托或入园或接受相关幼儿教育机构的监护。英国《儿童法》
在2004年又进一步修正，结合2000年《照管标准法》、2002年《教育
法》和2003年《健康和社会照管法》形成了一个庞大的"儿童最大利益"
法律保护体系。可以说，在这一方面，英国做得比较出色，其防止儿童
虐待的法律体系已经成为世界上的蓝本。这主要得益于三个方面的制
度性配合：一是严把入口关。英国学期儿童教育机构过多过杂，且历史
上出现过一些虐童事件，因此其立法特别关注儿童教育机构和相关保
育人员和教师的资格。英国对儿童教育服务者的关口多达14大类，涉

①　冯晓霞：《努力促进幼儿教育的民主化》，《学前教育研究》2002年第2期，第9—
10页。

及从业资质、教养方式、场地与硬件、安全与健康等。其中格外严格的是保教人员的资质——必须通过违法记录与禁止服务程序(Disclosure and Barring Service)的筛查,以禁止有违法或犯罪行为的人员直接或间接接触儿童。①二是严格控制规模。儿童天性好动,自我保护意识弱,这给相关保育机构和保教人员带来极大的照顾压力。这也是英国之所以细分幼儿学龄以控制班级规模的一个重要原因。这一点在前文已有介绍。三是将培训与检查监督相互配合。英国可以说是世界上幼儿教育制度体系中推行高频率检查和监督制度的最典型国家。按照《儿童保育法》,所有幼儿教育机构均必须设置首席安全专员且独立于其所在的机构,一旦儿童存在潜在或现实的危险或受伤情况,其有义务向儿童社会关爱中心、警察求助或向当地政府机构报告。这使得幼儿时刻处于安全员的检查与监督保护之下,这也使得幼儿教师在行使监护权时,必须格外加以注意的客观制约因素所在。此外,如果涉及儿童正在遭受或可能遭受重大伤害时,有关申请人可以向法院申请照顾令、监督令、儿童评估令、儿童紧急保护令等令状。令状主义这一传统的司法保护体制在英国儿童权益保护方面起到了非常重要的作用。

4. 监督家长权。幼儿教育中重视家庭与教育机构的合作几乎已经成为世界性的倾向,英国也不例外。作为幼儿教育机构,成立家长委员会参与儿童教育活动是几乎所有教育机构必备的机制。英国的幼儿教育从"游戏班"的基础上开枝散叶,发展而来,为家庭加入儿童早期教育过程奠定了良好的社会基础。反过来,幼儿教师也非常注重与家长之间的合作,且负有监督家长的义务。英国的幼儿园放学很早,因此教师往往会给家长开出一份清单(与家庭生活密切相关),要求家长在家中完成一系列教育规范动作。从英国近年来的相关立法和公共政策来看,"保教一体化"是其未来的基本趋势。2003 年绿皮书就明显地反映了此种倾向,即力图将儿童服务、家庭服务和社会服务融为一体,以整

---

① 苗学杰,姜媛媛:《英国幼教虐童事件的防范与惩戒机制探析》,《比较教育研究》2019年第 11 期,第 106 页。

合福利、健康、照顾和教育需求。从某种意义上来说，单亲家庭和少女妈妈过多在很大程度上支配着英国立法者和管理者的神经。为落实此项法律义务，英国很多幼儿教育机构建立有日间或夜间研究小组或家庭小组会议，往往设定有特定的讨论主题，鼓励家长参加讨论，交换信息。因此，监督家长也是英国幼儿教师的一项相对突出的权力。

5. 管理权、引导权、制止权、惩戒权等行政权。整体上来分析，英国的幼儿教育中教师享有的社会行政管理权更为广泛，但实际上是一种职责。从教育分段的情形来看，幼儿教师享有的行政权在不同阶段有不同的特点。比如在 3 个月—3 岁阶段中，教师主要履行看护、保护、引导的作用，其行政责任更重，也更明显，但制止权、教导权、约束权、惩戒权等只能以微弱的形态存在。而在 3—5 岁的幼儿教育阶段，幼儿教师教育行政权发生了较大的变化。这是因为政府希望在这一阶段教师能够起到更直接和更良好的引导和督促作用，以便孩子们能够为适应未来的小学生活打下良好的基础。在这一阶段，教和管的情形更为明显。

三、英国幼儿教师教育权力规制机制之特征

英国幼儿教师教育权力规制机制在上世纪 90 年代以来快速发展，其中主要得益于中央政府的努力，总体上具有如下特征：

1. 行政规制与司法规制并重，且以前者为主。英国在历史上有过较多幼儿教师虐待或忽视幼儿的教训，因此立法者和执法者非常关注制度的有效性。当然，更多的考虑是制度执行的有效性。英国在幼儿教育上一度落后于世界，且迄今为止并未取得根本性改变。为解决这些综合性问题，英国立法者和执法者不得不提高对幼儿教师和保育人员的要求，也不得不加大监督检查力度。安全专员制度的设置就是其典型。当然，英国传统的司法令状主义制度也在客观上提供了极大的便利。

2. 家长在制约幼儿教师教育权力方面起到更为重要的作用。英国单亲家庭占比过高的现实使得其幼儿教育不得不依赖于家庭。众所

周知，家庭结构不完整，很容易给孩子造成爱与教育的缺失，影响孩子的健康快乐成长。因此，英国立法与公共政策均明确要求幼儿教师督促家长参与教育过程。反过来，英国家长也形成了一股制约幼儿教师教育权的力量。正是因为家长高频率参与幼儿教育决策，监督教育过程，才使得幼儿教师只能认真履行职务，避免了幼儿教师虐童事件的发生。

3. 幼儿教师教育权力随着儿童年龄由低向高增长而增长，但分布不均衡，导致规制机制的实效性不高。英国对幼儿教育分段过细，但是立法没有具体明确各阶段幼儿教师的教育权，使得这一权力划分不清，各阶段强度不明。虽然英国幼儿教师严重虐待儿童的现象很少发生，①但幼儿教育效果则受制于多重因素而差强人意。

总体来看，英国幼儿教育的质量和效果正处于上升期。与美国侧重补助儿童本身进而提高保教质量的方式有所不同的是，英国侧重于在幼儿教育机构和幼儿教师方面发力。"英国政府依据人力资本论从提高幼儿教师素质入手，通过加强教师培训、给予培训补贴、增加津贴与福利等方式，在提升教师能力的同时带来薪资福利的提高，并最终促进学前教育质量的发展。"②而政府资金的介入在很大程度上提高了中央规制幼儿教师权力的话语权，进而间接削弱了地方自治所带来的规制机制差异性。不过，由于社会上保有的幼教机构过多过杂，从而在很大程度上降低了资金使用的效益。

---

① 据报道，2009 年 12 月英国发生了一起被称为"史上最为严重的幼儿园虐童事件"。事件的主角（犯罪行为人）Vanessa George 是英国西南部德文郡普利茅斯市的小泰德幼儿园中已有近十年工作经验的保育员（nursery worker，在该园工作三年），其在法庭上承认性侵儿童 7 次，猥亵儿童 8 次，并向外界传输了大量涉嫌性侵、威胁幼童的照片。据英国全国防止虐待儿童协会（NSPCC）公布的数据显示，2007 年以来，虐待和忽视儿童的案件数量增加了 75%。截止于 2016 年，英国严重虐童案件的数量与 7 年前相比翻番，每天都有大约 500 起新案件发生。See Phippen A, Bond E. The Case of Vanessa George and the Little Teds Nursery in Plymouth: Calls for a Return to Capital Punishment? //Organisational Responses to Social Media Storms. 2020. pp.11—12.

② 费广洪、胡思静:《英国幼儿教师薪资福利政策与启示》,《早期教育（教科研版）》2019 年第 1 期,第 2 页。

第三节　日本幼儿教师教育权力之规制机制

在世界民族之林中,日本是后起之秀。这不仅表现在二战之前,而且也体现在二战之后。在幼儿教育方面,日本的发展速度和教育效果也令许多欧洲老牌资本主义国家汗颜。1876 年日本东京出现了第一所幼儿园,这标志着其幼儿教育进入草创期。此后,幼儿教育这一新事物逐渐被人们所认识和接受。与此同时,日本适应当时中央集权的需要在教育体制中设置了督学局对各地各类学校进行督导。1879 年日本颁行《教育令》将幼儿园划归文部省主管,使得其与小学区别开来。1898 年日本成立了第一所国立幼儿园——东京女子师范学校附属幼儿园。此后,日本的幼儿教育风潮迅起,很快开设了两百多所幼儿园。1890 年,日本又出现了托儿所。事实上,日本幼儿教育发展的规范时期应当从 1899 年起计算,因为该年政府颁布了《幼儿园保育及设备规程》。有了办学法律依据,日本幼儿教育很快普及至全国,到 1925 年已有 957 所之多,且托儿所也有近 200 所。[①]1926 年 4 月 22 日日本政府颁布了《幼儿园令》(又称《幼稚园令》)、《幼儿园令施行规则》(又称《幼稚园令施行规则》),将原来 3 岁入园改为不满 3 岁可入园;首次规定保育员必须具有保育许可证和保育员资格,改变了此前将幼儿园并入《小学令》的旧制度。日本战前的教育体系为军国主义服务。为了统一思想,汲取资源,政府在教育领域设置了为中央集权服务的视学制度,从而把教育体制变成了军国主义的一个极为重要的组成部分。[②]二战使得日本受到重大挫折,在美国的干预下,政治体制发生了极大的变化,军事帝国主义体制被彻底推翻(还余下一些阴魂不散),国内政治开始

---

①　李永连、李秀英:《当代日本幼儿教育》,山西教育出版社 1997 年版,第 2 页。

②　1885 年日本在文部省内设置视学部,随后配置视学官,从事学事视察。视学官编制 5 人,由天皇任命,负责五个地区的视察工作;与此对应,地方也相继设置了类似机构。这一机构的设置极大地加强了中央权力,使得教育体系不得不围绕着政府的指挥棒——军国主义运作。

朝着民主化和法治化的方向发展。这体现在立法上，日本颁布了一系列教育法。如1947年《教育基本法》、《学校教育法》以及相配套的施行规则，建立起了类似于我国现行的"六三三四"学制。这两部法律标志着日本幼儿教育开始扬帆起航，奠定了其现代格局的基础。按照《学校教育法》的规定，3岁儿童可以入学幼儿园，经费由国家、地方当局、私人和公共团体资助。很快，文部省《幼儿园教育大纲》和《幼儿园设置标准》也得以颁行。这些立法对师资培养、教师资格审定、教学目标、主要教学方案、场所、设备和编制等均进行了规范。

一、日本幼儿教师教育权规制机制之立法概况

确保教育质量，就必须提高教师水平。教师资格是现代教育立法的一项基本制度，也是规制教师教育权的一类基础性规范。日本幼儿教师教育权立法蕴含于一系列法律文本之内。早在二战刚结束不久的1949年5月，文部省就颁布了《教师资格证书法》和《教师资格证书法施行令》，规定没有取得与相适应学校与学科的教师资格证，则不得从事教师工作。事实上，早先的《幼儿园令》就已经做出了类似规定。比如园长由小学校本科正教员以及具有保姆资格证者或教员资格证者担任，保姆只能是女子。只不过新的法律文本对幼儿教师做出了全面的规范，包括必备资格要件和否定资格要件。其中必备要件主要是对教师专业、专业知识、学分等做出规定；而否定要件是禁止条件，比如未满18周岁，无高中学历或未完成高中课程，被剥夺财产权者，曾受监禁以上处罚者，吊销教师资格证书不足2年者。《教师资格证书法施行规则》在1954年曾频繁修改。此后稳定下来。1983年日本教员培养审定议会对这一制度又进行了改革。改革的主要内容是区分教师资格证书的种类，设定相应的检定标准，设立新的检定教科制度，改善师资培养制度。这一制度给教师资格带来了挑战性和机遇性。因为教师资格证书被分为三个等级：初级、普通、高级，且有时限限制。这迫使教师们向前发展，避免原地踏步。1997年日本教育职员养成审议会提交了一份报告——《关于面向新时代的教员养成的改善方针》，明确要求将教

师培养成具有三项能力的新时代教师。①日本还在《教育公务员特例法》中设置激励制度与督促制度，要求教师在职进修，不断提高理论与实践水平，使得职业能力发展成为教师的法律义务。

　　进入 21 世纪后，日本对教师的要求又有了新的变化。2001 年被设定为"教育新生元年"，并制定了《21 世纪教育新生计划》。②2006 年修改了具有"教育宪法"地位的《教育基本法》，明确了教师的地位，充实了教师培养和研修工作。与英国不同的是，影响日本幼儿教师教育权的一个重要社会性因素就是——少子化。日本新生儿数量不断走低，成为世界上低生育率最为严重的国家。据报道，2019 年日本新生儿人数仅为 86.523 4 万人，为有统计以来的史上新低——首次不足 90 万人。与此同时，2019 年日本死亡人数超过 138 万人，人口自然减少数量达到历史最高水平。③受这一严重社会问题的冲击，日本适龄儿童入园数量急剧下降，导致幼儿园数量不得不减少，不仅经营困难，而且同时加剧了幼儿园之间的竞争。问题还远不止于此，由于缺少幼儿，严重老龄化，社区凝聚力下降，育儿经验与智慧难于传承。与此格外不相适应的是，日本儿童中，外国幼儿占比越来越高，语言、文化、习性等幼儿异质化现象愈发严重。对于幼儿园和幼儿教师而言，难题更大：一则是因为幼儿减少，家长溺爱现象抬头，不合理干涉教育的现象增多，教师

---

　　①　这三项能力为：(1)具备基于全球性视野并付诸行动的素质能力；(2)具备适应时代变化生存的社会人必需的素质能力；(3)具备教师职务必然要求的素质能力。

　　②　该计划是对 2000 年 3 月成立的首相私人咨询机构"教育改革国民会议"发表的教育改革报告——《教育改革十七项提案》的落实，以文部科学大臣的名义发表。其主要内容包括四大改革主题、17 项政策课题和 14 项主要措施。其中四大改革主题分为：(1)培养人性丰富的日本人。其配套措施主要有三项：一是重新恢复家庭、社区的教育作用；二是通过多样的体验，培养学生丰富的人性；三是营造令儿童安心学习成长的环境。(2)发展每个人的才能，培养富有创造性的人。其配套措施有六项：一是提高基础学历；二是完善能够充分发挥多样的个性和能力的教育体系；三是强化大学、研究生院教育研究机构的职能；四是优化大学的竞争性环境；五是导入与大学相应的学习体系；六是通过与社会的交流，培养学生的学习欲望和职业观。(3)创建新时代的新型学校。其配套措施有：一是培养作为教学"专家"的教师；二是创建值得社区信赖的学校；三是实现立足于儿童立场的通俗明了的教学；四是促进提供多样的学习机会的新型学校建设。(4)制定教育振兴基本计划，修改教育基本法。参见吕可红、张春浩：《日本〈21 世纪教育新生计划〉述评》，《外国教育研究》2002 年第 10 期，第 20—22 页。

　　③　刘军国：《日本少子化问题愈发严峻》，《人民日报》2020 年 6 月 9 日 17 版。

的作用难以显现；二则是幼儿数量少导致幼儿之间的互动减少，竞争意识也趋于下降；三是幼儿数量下降，社区活动开展难度上升。为了应对这些难题，日本政府花费了大量的心血。早在新世纪初期，文部省就发表了第四个教育振兴五年计划，着意在教育质量上持续下功夫：除了教师素质外，着力解决社区、家庭在儿童养育上的衔接问题。2004 年 12 月日本出台了《关于幼儿教育、保育一体化的综合机构》的咨询报告；2005 年初又出台了《关于适应环境变化的今后的幼儿教育的应有状态——为了儿童的最佳利益》的改革报告——推出"幼小一贯教育学校"，力图将幼儿园、家庭、社区、小学等主题纳入体系化的解决方案之中。在这种方案下，幼儿教师和小学教师深度合作，共同研究课程，互备对方课程，互换岗位，体验角色。①此外，还值得提及的是，日本适时研究世界教育格局的变化。在上世纪 60 年代，适应联合国教科文组织提倡的终身教育、终身学习的理念，日本逐渐修改国内教育法律制度，落实这些理念。可以说，日本教育立法紧跟并常常处于引领世界教育的态势之中。

综上不难看出，日本的幼儿教育制度已经高度完善。如果仅从幼儿教师教育权立法的角度来观察，日本表现出了立法体系上深刻的严谨性。这使得其与英国、美国很不相同的是，其相关立法文本不仅要少很多，而且体系内部泾渭分明，效力层次清楚。何况，日本人做事极为认真，甚至较真，这使得其在行政法领域出现了很多知名法学家，对其立法质量起到了极大的学理支撑作用。因此，其教育行政立法和实践在很多方面已经体现出超越德法等老牌法治国家的迹象。

二、日本幼儿教师教育权之梳理

众所周知，二战后，日本制定了和平宪法，随之国内经济在美国的帮助下快速恢复。加上日本抓住了战后经济重建的契机，聚集全国之

---

① 冯钊：《20 世纪 90 年代以来的日本幼儿园教师教育改革研究》，《社会科学 Ⅱ 辑》2011 年第 S1 期，第 19 页。

力采取出口导向政策,创造了世界经济发展奇迹,迅速进入发达国家行列。然而,经济增长在广场协议刺破房地产泡沫后又经历了快速下跌的惨痛教训。与此同时,发达国家所具有的很多社会弊端,如低生育率、高社会福利、经济滞胀和政治高层的非稳定性等也逐渐显山露水。迄今为止,日本依然在这一泥沼中挣扎。不过,日本与其他发达国家所不同的是,其在战后坚持走内涵式可持续发展道路,从而奠定了宽厚的科学技术基础。加上国内价值观念传统而平稳,这使得其经济泡沫破灭后,并没有给社会带来不可承受的打击。相反,纵观近三十余年来的各项社会指标,日本均依然维持在非常平稳与和谐的轨道之上。作为一个人口不断萎缩且国内资源奇缺的国家,日本能保持此种格局不能不令世界惊讶。在本书作者看来,日本之所以能够实现这一点,在很大程度上要归功于教育的高度发达。高度发达的教育不仅大幅度提高了人口的科学文化素养,更为重要的是为社会稳健发展奠定了雄厚的软实力基础。值得格外关注的是,日本在战后的发展过程中有一大批脱颖而出的各类学者和实务精英。对于学术研究而言,仅就笔者阅读过的相关文献资料,极少有宏观大论与夸夸其谈的论作。相反,日本学术界一直保持着谨慎而恬淡的学术精神。学术派系不仅渊源关系清晰,而且极为认真和负责。以享有盛誉的幼儿教育学者仓桥惣三而言,其并没有谋得某份非常显赫的职位,也没有聚集众多的学术头衔,更没有从自己的工作中获得巨额的财富,从不在所谓的理论建树和学科体系方面夸夸其谈。用他本人的话来说,"不借助于学术说教,也不引自于学者的论述,不过是在人类常识和尊重幼儿的生活之间所找到的想当然的保育之路罢了";"我并不是要构建什么理论或者奠定什么基础,而是希望与大家一起,无论在何地,都根据实际情况来研究实际的问题。"[1]在教育领域,人必须拥有敬畏之心。因为即便是成年人,哪怕是父母,也不知道孩子到底在想什么、喜欢什么、害怕什么。一味地去做

---

① ［日］仓桥惣三:《幼儿园真谛》,李季媚译,华东师范大学出版社2014年版,第110、20页。

理论上的构架，体系上的创新，新方法的导入，措施上的更新等等，均有失偏颇。对于幼儿教育而言，最为关键的是要走入幼儿群体，走入幼儿内心。把握幼儿教育的关键是把握此类教育的本质。在日本，一个非常突出的特色就是无论何种类型的幼教机构，大抵上只是一种补充物或填补物的定位。"所谓的填补之物，必须和主体是同一性质，如同纸袋破了要用纸去补，墙壁坏了要用垒墙的材料去修补的道理一样"，"补助家庭教育"意味着"幼儿园的目的与家庭教育相一致，且为了更好地完成家庭教育。"①因此，日本的幼儿教育在很大程度上顺应了家庭教育之自然性，幼儿教师教育权在理论根源上也受制于此。这是其幼教教师教育权区别于其他国家的一个非常突出的地方。下面，本文对日本幼儿教师教育权力之规制体系做一简单梳理。

1. 课程设置、课程内容建议权与课程内容实施权（教学权）。目前，广义上的日本幼儿园有三种类型：保育园、幼稚园、认定儿童园。其中，保育园侧重于履行照顾、看护孩子的职责；幼稚园主要是实施教育教学活动；认定儿童园属于功能较为全面的"保教合一"的幼儿园。虽然在社会关系结构中，日本是典型的内敛和压抑型文化，但是在幼儿教育上则采取开放式的"放养"模式，以帮助孩子顺应自然规律成长。日本曾经吃过军国主义教育的苦头。普遍的观念认为，过分压抑孩子的性格只能培养出奴才，无法培养出人才。因此日本在课程改革中对幼儿园放得更宽。"除了极少数幼儿园实施单元教育或主题教育课程外，绝大多数幼儿园的课程都是参照《幼儿园教育要领》，同时参照幼儿园所在地区的经济、文化、地理环境、社区环境等特点和本院儿童身心发展的实际状况而编制的。"②纵观《幼儿园教育要领》（以下简称《要领》）其具有明确边界的强制性规范非常少，只是规定了儿童教育的大致框架、具体目标和措施。为增强可操作性，该《要领》围绕宗旨来设定目

---

① 唐钰滢：《仓桥惣三幼儿教育思想研究》，河北大学 2017 年度博士学位论文，第 139 页。

② 孙向阳主编：《高素质幼儿教师新思维：域外视野国外学期教育理念解析》，北京少年儿童出版社 2011 年版，第 76 页。

标、方案或设定路径,同时特别列明各种注意事项。这具体体现在如下几个方面:(1)宗旨被概括为"通过环境进行教育"。为实现教育宗旨,《要领》要求幼儿园的生活以幼儿为主体,学习以教师指导下的游戏为中心,教师指导与特定幼儿相适应。(2)总教育目标和教学措施明确。一是健康目标:以健康、安全、幸福的生活所需要的基本的生活习惯、态度为措施,达到培养健康的身心,创造健康安全的生活能力,达到打好幼儿身心健康成长基础的目的;二是人际关系目标:以培养对他人的友爱和信赖为措施,达到启迪自主协同的态度以及良好的道德品质的目的;三是环境目标:以培养幼儿对自然界以及周围事物的兴趣和关心为手段,达到以启迪丰富的情感和思考问题的能力的目的;四是语言目标:以培养对语言的兴趣和关心为措施,达到以养成幼儿积极听说的态度和对语言的感受力的目的;五是表现目标:以通过多样的体验为措施,达到培养丰富的感性知识,丰富的创造力为目的。(3)单列第二章,着重对前述目标(健康、人际关系、环境、语言、表现)一一落实;每一目标均分解为目标、内容、注意事项等三部分,予以一一对应。(4)为强化教师的责任心,《要领》又以第三章的方式详细地列出"制定指导计划时的注意事项",且区分为一般注意事项和特别注意事项。纵观整个《要领》,强制性规范主要体现在教学周数(不少于39周),教学课时(4小时/天,但可以随季节和幼儿特点适度调整)等少数事项上。实务中,日本幼儿园在执行《要领》时均充分尊重幼儿教师和家长的意见。绝大多数幼儿园均没有固定的教材,教学方案和教学内容大多由教师编排和执行。

2. 幼儿信息披露权。在高度重视儿童竞争与发展的国家,幼儿信息的披露往往能够引起家长的高度重视。日本家长如同我国,对子女的期望很高,因而其对幼儿在园期间的教育信息非常在意。日本制定有《个人信息保护法》(2005年施行,2015年大修),该立法文本吸收了《欧盟数据保护公约》的很多优点。按照该法,个人信息①受利用限制原则、收集限制原则、信息内容完整正确原则、公开原则、安全保护原

---

　　① 依照该法第2条,个人信息是指与生存着的个人有关的信息中因包含有姓名、出生年月以及其他内容而可以识别出特定个人的部分(包含可以较容易地与其他信息相(转下页)

则、个人参与原则、责任原则等的保护。依据该法，未经本人同意，相关业者不能将任何个人信息提供给第三人，但是如下情形除外：一是存在保护个人的生命、身体、财产的必要，又因受困于取得其本人的同意；二是国家机关、地方公共团体或者接受本人委托的单位或人员为履行法律义务需要利用个人信息。在个人信息获取上，该法禁止以欺骗或其他不正当手段；即便获得本人授权（以法定程序进行，主要是达成协议，个人信息之本人可以收费），个人信息相关业者必须确保信息的正确性、最新性，在获得时应当迅速告知本人利用目的及利用者的姓名或名称后再对其公示；在利用过程中必须采取必要的管理与保护措施；当本人发现个人信息与事实不符时，有权要求订正。"据日本总务省编制的《互联网纠纷事例集 2018 年度版》显示，在日本因为非法程序和计算机病毒等造成儿童个人信息泄露、使用社交软件泄露个人信息导致成为绑架的对象，甚至个人照片和私密信息被不法分子骗取后遭到胁迫等已经成为近年来一个新的社会问题。"①日本迄今为止还未制定有专门针对儿童信息保护的法律文本，儿童信息的控制权被授予给监护人，父母是儿童的法定代理人。事实上，幼儿教师是掌握幼儿个人信息最丰富、最全面和最直接的主体之一。因此，依照《个人信息保护法》，幼儿教师必须履行幼儿信息保护义务。幼儿园和幼儿教师坚持非必要回避公开披露幼儿信息的基本原则。这是世界各国的普遍做法，日本也是如此。实际上，在必须披露幼儿在园信息时，往往尽可能回避特定信

（接上页）比照并可以借此识别出特定个人的信息）。为避免因特殊原因对信息本人造成精神损害，日本创立了"需加注意的个人信息"概念，从而对含有特殊情形的个人信息加以保护。这些信息包括人种、信仰、病历等。涉及"需加注意的个人信息"时，相关信息利用者必须征得本人同意，且不得利用"请求免除的方式"向第三人提供相关信息。该法还应用了"匿名加工信息"概念。所谓匿名加工信息，是指对个人信息进行处理后获得的无法识别特定个人，并无法得到恢复的信息。相关业者需遵守个人信息保护委员会的规定，并负有防止加工信息泄漏、对已完成的匿名加工信息以及向第三人提供匿名加工信息进行公示等义务。参见［日］西村洋：《日本个人信息保护制度及其对中国的启示》，《网络法律评论》2017 年第 1 期，第 50—51 页。

① 人民网官方账号：《儿童信息网络泄露严重 日本法律界推动专门立法工作补短板》，https://baijiahao.baidu.com/s?id=16473212262312969388&wfr=spider&for=pc，2020-7-2。

息,同时还必须照顾到幼儿个体的特殊情形,以避免损害幼儿的精神利益。从实务来看,日本幼儿教师披露幼儿信息时主要面向的对象是幼儿家长,只有在法律规定的场合下才向公共管理机构披露。因此很少涉及幼儿教育信息披露违规的问题。所不同的是,日本幼儿在园期间的活动量和强度都非常大,因此经常发生一些磕磕碰碰的伤情问题。此时,教师有义务主动将相关发生过程、损害后果、医疗细节等予以详细记录,并及时告知其监护人。

3. 监护权。日本的监护制度具有非常特殊的历史法律轨迹。按照著名法学家我妻荣的论述,在旧法时代,监护制度并不是为了保护幼儿,而是"家长统率并保护、监督整个家族集体"的时代产物。"直到明治初年,只限于为年幼的家长继承人选定监护人,而不是为家族成员选定监护人。"①随着日本脱亚入欧,社会观念逐渐发生改变,妻子、子女逐渐从父亲的阴影下独立出来,"监护就成了亲权的延长和保护禁治产人的制度。"②迄今为止,日本民法典中仍有"行使亲权人有监护、教育子女的权利及义务"的表述。2006 年 12 月 22 日修订后施行的《教育基本法》首次将幼儿教育纳入该法。依照相关法律,儿童在幼儿园就学期间,其幼儿教师也享有教育法规定的权力。不过,此种教育权中是否暗含了部分监护权则莫衷一是,争议纷纷。日本幼儿教育迄今为止一直实行保育和教育之双轨制,前者由保育所承担,针对 0—5 岁幼儿设置,只保不育;后者由幼稚园实施,只育不保。保教分离的现象给幼儿教育带来了很多问题,尤其是不利于学前阶段与义务教育阶段的衔接。随着世界上保教融合趋势的发展,日本也接受了这一做法。此次《教育基本法》的修订不仅融合保教,而且将其功能区别开来,"调和这两类服务体系,也从法律上保证了孩子们的受保育权"。③

笼统地来说日本幼儿教师行使监护权是不符合事实的。因为日本

---

①②　［日］我妻荣、有泉亨:《日本民法·亲属法》,夏玉芝译,工商出版社 1996 年版,第143 页。

③　张礼永:《幼儿教育首次纳入日本〈教育基本法〉》,《早期教育》2007 年第 7 期,第13 页。

的幼儿园在性质上可以区分为三种类型:国立、公立和私立。其中,国立幼儿园由国家设立,主要附设在国立大学或国立大学教育学部之内;公立幼儿园由地方行政机关(市町村)设立;私立幼儿园由私人和各种法人开办。随着日本近年来不断遵循市场规律以私立幼儿园的方式来填补国家财力和管理方面存在的问题,私立幼儿园已经在幼儿教育体系中占据一定的比例。显然,国立、公立幼儿园教师属于国家或地方公务员,而私立幼儿园教师属聘用制教师。从地方公务员的身份角度来说,国立和公立幼儿园属于国家教育机构,幼儿教师自然行使的是行政法上的教育权。因此,在公法领域里,一般情形下不存在监护权委托、转移的问题。不过也有例外。在特殊情形下,比如在园幼儿父母双亡,无其他监护人,此时国家将承担监护人的责任或监督指定监护人的责任。此时,幼儿园也可能成为监护人。在私立幼儿园,受民事法的影响,在园幼儿与幼儿园之间是一种复杂的关系:一方面幼儿依国家法来幼儿园受教育,是行使受教育权的一种表现;另一方面,此种教育又建立在家长的选择权基础之上,而此种选择则是以契约的形式达成的。从这一角度而言,私立幼儿园的幼儿必然处于教育权与监护权的双重作用之下。反过来,幼儿园也有权选择幼儿,特别是高端私立幼儿园尤其如此。这说明其并没有完全受制于幼儿的受教育权。之所以出现这种状况,一个重要的原因是日本的幼儿教育定位于补充家庭教育的地位。这与我国学区划分对幼儿教育学位的影响有着极大地的区别。从本书的角度来看,日本的监护权是以亲权为基础的,因此幼儿教师对在园幼儿实际上行使的是父或母委托而来的监护权。日本幼儿园教育宗旨是"通过环境进行教育",教师处于指导地位。其最为基本的特征是,能让儿童亲自动手完成的各种生活事项均由儿童亲力亲为;各种生活技巧能让儿童独立完成的,尽可能让其独立完成。"大人空着手,孩子拿包"——孩子拿着两三个大包外加书包而且还要跑得飞快;"反复脱换的行头"——每天多次脱换衣服;"冬天穿短裤"——就是得病也要长结实。①这些现

---

① 参见[日]福田心田:《上日本幼儿园》,载程帆主编:《坚守梦想:活着就是为了改变世界》,北京教育出版社 2012 年版,第 135 页。

象在日本可谓司空见惯,甚至皇室成员也不例外。

4. 监督家长权。倡导家庭、幼儿教育机构和社区之间的合作是国际上流行的幼儿教育理念。日本在这一方面做得非常出色。幼儿教师对于家庭教育的监督是通过多重渠道完成的。有所不同的是,日本幼儿园的教育竞争主要发生在少数高品质的幼儿园之间。这导致了一个奇观,越是好的幼儿园越是受到家长青睐,孩子上学的竞争强度就越大。虽然日本已经现代化,但是传统因素的影响依然非常大。对于很多家庭而言,因为家传的原因,甚至到了非上某个特定学校不可的地步。而幼儿园是此种竞争的起点,哪怕是孩子耽误一年重新竞争也在所不惜。可见,日本家长对于子女的教育期望非常高,从而孩子从幼儿园阶段开始就被迫进入了竞争程序。读一个重点或明星幼儿园,常常被家长视为未来发展的起点。在此种境况下,家长常常也面临很大的被挑选的压力。以至于在日本出现了一种非常另类的现象——为了挑选幼儿,某些幼儿园甚至发明了一百多种方法(主要是以游戏方式进行独立能力、合作精神等方面的测试)来挑选幼儿。这就迫使幼儿在入园前就必须得到训练,否则很容易遭到淘汰。[1]这在客观方面给家长注入了极大的家庭教育动力——孩子在入园前就必须做好各项准备。进入幼儿园后,孩子必须经历一整套学习、生活、合作等方面的训练,这也需要家庭配合。道理很简单,不是每个孩子和每个家庭都能适应这种幼儿教育模式的。

此外,另外两项颇具特色的幼儿教育工作也与日本家庭息息相关:一是避难训练,二是行事活动。日本是一个自然灾害频发的国家。历史上,东京曾多次被大火焚毁,且地震极为频繁。日本人口居住非常集中,且因土地私有,导致房屋建设星罗棋布,乱七八糟。笔者曾在京都议会大厦放眼观看其城市规划,发现城市道路普遍较窄,房屋密集。因而在日本生活,避难训练不仅格外重要而且是家庭生活中的常态。[2]模

---

① 参见本书编委会编:《班主任工作手册:班级管理与活动设计》(中),中央民族大学出版社 2006 年版,第 473 页。

② 参见孙向阳主编:《高素质幼儿教师新思维:域外视野国外学期教育理念解析》,北京少年儿童出版社 2011 年版,第 107 页。

仿火灾和地震等避难训练几乎所有是日本幼儿园高度重视的一项日常教育活动。避难训练分为单项训练和综合训练,前者是后者的分项,后者是前者的综合。单项训练主要练习如下事项:哨声集合,接受点名,熟悉疏散路径与避难场所,辨别各种警报声,使用诱导绳与急救滑梯等;综合训练是在单项训练完成后进行的全面消防演习,邀请消防队员入园指导。为达到训练的效果,日本幼儿园的避难训练往往结合日常活动安排,且不提前告知。比如家长接送儿童时,户外活动时,进餐时,儿童自由游戏时,午睡时,放学后留园时等不特定场合都有可能进行。行事活动兴起于上世纪 50 年代,已经发展成为日本幼儿园的一大特色。"行事"就是各种较大规模的庆祝活动,活动项目不仅连绵不绝贯彻全年,而且与生活密切相关。①比如入园、花祭(女儿节)、端午、鬼节、远足、七夕、年糕节、夏日祭、合宿、运动会、国庆日、文化日、敬老日、勤劳感谢日等等都可能成为行事项目的实施时间。"可谓一年到头数不清的活动"。②行事的目的在于体验生活,尤其是培养积极的社会情感体验。行事活动往往面临与当地社区的互动,需要幼儿教师、家长、社区居民、幼儿通力合作才能完成。因此常常受到家长和社区的高度重视。这对于家长也是一种极大的监督。

5. 管理权、引导权、制止权、惩戒权等行政权。从上文不难看出,日本幼儿教师虽然在教育过程中总体上处于教育管理和指导的地位,但是因为事项过多,从而工作强度和压力也非常大。事实上,日本幼儿教师面临多重压力:一是选拔录用。在精神上,他们需要信守教育理念,献身教育工作;在专业能力上,具备专业的知识与技能,参与专业决定,负起专业责任;在操作能力上,需要具有从多个角度观察、分析问题、应用多种教学模式进行教学的能力。③在全世界范围内来说,日本幼儿教师的入职测试难度是最大的。这常常成为决定幼儿教师身份和

---

① 参见孙向阳主编:《高素质幼儿教师新思维:域外视野国外学期教育理念解析》,北京少年儿童出版社 2011 年版,第 108 页。

② 包祥:《自然生长教育》,福建教育出版社 2014 年版,第 39 页。

③ 参见项家庆主编:《幼儿游戏设计与教师成长》,北京时代华文书局 2016 年版,第230 页。

命运的极为重要的事项。即便通过入职测试，入职后的幼儿教师也常常面临在职进修、考核、晋级等多重竞争压力。以进修为例，日本 47 个都道府县和 12 个指定城市都设有教育研究（研修）中心。幼儿教师在园外有半日到一个月以内的短期进修，也可以有派遣到大学和教育研究中心的为期一个月到一年的中期进修，还有在新制教育大学或海外一到两年的长期进修。①由于国立、公立幼儿园教师具有教育公务员身份，加上日本独有的文化，使得幼儿教师被纳入整个教育行政体制中予以对待。在职进修非常频繁是幼儿教师必须面临的一种常见性压力。相比之下，在教育教学过程中，日本幼儿教师与幼儿之间的关系反而显得相对简单，毕竟其履行的是教育行政职责。这使得幼儿教师在管理、引导、制止、惩戒方面的权力较大。从理论的角度来说，日本如同德国，曾经在教育领域采用"特别权力关系理论"，将教育教学视为一个特殊的行政法范畴，排除司法审查，也排除外来干涉。这使得教师运用自由裁量权的自主空间扩大。类似于中国家长责难幼儿园和幼儿教师的现象在日本是极难见到的。《幼儿园教育要领》甚至给幼儿教师创立了一种"撒手掌柜"的宽松环境——对幼儿之间的冲突持消极态度，以实现幼儿"在尝试错误中，体验用自己的力量行动的充实感"。据此，日本幼儿教师对幼儿园发生的幼儿冲突更多的时候是静观、守望。在他们看来，冲突与挫折也是另一种教育方式。由此可以说，日本的幼儿教师教育权力是世界上非常独特的一种权力体系，即更接近于传统行政权，从而与我国之施惠型社会行政权有着较大的区别。

三、日本幼儿教师教育权力规制机制之特征

在地理位置上，日本是一个典型的东亚国家；在文化传统上，日本也是一个典型的性格内敛的东亚国家；但在政治传统上，日本却是一个非常突出的思想活跃的西欧国家。100 多年前，日本就不断得到了世界各国知名人士的高度评价。葡萄牙人莫里斯（Mores，1854—1929）

---

① 参见项家庆主编：《幼儿游戏设计与教师成长》，北京时代华文书局 2016 年版，第 232 页。

在其著作《日本精神》中描绘了日本人"令人惊讶的微笑""极致的亲切""崇拜自然与和平的生活"。美国学者格里菲斯(Griffis，1843—1928)在《明治日本体验记》中高度赞赏日本的教育所带来的高素养:绅士般的礼貌和干练,彻底的亲切。美国动物学家爱德华·S·莫尔斯(Edward S. Morse，1838—1925)也在其作品《在日本的每一天》中用非常明亮的词汇描述了日本人的教养:所有人都有礼貌,爱护动物之心,儿童的快乐,对外国人的宽容等。就连埃及民族运动家卡米尔(1874—1908)在其作品《升起的太阳》中都得出了"旭日东升的日本""夕阳西下的埃及"之悲观结论。①事实上,在当下,日本环境的洁净,国民的礼貌,科学的发达,个体的约束等依然享誉全球,极为罕见。其实不难理解,一个国家在很大程度上受其地理环境和周边国际关系的影响。在地理位置上,日本是一个孤悬海外、自然灾害频发且资源极度贫乏的海岛型国家。恶劣的环境在日本国民性格中天然地植入了深深的危机感、忧虑感和迫切感。而在国际关系中,近代以来的日本在东方世界一直没有找到学习的楷模,甚至视东方文化为羁绊。这就造成了日本"身在东方,心在西方"的异化。此种"身首异处"拉伸而来的紧张也使得日本长期处于莫名的失落感和紧迫感之中。这一点在日本的幼儿教育史上也显露得异常明显——深感幼儿教育在国民素质培养的基础作用,急切转变态度;担忧幼儿教育落后于西欧发达国家的危机,赶紧仿超;暗感幼儿教育放养的散漫而紧锣密鼓地改革和干预。这使得日本的幼儿教师教育权规制机制也出现了诸多鲜明的特点:

1. 幼儿教师教育权带有明显的行政管理权色彩,而行政规制是其基本色调。日本是本书作者所有阅读过的文献资料中唯一的一个将幼儿教育与小学教育进行强制"融合"的国家。英国也格外注重幼儿教育与小学教育的衔接,但本书并没有使用"融合"或类似之词语。这是因为英国的幼小衔接更类似于"缝合"。之所以形成这样的判断,是因为英国将幼儿教育进行了人为的拆分,然后又基于幼小衔接的考虑进行"打补丁"式的部分重叠缝合手术。之所以形成如此判断,是因为英国

---

① 〔日〕金文学:《重新发现近代:一百年前的中日韩》,现代出版社 2015 年版,第 73 页。

的幼教市场受到多重因素的干扰。这些干扰因素一则是社会因素——单亲家庭比例过高,需要解放女性劳动力;二则是幼教机构过多过滥,无法确保质量;三是地方自治区较大,幼儿教育学制不统一,无法确保知识传授基础的稳固。面对这种现状,英国政府所能做到的只能是尽可能去打补丁,以补漏的方式来填充,而无法"融合"。日本则不同,其利用中央权威的传统优势,不仅学制统一,而且将家庭教育与幼儿园教育紧密捆绑了起来。这导致日本幼儿教育其实在家庭教育阶段就已经奠定了很好的基础。这可以说是美国、英国等绝大多数发达国家都远不如日本的一个重要原因。当然,日本之所以能够将幼儿教育提高到如此高的水平,还得益于其政治体制和法律体系。日本虽然不是典型的中央集权的国家,但是其民主法治并没有如德法美英那样分散了中央政府更多的权力,从而导致其幼儿教育体制的浓厚行政管理色彩。①从现行情况来看,日本大多数幼儿园均被纳入义务教育体系(私立幼儿园除外),国立和公立幼儿园幼儿教师被赋予教育公务员身份。基于此种身份,《教育基本法》《要领》等教育法律法规均可以要求幼儿教师履行多重行政职责,承担公共管理义务。可见,在日本的幼儿教育中,幼儿教师主要是履行教育权所内含的义务,监护权只能暗藏在此种行政管理权之内的某个角落。从日本的幼儿教育立法本文可以很清晰地看出这一点。因此,其幼儿教师教育权规制机制带有浓厚的行政法色彩。

2. 幼儿教师资质竞争是其规制机制的突出特点。幼儿教育最为关键的不是要有多少高深的理论素养,而是实践能力。众所周知,战前日本的教育体制为方便军国主义吸收资源而加强了集权领导。"《美国

---

① 严格来说,日本历史上有过中央集权体制,但往往不能维持较长的时间。目前,日本尽管已经不太可能在政治体制中建立完整的中央集权,但并非没有此种倾向。据有关学术研究,日本自民党之所以能够长期执政,一个非常重要的因素就是其遵循了集权化的路径。众所周知,1955 年 11 月自由民主党由原自由党和民主党合并而成,此后连续单独执政长达 38 年之久。之后虽然多次下台,但也曾多次与其他党联合执政,并在联合政府中挑大梁,任主角。2012 年 9 月安倍晋三任自民党总裁以来,已经领导自民党实现国政选举"五连胜"。个中原因的突出方面就在于自民党一直坚持集中化路径。随着内阁首相权力的扩大化和自民党总裁权力的集中,日本政治机制中的集权化因素也在不断加强。参见张伯玉:《论日本自民党的集权化》,《日本问题研究》2018 年第 3 期,第 10—13 页。

教育使节团报告书》(1946)强烈批判日本教育制度的集权性与阶级性,提出应建立尊重个人价值、机会均等的民主教育体制。"①尽管如此,日本的教育体制并没有完全按照美国的那一套发展。事实上,日本的法律体系在东亚是典型的大陆法系模式,而且可以说是青出于蓝而胜于蓝,是蓝本中的蓝本。当然,这并不意味着日本的教育体系纯粹是行政规制的那一套。日本法治建设之所以在诸多方面能够胜出德法等老牌大陆法系国家,另一个较为突出的特点是其不仅严谨地继承了大陆法系的优良传统,而且更为重要的是也有效糅合了英美法系中权力分置和内部竞争的优点。幼儿教师资质竞争就是其非常具有特色的一个方面。与世界其他国家比较,日本对教师行业非常敬重。这不仅是因为传统上教师属于"圣职者",而且也是因为其是"劳动者"。这使得日本对教师资格的要求有点"变态狂"的味道。日本公立幼儿园教职的申请者需要参加两次考试并且通过才能成为幼儿园教师。以东京都地区为例,公立幼儿园教职申请者的第一次考试称为"学科试验",是笔试。通过后才有资格参加第二次考试。第二次考试是对申请者实际技能进行考核,主要包括两个面试和实际技能的考核。"通过公立幼儿园教职申请考试的难度很大,根据东京都地区的统计数据,1997 年最终试验合格者仅占全体考试者的 1%。"②可见在日本获得幼儿教师资格的难度是非常非常大的。即便获得幼儿教师资格,也只是初等资格,并非终身资格。依照《学校教育法》《教育职员许可法》和《教育职员许可法施行规则》等规定,尤其是 2009 年修订的《教育职员许可法》,教师资格并非一经取得即可终身任职。因为该法将教师许可证更新确立为一种制度。自此以后,教师许可证仅在取得后的 10 年内有效。要想维持教师资格的效力,就必须依程序规定逐级更新许可证。而更新许可证必须满足一大堆条件。比如学时数、课程、操作能力等等。加上许可证具有等级,且工作实绩必须与许可证相符,否则将受到处分导致证书失效。

---

① 吴潇、王宏方:《日本中小学教师流动的政策体系——基于法律演化的视角》,《上海教育科研》2020 年第 4 期,第 48 页。

② 冯钊:《20 世纪 90 年代以来的日本幼儿园教师教育改革研究》,云南师范大学 2011 年年度硕士学位论文,第 30 页。

与此相适应,日本幼儿教师的资薪差异较大,许可证级别越高,资薪也越高,级距差距也变大。①这使得日本幼儿教师从入职起,就处于极高强度的竞争态势之中。此种业内竞争的态势使得幼儿教师依规履行职责被视为最为基础的要求。再者,日本的就业态势也极为压抑,半途而废的教师若想重新进入这一行业几乎成为奢望。这使得幼儿教师滥用自身权力的可能性大大缩小。这一规制色彩是几乎所有发达国家所不敢奢望的。这不仅是因为缺乏传统,而且现实条件也无法支撑。

3. 幼儿教育内容强度远超出一般人认知,主客观因素均导致幼儿教师以指导者身份靠边站,教育权虚置,幼儿教师教育权规制机制前重后轻。众所周知,日本幼儿园的教育强度超出绝大多数人的认知。以获得社会高度认可的户外游戏为例,日本传统观念认为孩子是"风之子",不怕冷,也不怕伤。这种观念深深地根植于幼儿教育项目与内容之中。因此日本幼儿户外游戏的强度非常大,并得到国家的认可。2012 年文部科学省颁布了《幼儿期的身体运动指南》,呼吁家庭和幼儿园在幼儿愉快地身体活动时间里体验多种多样的身体动作,广泛开展身体游戏运动。这一指南设定了一些硬性指标。比如每天活动 60 分钟以上;对于 3—4 岁的幼儿,必须设置户外滑梯、秋千、单杠等,室内组合运动器材及垫子以进行旋转、渡过、悬挂、下垂、跑、跳、登、爬等以便幼儿训练保持平衡或移动动作。对于 5—6 岁幼儿,挑战性游戏强度进一步提高,增加了"用身体操纵工具"的要求。②结合国家标准,日本幼儿园在身体游戏课程设置上出现了绝大多数其他国家很少出现的跳马、倒立行走、单杆、推车、弓形爬梯等高强度高难度的运动器材和教学内容。③在幼儿教育中,无论在家庭还是在幼儿园,孩子们玩得"很疯"是日本的普遍现象。与绝大多数国家的家长所不同的是,日本家长对

①　参见罗朝猛:《日本如何管好幼儿教师这道关》,《中国教育报》2017 年 12 月 15 日第 5 版。

②　参见刘乡英:《孩子是风之子——日本家长的育儿观与幼儿园的户外游戏》,《幼儿 100(教师版)》2018 年第 10 期,第 14—16 页。

③　参见安七:《日本幼儿教育的 20 个细节(上)》,《青春期健康》2018 年第 17 期,第 16—17 页。

此很是淡然，甚至出现了"孩子上幼儿园不就是让生病的么"等认同观念。一旦形成社会风气，一切不合理的开始变得特别合理。诚然，日本幼儿教师也对此习以为常，从而主动在教育中将自身置于指导和鼓励地位。此种主客观因素的混合，反而促成了日本幼儿教育的一个奇特现象——教师教育权的虚置。当然，这也引发了日本教育学界不断对幼儿教师任职要求的责难——频频修改，层层加压。结合前述规制机制之特点来分析，不难看出，日本幼儿教师教育权规制机制呈现出典型的前置效果，即前重后轻，尽可能将规制机制的功能前置，而不是等到问题出现后再行处理。

第三章
我国幼儿教师教育权力规制制度的现状与缺陷

　　"'中国'是一个多面的、复杂的事物。观察中国可能存在着多个维度,但问题在于,我们应当努力去寻找一种最能切中国实质的观察视角。"①王人博教授的这一番论述实际上希望在对同一事物的法学研究中贯彻一种"恰如其分"的研究方法。这毋庸置疑有利于深化问题意识,也有利于洞察研究对象的内在。然而,何为最为"切中"的观察视角呢? 这在研究开展之前几乎是难以未卜先知的。本书认为,对任何事物的描述其实都面临巨大的难题。这不仅是因为人本身的认知能力有限,而且即便拥有那种臻致的观察工具,也未必能够运用得炉火纯青,更不可能丝毫不差。即便研究工具具有客观性,但还受到主观的支配。"主观意识充满了错误和虚假的信念"。②迷信某种研究工具往往更容易导致偏见。从几乎所有学科的发展理路来观察,人类对于事物的认知都是众人积累的成果,绝难一蹴而就。在学术研究中,更为稳妥的方法是需要对同一事物进行多维度观察,如此一来才可能尽可能缩小误差率。"思想的眼光永远不能脱离事物本身,应该如实地看待它们的影像。过去一事无成,它的方法、基础和结果都是错误的;我们必须重新开始,使我们的头脑摆脱流传下来、因袭的偏见和意见。不要人云亦云和玩弄文字,要研究事物本身——总之,我们要独立思考。"③本书近乎

---

　　① 王人博:《业余者说》,广西师范大学出版社 2018 年版,第 215 页。
　　② [英]韦恩莫里森:《法理学——从古希腊到后现代》,李桂林等译,武汉大学出版社 2002 年版,第 85 页。
　　③ [美]梯利:《西方哲学史》(增补修订版),葛力译,商务印书馆 2015 年版,第 286 页。

偏执地认为，了解一个事物的基本性状是开展相关研究活动的基础。"没有调查就没有发言权。"因此，实证分析方法在法学研究中有着极为重要的工具价值。也正是基于此种理念，课题组曾花费大量的时间在淮北市、南京市、湛江市等地的 29 所幼儿园实地考察。可惜的是，囿于研究议题的敏感性，多数被调查对象的实际限制过多过严，而浅尝辄止。整理调研材料，最后发现仅有 13 所幼儿园的单项调研资料相对完整。从调研所覆盖的地域范围来看，主要以中部地区为主，覆盖安徽、山东、江苏、广东等省份，具有一定的地域代表性。从所调研的幼儿园办学层次来看，覆盖了公立著名幼儿园、私立品牌幼儿园、乡镇中心幼儿园和农村普通幼儿园，因此也具有较高的样本价值。最后，从调研教师来看，既涉及著名品牌幼儿园园长，也涉及前述各幼儿园普通保教人员，因此也能在较高程度上反映我国幼儿教育现状。①

第一节　我国幼儿教师教育权力规制机制之立法现状

全面梳理我国教育立法，不难发现相关立法文本侧重于规制小学、初高中、高校的教师教育权力，而对幼儿教师教育权所涉较少。迄今为止，我国还未制定有专门的幼儿教育国家法，这不能不说是一种遗憾。不过，值得期待的是，2018 年 9 月 7 日《中华人民共和国学前教育法》已纳入第十三届全国人大常委会立法规划，作为一类立法项目进入立法程序。2020 年 9 月 7 日，教育部公布了《关于〈中华人民共和国学前教育法草案（征求意见稿）〉公开征求意见的公告》（以下简称《学前教育法草案》）。《学前教育法草案》第七十二条（人员责任）着重突出

---

① 本课题所涉及的调研事项过多，况且本课题涉及较为敏感的幼儿教师虐童问题，因此调研难度极大。为了突出调研样本地域覆盖范围的代表性，课题组尽可能利用寒暑假外出调研，将调研的对象在地域上扩展开来。同时，也为了调研内容的代表性，将调研对象设定为高中低搭配。由于近年来我国城市化率显著提高，为了适应此种趋势，调研幼儿园对象的重点也主要设置在地市级幼儿园。至于农村幼儿园，课题组在调研过程中发现问题过多，具有代表性价值的调研对象很少。更为关键的是，这些调研对象最为基础的数据均保存不够完整，或者不能准确提供，加上幼儿园本身的规模较小，因此缩小了农村幼儿园的调研范围。

了对幼儿教师和其他工作人员违法行为的责任追究机制。不难预见,我国有关幼儿教育和规制幼儿教师权力的国家法将在未来的一到三年内颁行。

一、我国幼儿教师教育权力规制机制之立法历程

学术界对我国幼儿教育立法有着高度的研究热情。有观点认为,"我国初步建成了以宪法为基础,以教育法为核心,以行政法规为框架,以部门规章和地方学前教育条例为补充的学前教育法律体系。"①这一判断基本符合我国学前教育立法的实情,但并不精准。理由在于,我国现行学前教育立法体系并不以教育法为核心,也不以行政法规为框架。而是反过来,以行政立法为核心——属性,以教育法为框架——范畴。之所以得出如此这般之结论,主要原因就在于现行学前教育立法无论是文本数量还是法律效力位阶,均以行政立法为主,且在教育法体系中并未有幼儿教育之适当地位的安排。尤其是在立法文本的法律效力层次上,狭义上的学前教育法法典还并没有颁行,国务院颁布的具有行政法规效力的文件仅有两部,即 2010 年 11 月 21 日颁行的《国务院关于当前发展学前教育的若干意见》和 2019 年 8 月 22 日颁行的《国务院关于学前教育事业改革和发展情况的报告》。

作者曾在"北大法宝"中检索,以"幼儿园"为关键词(检索范围为默认),得出的结果为:(1)行政法规有三部,分别为中华人民共和国国家教育委员会颁行的《幼儿园管理条例》(1989 年 9 月 11 日发布 1990 年 2 月 1 日施行),国务院办公厅颁行的《关于加强中小学幼儿园安全风险防控体系建设的意见》(2017 年 4 月 25 日颁行)和《关于开展城镇小区配套幼儿园治理工作的通知》(2019 年 1 月 9 日颁行)。(2)相关司法解释有两部,分别为《最高人民法院关于充分发挥审判职能作用切实维护学校、幼儿园及周边安全的通知》(2010 年 5 月 10 日发布并实施)

---

①　张利洪:《改革开放 40 年我国学前教育政策法规的历程、成就与反思》,《陕西师范大学学报(哲学社会科学版)》2019 年第 1 期,第 55 页。

和《最高人民检察院关于依法惩治侵害幼儿园儿童犯罪全面维护儿童权益的通知》(2017 年 12 月 1 日发布并实施)。(3)至于部门规章(即行政规章)则多达 117 部,其中仅国务院各机构发布的就有 105 部。如果将检索关键词换为"学前教育",得出的结果为:行政法规 2 部,部门规章 35 部。观察这两类检索结果,一是涉幼儿教育的立法文本主要为行政法规和部门规章;二是行使教育立法权的核心主体为国务院教育行政部门,即教育部。①由此不难看出,我国教育立法在属性上为行政立法,行政法是我国幼儿教育法制度体系的核心与灵魂。从立法文本来看,也是先有行政法而后有幼儿教育法规。至于集中行使立法权的各级人大及其常务委员会则在幼儿教育立法上少有作为。换而言之,我国幼儿教育立法的发展几乎清一色地呈现为行政立法,并逐渐已经呈现出由模糊到清晰的基本框架性结构。直言之,教育法总体上是我国行政法发展过程中慢慢生长出来的,是行政法下的产物。之所以说幼儿教育立法实际上又是以教育法为框架的,是因为我国教育立法有着漫长的等待过程,尤其是学前教育法的发展历程更是如此。

教育是人类社会因种族繁衍与社会延续之内在需要而自然而然衍生的一种现象。随着人类对外部世界改造能力的逐渐加强,教育进一步演变为一种自觉的活动。在中国近代史上,由于科学技术的落后而陷入半殖民地半封建社会的历史教训给我国政府和民众以极大的警醒。"为了救亡图存,挽救民族危亡,近代先进的中国人尝试着种种救亡方案。"②救亡方案之一就是要兴办教育,培养人才。清末,教育家张百熙被任命为办学大臣,奉命办理京师大学堂。在他的主持下规划了我国第一个较为完备的学校系统与学制方案。"上溯古制,参考列邦",

---

① 按照我国现行行政立法体制,行政法规的起草一般为国务院法制办或相关主管部门。实务中,由于国务院法制办负担的职责众多,从而往往选择后一种方案,即立法所涉的事务主管部门起草涉及其职权的法律草案,或者会同其他数个重要部门共同起草。事实上,不仅行政立法如此,在全国人大常务委员通过的众多法律案的起草中,起草部门也往往为主管相关事务的国务院组成部门。比如此次《学前教育法(草案)》即由教育部负责组建立法起草小组。类似的如《公共图书馆法》,由文化部负责组建立法起草小组。

② 吴洪成:《中国近代教育思潮新论》,知识产权出版社 2016 年版,第 481 页。

谨小慎微的张百熙拟定了《钦定学堂章程》,后上报朝廷,并于 1902 年 8 月 15 日得到了朝廷的批准。可惜的是,该立法未来得及实施就宣告曲终人散。鉴于其重要性,本书不妨对这一国家法文本进行简要介绍。

《钦定学堂章程》又称之为"壬寅学制",包括《钦定京师大学堂章程》《钦定大学堂考选入学章程》《钦定高等学堂章程》《钦定中学堂章程》《钦定小学堂章程》和《钦定蒙学堂章程》。①其中,《钦定蒙学堂章程》共四章,第一章全学纲领共计十五节(一节相当于现行法典的一条),第二章功课教法共计二节(第二节详细规定了四年制功课年程),第三章各种规则共计十七节,第四章堂舍规模共计五节。《钦定蒙学堂章程》将办学宗旨凝定为"培养儿童使有浅近之知识,并调护其身体"。在办学路径上并不完全依赖于政府,在要求将原来有常年政府经费的义塾改为公立蒙学堂之外,还让"城内坊厢乡镇村集均应设立"。蒙学堂教师(称之为"教习人"),必须遵守《京师大学堂章程》第一章第一二三节所规定的教育理念,即"激发忠爱,开通智慧,振兴实业"以造就通才;区分中外教育,以"圣经垂训"为依据,教习"伦常道德";以"有明倡异说,干犯国宪,及与名教纲常相违背者,查有实据,轻则斥退,重则究办",维护封建专制体制。可见,《钦定蒙学堂章程》虽然极力汲取外国教育经验——"中外立教本有相同之理",但又以"欧美日本所以立国,国各不同,中国政教风俗亦自有异"为由,走中体西用之路。②其立法精神与当时朝廷走改良主义道路的意图是一致的。也推出了我国历史上第一个国家法层面的幼儿教育法,为当时仍处于不毛之地的中国幼儿教育立法破土动工。从而在幼儿教育史上应赋予其以相当之地位。

《壬寅学制》公布后议论纷纷,称赞者有之,批评者不少,且后者逐渐占据上风,导致"政府并未及时并强力地加以推行"。不过,全国范围

---

①　熊月之等编著:《大辞海·中国近现代史卷》,上海辞书出版社 2013 年版,第 80 页。

②　参见舒新城编:《中国近代教育史资料》,人民教育出版社 1981 年版,第 397—400 页。

内已有依此兴办幼儿教育者。①因此不能说其完全无用。其时，清政府内忧外患，大厦将倾，以至于急速修订。后经张百熙、荣庆、张之洞等努力（以张之洞为主），于 1904 年 1 月 13 日颁行了规模更为宏大的《癸卯学制》（制定于 1903 年农历癸卯年）。②《癸卯学制》虽依然是以日本学制为蓝本的改进版，但得到了清政府的推行。值得肯定的是，其将家庭教育也纳入其中，名之为《奏定蒙养院章程及家庭教育法章程》，宗旨因此有所进步，但未有实质性的变化。第一章为"蒙养家教合一"，招收对象为"保育、教导三岁以上至七岁之儿童"。较《壬寅学制》，《癸卯学制》的男学主义有所松动，纳入了女学。可笑的是，其又加以限制，"女子只可于家庭教之"，名入实废。第二章为"保育教导要旨及条目"，主要是启心智，习规范，设科目。具体幼儿教育科目有游戏、歌谣、谈话、手技等。第三章改为"屋场、图书、器具"，规定幼儿教育的设施设备。第四章经原第三章调整而来，标为"管理人事务"，弥补了《壬寅学制》没有设立操办机构的重大弊端。

清政府垮台后，中国进入了守旧与革新、落后与先进的对战期。在这一时期，各种思想针锋相对。尤其是新文化运动的兴起，封建儿童观受到痛击。而与此相对，在民主与科学思想引导下的幼儿教育平民化思潮兴起。是时，教育界领军人物蔡元培改弦更张，远见卓识地主张培养"共和国健全人格"，在当时产生了很大的影响。鲁迅先生对落后的育儿观念进行无情的抨击，刻骨地批判"亲权重，父权更重"。"中国娶妻早是福气，儿子多也是福气。所有小孩，只是他父母福气的材料，并非将来的'人'的萌芽。"他希望"各自解放了自己的孩子。……放他们

---

① 1903 年 9 月，张之洞与端方合力在湖北武昌阅马场开办了湖北幼稚园，制定了《湖北幼稚园开办章程》，专程从日本聘请了三名有经验的保教人员，并由其中的户野美知惠担任园长。该幼稚园设有开诱室、训话室、游戏室、图书玩具室和户外游戏场等设施。无论是设立时间、师资，还是设备，湖北幼稚园均是中国当时首屈一指的幼儿园。受其影响，此后幼儿教育机构不断增多。据统计显示，到 1907 年已设立蒙养院 428 所，在院人数 4 893 人。不过，由于时局动荡，且入园幼儿主要为贵族官宦子弟，因而此后快速萎缩。到 1909 年时仅余 92 所，在院人数 2 664 人。参见喻本伐：《中国幼儿教育发展史》，华中师范大学出版社 2012 版，第 119 页。

② 喻本伐：《中国幼儿教育发展史》，华中师范大学出版社 2012 版，第 109 页。

到宽阔光明的地方去；此后幸福的度日，合理的做人。"否则"小的时候，不把他当人，大了以后，也做不了人。"[1]与鲁迅不同的是，幼儿教育专家陈鹤琴(1892—1982)循循善诱，呼吁家庭平等，培养儿童的独立精神。适应社会精英之近代化教育观念，民国政府和北洋政府对于幼儿教育观念也有所转变。1912年公布的"壬子癸丑学制"将蒙养院改定为蒙养园，附设于女子师范学校，纳入正轨教育序列，且面向平民开放。1916年修正后的《国民学校令》和《国民学校令施行细则》为蒙养园提供了法律保障，规定所有国民学校均应附设蒙养园，且面向学龄儿童提供义务教育。《国民学校令施行细则》详细规定了蒙养园的各举办事项。

此时，"五四运动"激荡人心，幼儿教育逐渐进入盛景。1922年成为关键的分水岭。"全国教育会联合会讨论新学制系统时，便有人提议将幼稚园纳入到初等教育系统之内，这一提议最终得以实现。"[2]是年，北洋政府颁行"壬戌学制"(又称"六三三学制")，统一了幼儿教育机构的名称——幼稚园，统一了入园儿童的年龄——六岁以下，奠定了近代以后我国学制的基本框架。不过，当时的幼儿教育领域却出现了分裂格局，尤其是教会幼稚园和日式幼稚园格外刺眼。著名教育家张雪门考察了30所幼稚园后发现，前者为宗教服务，后者为成人服务。[3]所幸，通式幼稚园——兼采福禄贝尔和蒙台梭利教育理念的幼稚园开始受到欢迎，在数量上越来越多，成为主流。1927年南京国民政府成立后，面对幼稚园培养模式的奇形怪状，开始着力从课程角度进行改革。经陈鹤琴、张宗麟等的努力，《幼稚园课程暂行标准》于1929年审查通过并在全国范围内颁行，适用于包括私立幼稚园在内的所有幼教机构，成为幼稚园课程设置的纲领性文件。此后，稍加修正，又于1936年颁行了新的《幼稚园课程标准》。为了规范幼儿教育机构的管理，1939年教育部公布了《幼稚园规程》，1943年改为《幼稚园设置办法》。

新中国成立后，1951年10月1日政务院公布了《关于改革学制的

---

① 　中央教育科学研究所编：《鲁迅论教育》，教育科学出版社1986年版，第7—18页。

② 　杜成宪、王伦信：《中国幼儿教育史》，上海教育出版社1998年版，第194页。

③ 　参见杜成宪、王伦信：《中国幼儿教育史》，上海教育出版社1998年版，第200页。

决定》,统一了幼儿教育机构名称,均称之为"幼儿园",①招生范围为 3 足岁到七足岁的幼儿。至此,我国幼儿教育机构终于回应了现实需要,返璞归真。1952 年,教育部颁布了《幼儿园暂行规程(草案)》和《幼儿园暂行纲要(草案)》,作为试行文本在全国范围内开始适用。其中,后一文件分别规定了体育、语言、认识环境、图画手工、音乐、计算等各科教学纲要。《幼儿园暂行规程(草案)》在第三十一条规定幼儿园工作人员占用公务编制,确立了幼儿园保教人员的公务人员身份,至于其服务规程则授权中央教育部另行规定。值得特别提及的是,五四宪法明文规定了公民的受教育权和国家保护儿童的义务。不过,受后来国内政治形势的影响,教育部虽然力求进一步细化幼儿教育立法文本,但多数未能如愿,即便发布,也未能得到有效执行。"文革"结束后,我国幼儿园立法工作又重新提上了日程。1979 年 10 月 11 日中共中央和国务院联合发布了《全国幼托工作会议纪要》,总结了 17 年幼托工作的成绩,反思了极左路线给幼儿教育工作带来的危害,肯定了最近两年工作成绩的基础,号召做好幼托工作,面对困难提出了继续"两条腿"走路的方针,并将幼儿教育工作方针定位为"恢复、发展、整顿、提高各类幼托组织"。众所周知,八二宪法不仅规定了公民的受教育权,而且明确了国家的义务——培养青年、少年、儿童在品德、智力、体质等方面全面发展。幼儿教育在宪法上首次取得了依据。②在国内政治和经济形势一

---

① 有观点认为,我国将"幼稚园"改为"幼儿园"起始于 1953 年中央教育部委托北京师范大学编写《幼儿园教育工作指南》。这种观点其实值得商榷。一是准确的来说,《幼儿园教育工作指南》名之为《幼儿园教育工作指南(初稿)》。为防止各地误解,教育部曾发文明确指出:"教育部(67)幼教韦字第 1 号函发各地教育厅、局,系要求各地教育厅、局组织幼教工作者研究、讨论,提出具体修改意见,以便起草委员会进行修改,并未提"使用"。希各地对'幼儿园教育工作指南(初稿)'不要按正式文件使用。"参见 1958 年 12 月 19 日(68)普教幼林字第 107 号文。二是《幼儿园暂行规程(草案)》不仅明文使用了"幼儿园",而且第三章明文规定了幼儿园的设置,即幼儿园由市、县人民政府统筹设置,任一公立幼儿园的设置、变更、停办均要经上级机关批准或核准,私立幼儿园依照私立学校管理办法办理。而对于幼儿园的名称则由设立者自定,且私立幼儿园名称必须含"私立"二字。可见,在这一文件下发之时,"幼儿园"的提法已经非常普遍。

② 七五宪法和七八宪法只是延续了五四宪法中有关受教育权和国家保护儿童的规定,并没有就儿童的发展做出规定。

片向好的境况下,我国幼儿教育实践和管理工作开始快速发展。1983年教育部发布了《关于发展农村幼儿教育的几点意见》,针对县镇和农村在园幼儿高达 881 万且占比 79.2% 的局面,要求创造条件,有计划地发展农村幼儿教育,明确鼓励因地制宜,多形式、多渠道办园。1989 年6 月 5 日国家教育委员会第 2 号令发布了《幼儿园工作规程(试行)》,设 10 章 60 条,对幼儿园作了全面的规范,并且"严禁虐待、体罚和变相体罚等损害幼儿身心健康的行为"。《幼儿园工作规程(试行)》对幼儿园工作人员的权利义务等进行了集中规定,区分了幼儿教师、保育人员和医务人员的职责。其中幼儿园教师对工作全面负责,主要履行如下职责:一是制定并实施教育工作计划;二是观察、分析和记录幼儿发展情况;三是严格执行幼儿园安全、卫生保健制度,有权指导和配合保育员工作;四是与家长保持经常联系,商讨家庭教育措施,配合完成教育任务;五是参加业务学习和研究活动;六是定期向园长汇报,接受其检查和指导。显然,这一行政规章已经初步构建了幼儿教师、家长、园长三主体之间的监督制约机制。另外,在教育内容方面,《幼儿园工作规程(试行)》反复在不同条文中以不同的方式强调游戏对幼儿教育的重要性:一是明文将游戏设定为幼儿教育的基本活动;二是组织活动要保证幼儿"愉快""有益""自由";三是游戏是全面发展教育的重要形式。教育内容的法律化也在很大程度上对幼儿教师教育权进行了约束。很快,国务院批准了《幼儿园管理条例》,从行政法规的层面对《幼儿园工作规程(试行)》的主要内容进行确认。

二、我国幼儿教师教育权力规制机制之现况

梳理我国现行幼儿教师教育权力的有关立法文本,不难发现,其规制机制已经基本形成,但在内容与强度上还不够圆满与丰富。

（一）立法现况

目前,我国幼儿教育立法已经形成了宪法——法律——行政法规——行政规章——规范性文件之完整的立法体系。现行《宪法》确立了人民主权学说,确认了一切权力属于人民的基本理论。当然,我国并

不接受社会契约论之类的假设，但有一点是与社会契约论不约而同的，那就是人民作为主权者实质上是为了自身人身、安全、财富和自由能够得到强有力的保障而有了大致相同的意愿——人民意志。马克思主义告诉世人，权利从来就不是国家或者主权者或人民自己达成的契约所赋予的，而是人民不断斗争所取得的结果。社会契约论将人民主权的取得视为是所有人"要寻找出一种结合的形式，使它能以全部共同的力量来卫护和保障每个结合者的人身和财富，并且由于这一结合而使每一个与全体相联合的个人又只不过是在服从自己本人，并且仍然像以往一样地自由"。①张千帆教授曾犀利地指出："在理论上，'人民'若是指一定疆域中每一个心智成熟的个人之和，那么人民主权仍然是一个有意义的概念。但实际上，由于任何复数的'人'之间必然存在不同偏好，如果要追根刨底的话，这样的'主权'必然是一个精神分裂的怪胎。"②事实上，我国的人民主权学说在理论上从来就不与西方法治理论有任何实质上的相同点。这一则是因为享有主权的是"人民"，而不是"所有人"或"人们"。被排除在"人民"范围之外的人是不享有主权的，且恰恰是人民民主专政的对象。二则我国"人民"和全国人民代表大会的关系有着不同于西方国家主权学说的根本性区别。卢梭认为人民/人们将权利中的共同部分让渡给了国家从而形成了主权；霍布斯认为人民/人们以契约的方式转让主权于国家；洛克认为人民/人们以社会契约的方式将主权暂时寄交给国家行使。而我国认为，国家的主权来自于人民的授予。③人民授予主权的方式是通过选举人民代表，由人民代表组成全国人民代表大会，代表人民行使权力。这一理论不仅避免了西方理论上国家和人民同时为主权者的弊端，而且也真实地还原了国家主权的来源真相。事实上，按照西方主权学说，至少有一个群体

---

① ［美］小查尔斯·爱德华·梅里亚姆：《卢梭以来的主权学说史》，毕洪海译，法律出版社 200 年版，第 23 页。

② 张千帆：《国家主权与地方自治—中央与地方关系的法治化》，中国民主法制出版社 2012 年版，第 15 页。

③ 参见郭道晖：《论国家权力与社会权力——从人民与人大的法权关系谈起》，《法制与社会发展》1995 年第 2 期，第 20 页。

的问题是无法解决的，即当幼儿在心智尚未成熟之时，他/她们根本不知道何为社会契约，何为国家，何为国家主权，何为人民主权。据此，幼儿必然保留其主权。果真如此，那么幼儿就成了与国家平等的主权者。这显然是无法自圆其说的矛盾之处。再者，如果主权为幼儿所保留，那么其必然成为其父母行为的命令者，命运的主宰者。显然，这是非常荒唐的。

那么幼儿是否是主权的行使者呢？显然不是。我国宪法第二条规定"一切权力属于人民"，说明人民只是国家权力的所有者，而不是国家权力的真实执行者。作为"人民"的幼儿们显然也就不是国家权力的执行者。从现行宪法来看，幼儿得到多方面和多方位的国家照顾：一是中国幼儿拥有公民权；二是拥有受教育权；三是受国家保户权；四是享受国家学前教育待遇权。由此不难看出，幼儿是权利主体，这是其最为主要的法律主体形象。不过，幼儿并非没有义务。因为宪法第四十六条不仅规定了受教育权，同时也规定了受教育的义务；其第二款明确规定国家负有培养儿童在品德、智力、体质等方面全面发展的义务。从而幼儿也就必须配合国家完成相关培养工作和教育工作。这就为幼儿教师履行国家义务和行使教育权奠定了基础。

事实上，幼儿教师的教育权不仅有着宪法上的依据，更有着教师法和教育法上的依据。实务中，曾经有很长一段时间，我国社会上流传着幼儿教师不是真正意义上的教师的观念。造成此种观念的一个重要原因是大量民办幼儿教育机构中从事幼儿教育的工作人员未取得教师资格。在很多地方群众的观念中，幼儿园就是看孩子，不需要多高的文化，也不需要专业知识。比如幼儿教育"大跃进"就是这种观念的体现。据上海市宝山新教育局 1958 年提供的材料："经过了七昼夜的苦战，全县新办了民办幼儿园 338 所，新入园的幼儿 9 548 人，从来没有幼教事业的长兴岛上一下就办起了 63 所幼儿园。"[①]为了解决师资问题，该县

---

①　上海市教育与生产劳动相结合展览会编：《大跃进中的幼儿教育》，上海教育出版社1958 年版，第 5 页。

采取了很多办法，比如集中培训，或分散培训，或个别传授，或师傅带徒弟，或公办带民办。即便是师资培训，培训时间也非常短，长则三个星期，短则两天半，还有的是"白天照常工作，晚上受训"。①此种师资水平达不到应有要求的情况，实际上在上世纪八十年代初的幼儿园中依然非常普遍。"由于十年浩劫所造成的灾难，致使大部分青壮年职工有初、高中毕业文凭，却没有相应的文化水平。"②而这些职工中就有很多幼儿教师。在本书作者的记忆中，当时的幼儿园很少（主要在城区），幼儿教师很多只有初小水平，而且持续工作的时间往往较短（主要原因是解决不了编制和待遇）。这就给社会上造成了幼儿教师不是教师的概念。实际上，国家曾经将教育师资问题作为一个非常突出的国家大事来加以解决——鼓励优秀青年从事教育工作。各地兴办高等师范院校和中等师范学校的历史至今依然留有浓墨重彩的痕迹。当然，幼儿教师不是教师这种观念已经成为过去时。现行《教师范》第二条规定，"本法适用于在各级各类学校和其他教育机构中专门从事教育教学工作的教师"，且第十一条明确规定幼儿园教师应当具备幼儿师范学校毕业及其以上学历。从管理序列来看，幼儿教师被归属于中小学教师序列。这一点在《教师法》第四十条中有着明确的依据，即"中小学教师，是指幼儿园、特殊教育机构、普通中小学、成人初等中等教育机构、职业中学以及其他教育机构的教师。"不过，幼儿教师没有独立的管理序列，迄今为止依然没有改变。所不同的是，1994 年颁行的《教育法》将学前教育确立为基本教育制度，与初等教育、中等教育、高等教育并列。而这构成了国家需要制定《学前教育法》的一个重要理由。

综观现行幼儿教育立法，不难发现，对于幼儿教师教育权的规制，我国适应教育体制，采用传统行政管理模式，即行政命令管理模式，教育机构对教师的管理权虚置已经成为不争的事实。行政命令式管理模

① 参见上海市教育与生产劳动相结合展览会编：《大跃进中的幼儿教育》，上海教育出版社 1958 年版，第 9 页。

② 《教育部关于职工初中文化补课工作若干问题的通知》（1981 年 11 月 18 日教工农字 025 号通知）。

式之所以成行,一个重要的原因就在于国家对教育行业的改革逐渐走向了公办归公办市场归市场的两分化格局。从公办教育的角度来看,无论教育机构还是在其中工作的人员,均以编制定岗定资格和定待遇。这使得行政机关几乎把控了公办教师所有工作和生活的空间。各级各部门各办事人员依据自身职权发布指令,教育机构只是传递上级下达的指令,并组织实施。"上面是专人专干,命令一下完事,下面是一锅煮,事事得做,教师哪里应付得过来?"①至于私立幼儿教育机构,典型的趋向是经济收入为导向,采取规模化、品牌化等市场手段进行运作,对于教育管理部门的行政命令多为应付姿态,从而外部行政管理难以深入其内部起作用。具体说来,此种形式主义作风体现为:一方面,其必须表面上体现出切实服从行政管理部门指令的姿态;另一方面其最为主要的精力投放是吸引家长的眼球,以获得收费。这使得我国私立幼儿园反而在幼儿教育内容方面呈现出口号化、空心化的趋势。更有甚者,与公立幼儿教育机构极为不同的是,私立幼儿教育机构对于幼儿教师近乎采取了严苛的法则——层层考核事事重压。比较公立幼儿园与私立幼儿园,最为明显的差别就是幼儿教师的工作积极性和对待家长的表情与神态。私立幼儿园的运作模式主要是通过明亮的设施设备和严厉管束幼儿教师的方式来向家长展示幼儿教育投入的必要性和适配性,进而获得投资回报。这导致私立幼儿园教师教育权得到了过度抑制,形成了反向危害的不良后果——幼儿教师之经济待遇、社会地位与职业压力之间形成了鲜明的反差。观察幼儿教师虐童事件,数量和严重度等事件均发生在私立幼儿园,恰恰说明了这一点。就此,《学前教育法草案》取道普惠性学前教育路径无疑是一条较为合理的理性主义道路。

三、我国幼儿教师教育权力规制机制之体系结构

纵观我国现行立法,幼儿教师教育权力规制体系已经基本成型,整

---

① 吴志宏:《把教育专业自主权回归教师我们需要什么样的教育管理》,《教育发展研究》200 年第 9 期,第 34 页。

体上呈现出双层行政命令式管理模式。下文对其概貌进行简要描述。

（一）理论依据

我国幼儿教师教育权规制在理论依据上源自于特别权力关系理论。与英美法系没有系统的行政法体系所不同的是，特别权力关系理论是大陆法系传统行政法学上的一个特有概念，起源于德国，后经由日本传入我国。"我国行政法学理虽然没有明确提出特别权力关系理论，但现行《行政复议法》及《行政诉讼法》关于内部行政行为不可诉的规定实际上就是以特别权力关系理论作为支撑的。"①在受到学术界广泛批评后，这一理论后来发生了大量的修正，其适用范围呈现出严重缩水的趋势。目前主要适用于公务法人领域。所谓特别权力关系是指"人基于特别原因，即法律的直接规定，或自主同意，服从于国家或公共团体的特别支配权这样一种关系"。②特别权力关系理论在刚诞生的时候主要适用于某些具有特殊性的关系，尤其是法律义务和法律权力不十分明确的行政管理领域。这些领域典型的有军事行政、公务机构内部管理、学校与学术研究机构内部管理等。后来又拓展到社会行政领域，比如企事业内部行政管理、家庭管理等等。二战以后，德国、日本和我国台湾地区均对特别权力关系理论进行了反思，尽可能缩小这一理论的适用范围，而扩大司法审查的范围。

对新中国而言，特别权力关系理论与中国的政治、行政与经济形势并不相适应。受制于美苏争霸的世界格局，中国被迫处于世界政治地理边缘，且不得不做出对本民族最为有利的选择。后来的历史事实证明，我国选择社会主义阵营不仅是革命党心向往之，而且也是客观形势所需。国家权力高度集中，"政治挂帅"的政体运作模式使得国家权力完全超越了特别权力关系理论，而进入行政管理模式，司法审查不能对强大的行政权产生丝毫影响。这一情势直到改革开放后，国家政治生

---

① 林雅:《行政法上特别权力关系理论之历史沿革》,《河南师范大学学报(哲学社会科学版)》2005 年第 4 期,第 74 页。

② ［日］室井力主编:《行政法》(上卷),吴微译,中国政法大学出版社 1995 年版,第89 页。

活步入正常状态才得以解除。不过,即便如此,特别权力关系理论依然在我国维持了其基本的概貌。公法上的勤务关系,如国家公务员与国家之关系;公法上的营造物利用关系,如国立或公立学校与学生之关系、监狱与服刑人员的关系;公法上的特别监督关系,如国家对私立学校的监督关系,学校对教师,教师对学生的监督关系;基于社团之关系,如各种职业公会与其会员之间的关系等均被视为其典型的表现。①对于幼儿教师与幼儿教育机构之间的关系,我国总体上区分为两种类型:公法关系和私法关系。公办幼儿教育机构属于公法关系,因为幼儿教育机构属于事业单位,幼儿教师由幼儿教育机构聘用,形成特殊的人事管理关系。在这种法律关系中,幼儿教师享有事业单位人事编制,并由地方财政保障其工资福利待遇;而私立幼儿教育机构属于私法关系,因为幼儿教育机构属于非营利性法人,幼儿教师与所在单位之间存在劳动合同关系。尽管这两类幼儿教师在身份上有较大的差异,但是此种差异主要体现在工资福利待遇和工作职位稳定性方面。在立法上,我国对包括幼儿教师在内的所有教师均适用同一法律,即她/他们必须履行我国教育法、教师法等法律法规所确定的义务,也同样享有相应的法律权利和权力。从而幼儿教师的教育职责和教育权并没有因其工作单位的公立与私立而存在本质上的差别。

(二)体系结构

1. 幼儿教师教育权的来源。依据我国宪政结构体系来理解,我国所有行政权均来自于中央授权,中央授权的方式主要是法律授权。因此,我国幼儿教师教育权在来源上均源自于教育法律法规的授权。不过,这里存在一个问题,那就是幼儿教师教育权是直接还是间接来源于教育法? 这一问题在我国现行立法上均没有明确。从《教师法》来判断,"本法适用于在各级各类学校和其他教育机构中专门从事教育教学工作的教师。"这说明幼儿教师教育权由国家法直接赋予给教师。不过,这一授权有前提,那就是只有已经在教育机构中获得教职的教师才

---

① 马怀德主编:《行政诉讼原理》,中国政法大学出版社2003年版,第230—231页。

享有教育权。与此矛盾是,《教师法》第五条又规定,学校和其他教育机构根据国家规定,自主进行教师管理工作。从现行相关立法来看,教育机构对教师的管理权非常大,既可以暂停教师的教育教学工作,也可以开除教师教职。与此发生缠绕的是,教师职务制度既是对教师职责的保障,也同时对其的约束机制。学术界对此存在很大的分歧。一种观点将教师职务制度视同为教师任用制度,教师职务就是专业技术职务。①还有观点认为,"教师职务制度是指根据学校教育教学、管理工作的实际需要而设置的权责明确且具有一定期限的工作岗位。"②这种观点与前者并没有本质上的区别。也有观点认为,"教师职务制度,指国家对教师岗位设置及各岗位的任职条件和取得该岗位职务的程序等方面各项规定的总称。"③还有观点认为:"教师职务是根据学校教学、科研等实际工作需要设置的有明确职责、任职条件和任期,并具备专门的业务知识和相应的学术技术水平才能担负的专业技术工作岗位。"④不难看出,主流的观点均将教师职务制度与专业技术工作岗位相联系。这种观点之所以流行,一个重要的原因是我国实行教师专业技术职务评审制度,教育界常常将职务和职称混为一谈。本书认为,这完全是一种误解。专业技术职务评审的是教师职称,即对教师专业技术能力或水平进行评定以授予相应的职称,而非职务。职务不仅不能评审,而且应当是由法律法规或者教育机构所确定的某些具体职责。我国教师法授权国务院制定教师职务制度,但后者至今并未制定有相关法律文件。本书认为,我国对教师教育权的来源采取一种结合方案,即国家法概括性的授权教师以教育权,但教师只有获得特定教育机构的教职才能行使这一权力。

---

① 参见艾其来、胡俊平主编:《教职工法治教育读本》(以案释法版),中国民主法制出版社 2016 年版,第 139 页。

② 曲正伟主编:《中小学和幼儿园教师资格考试相关法律法规解读》,东北师范大学出版社 2012 年版,第 59 页。

③ 袁兆春、宋超群:《教育法学》(修订版),山东人民出版社 2014 年版,第 164 页。

④ 余雅风主编:《中小学教育法与教育政策读本》,东北师范大学出版社 2012 年版,第 32 页。

2. 教育权行使主体众多,幼儿教师处于末端地位。对于教育权的涵义,学术界也同样存在分歧。当前主要存在广义和狭义的理解。"狭义的理解是指对受教育者享有施加教育的权利,这个权利主体是教育者,包括国家、学校、教师和家长等;广义的理解则不限定在教育者的教育权方面,而且包括受教育者的权利或教育请求权,即把接受教育的儿童及父母、教师、学校、国家等作为教育权利、义务、责任和权限关系的整体去理解,而不是单纯从教育者的行为作用方面去理解教育权"。①这种观点理解并不到位。事实上,从我国宪法第十九条之规定来看,国家发展教育事业,举办各种学校,普及教育。这说明国家拥有教育权。宪法并没有采取禁止性规范,说明国家并不是教育权的唯一主体。现行教育法也没有对教育权采取排除法。幼儿降生在家庭,家长基于其监护人身份自然拥有教育权。从这一角度而言,国家只是在教师事业上起推动、鼓励、帮助作用,并不独揽教育权。从实务来看,我国教育权的行使主体非常广泛。包括民事合同意义上师徒关系中的师傅,也是教育权的行使者;各级各类学校也是教育权的行使者。因此,教育权主体的多样化本身根植于社会因素。教育从来就不是封闭的。自古至今,家长、长辈、同辈、晚辈、社区组织、公共权威、行政管理组织、国家等等几乎所有人(包括法人和非法人组织)均在不同程度上拥有教育权。"三人行,必有我师焉。"从这一语境的意义上来说,教育是一个极为泛化的概念,甚至并不需要特定的受教者之存在。从我国众多的教育权主体来看,幼儿教师在权力位阶上处于此种权力行使主体的末端。之所以形成此种判断,是因为幼儿教师几乎无权监督所在幼儿教育机构及其领导,更无权监督教育行政管理部门。从《教育法》和《教师法》之相关规定来看,幼儿教师仅仅拥有建议权和所在单位民主管理参与权。

3. 幼儿教师教育权主要体现为教育教学内容实施权。教育权作为一种利他性的权力,带有浓厚的道德因素。教育是为了让受教育者获得生活生存的知识、技能、方法等,是一种典型的利他行为。利他行

---

① 张琦:《教育权问题初探》,《当代教育科学》2003 年第 7 期,第 17 页。

为往往与年龄、经验、威望、责任、伦理道德、期望、利益等相联系,并同时受到这些因素的影响。以国家为例,国家拥有教育权则主要体现为因权威而带来的责任。因此国家往往不具体实施教育权,而是倾向于行使教育事业规划权、教育机构举办权(包括审查权、许可权)、教育监督权等等教育统治权。对于幼儿教师而言,其教育权主要体现为教育教学内容实施权。幼儿教师受聘于幼儿教育机构,其必然按照国家法和所在教育机构的指令行事。在当今社会,国家法基本上已经确定了教育教学的理念、宗旨、目标、科目、方式、措施等之大体框架。而在我国教育实务中,特定的幼儿教育机构往往在课程设置、课程内容方面大大丰富起来。幼儿教师虽然可以影响课程设置,也可以自由裁量部分课程内容,但总体上来看,无法超越已经被设定的教育框架。从实务来看,"学校内部管理上较为突出的问题是,幼儿园教师在教学和管理上没有自主权和决策机会,学校内部对幼儿教师的工作缺少公正合理的评价。"[①]如果深入实践教学环境考察,不难发现,幼儿教师对教学方案的实施也必须顾及诸多因素。比如园长的态度、主班老师的习惯与态度、保育员的配合程度等等。更为常见的形态体现为幼儿教师们主要是较为固定的执行各种教育教学计划和方案。笔者在调研过程中常常见到幼儿教师们长年累月的使用同一套教材与教法。"我们几乎没有接触新知识和新技能的机会。自己设计不出来,也很难学到。"在很多被调研的幼儿园,这是笔者常听见的一句口头禅。

4. 幼儿教师教育权受制因素主要为内部管理权。众所周知,我国地大物博,人口众多,人均财富极为有限。这一现状导致国家能够用于管理事项的资源必然变少。加上我国采取中央集权体制,国家权力呈现出从中央向基层延伸的纵向结构。这导致教育行政管理者在组织形态上过多,权力呈现出逐渐递减且效应逐渐减弱的态势。具体说来,我国教育权力在体制上之组织结构形态至少存在 7 个层级:全国人大及

---

① 杨锦清:《基层幼教师资储备和管理体制中存在的问题及其解决策略——以福建省连江县为例》,《学前教育研究》2010 年第 5 期,第 31 页。

其常务委员会——国务院——教育部——省自治区直辖市人民政府及其教育部门——地级市人民政府及其教育部门——区县人民政府及其教育部门——乡镇人民政府——幼儿教育机构。其中,全国人大及其常委会主要行使教育立法权。然而,从立法法第八条之规定来看,法律保留事项共十一项,全部为国家基本制度,教育事项并不属于该条明确列举的范畴。之所以如此,是因为全国人大及其常务委员会采取会议制度,机构少,负担日常事务的人员也少,加上全国人大代表均兼职,从而无法从事过于繁重的立法工作。对于全国人大而言,能够制定《教育法》确立我国基本教育制度体系实属难能可贵。诚然,全国人大在制定《教育法》时充分预见到了具体管理事项立法的重要性和难度,从而在该法中并用了直接授权和间接授权两种方案。比如《教育法》第十七条授权国务院或者由国务院授权教育行政部门规定学制系统内的学校和其他教育机构的设置、教育形式、修业年限、招生对象、培养目标等。这一条文不仅授权国务院,而且还指示国务院可以据此直接授权其教育行政部门制定相关法律规范。此种授权方式在其他法律文本中可谓极为罕见。类似的规定还大量存在于《教师法》之中。比如第十一条第一款第四项、第十二条、第十三条、第十七条、第二十六条、第四十二条等授权国务院教育行政部门制定涉及有关学历、教师聘任、教师津贴、外籍教师聘任方面的制度。不仅如此,《教师法》还同时出现了对地方各级人民政府的授权。之所以出现如此之多的授权,实际上是因为教育立法的难度极大。国务院行政立法部门根本无法解决如此庞大、复杂和易变的细节性问题。也正因为如此,国务院也特别倚重教育部发挥教育行政立法的功能。可见,仅在教育立法权这事项上,我国就已经面临巨大的难题。至于其他教育监督管理事项方面的行政管理权,则逐级下移至区县级地方政府,乃至于基层人民政府。尤其是对于没有纳入义务教育体系,也不属于社会特别关注的如高等教育领域的学前教育,行政管理部门无法投入足够的精力和资源也就不足为怪了。于是,在幼儿教育实务中,我们经常见到的现象是,教育主管部门主要以开会和下发公文的方式来向幼儿教育机构传达上级管理部门的指示和分配具体任务，至于实地督导、考察、检查、调研、评价等活动则少之又少。即便有类似的活动，也往往是蜻蜓点水一带而过。从而，对于幼儿教师教育权的制约因素主要来自于幼儿教育机构的内部监督。事实上，特别权力关系理论的应用使得我国教育机构和学生、教师之间已经形成了一种极不对等的现象。"在和学校的对抗中，学生、教师是弱势群体。"①虽然学术界不断倡议废弃特别权力关系论，扩大行政诉讼受案范围，将生校、师校关系外部化，纳入具有平等性的民事法律关系范畴，但迄今为止依然未能如愿。之所以如此，最为主要的原因还在于找不到替代方案。也正是基于如此这般的现实，这反倒造成了一个巨大的自由裁量空间，即便利了幼儿教育机构监管幼儿教师。"无法挣脱单位控制"这一现象，其实普遍在我国社会各领域都极为常见。这正是目前我国所面临的主要难题。

5. 家长监督与社会监督愈加重要。一个不可争辩的事实是，幼儿教育机构对幼儿教师教育权的内部监督制约正在走下坡路，相反家长监督和社会监督正呈现出快速上升的趋势。之所以造成此种局面，主要是因为经济因素和社会因素综合作用的结果。从经济因素的角度来看，目前私立幼儿教育机构迅猛增长。为吸引家长将孩子送入私立幼儿教育机构，这些机构在外宣、形象、设施设备、师资等各方面都下足了功夫。这给公立幼儿教育机构造成了压力的同时，也在自尊心、自爱心和自信心方面埋下了隐患。从课题组调研的情况来看，越是经济发达的地区，私立幼儿园越多，收费越高且知名度越高的幼儿园越受家长青睐。公立幼儿园入园幼儿数量越少，导致了恶性循环愈演愈烈。当然，随着幼儿教师虐童事件的不断发生，加上公立幼儿园教师待遇的相对降低，家长监督和社会监督也发生了转移。一个现实的情况是，即便虐童事件发生在公立幼儿园，家长监督和社会监督越难以产生实效。相反，私立幼儿园恰恰利用了这一趋势，在监控设施设备、家园合作方面

---

① 吕珩：《建立教育行政仲裁制度，解决学校管理纠纷》，《教育探索》2010年第2期，第90页。

越是舍得投入,从而更容易获得家长和社会的信任。因为家长们近乎偏执的相信,"贵有贵的道理"。实务中,私立幼儿教育机构极为重视家长意见和建议,进而将此种意见和建议层层落实到幼儿教师头上。这无异于间接加大了家长对幼儿教师教育权的制约力度。

第二节　我国幼儿教师教育权力规制机制之运行状况

为考察我国幼儿教师教育权力规制机制之运行状况,课题组成员分别调研了包括上海、北京、南京、郑州、湛江、合肥、长沙、徐州、宿州、枣庄、淮北等地在内的 29 所幼儿园。在实地考察过程中,绝大多数的幼儿园园长和主班老师等在一开始时对本课题表现出较大的兴趣,但随着所涉敏感性问题越来越多,考察次数的增多和强度的加大,其配合程度急剧下降。以至于多数调研活动均没有实现预期的目的而被迫终止。面对此种局面,课题组不得不调整调研策略,从原来的目标幼儿园整体调研转变为单项调研。此后,调研情况有了大幅好转。从课题组最后整理并综合分析的情况来看,收集的一手资料具有较大的共性,能够反映出所调研对象的整体情况,从而具有较高的理论和实践应用价值。值得特别提及的是,幼儿教师教育权规制体系涉及诸多因素。立法方面是静态的因素,更为重要的是动态因素。经课题组内部讨论后,着重将调研的重点放置在办园标准、办园规模、班额、教保人员配置、课程设置、教学过程、教师访谈等方面。因此,单项调研主要围绕这些动态的因素展开。

一、办园标准及其改进状况

幼儿园办园规模不仅受制于教育公共政策,而且也受到片区居民数量的极大影响。值得特别关注的是,我国当前的幼儿园大体上呈现出公立和私立双雄并立且以私立幼儿园发展为主的态势。改革开放后,随着市场经济不断活跃,居民对于教育机会和教育质量的关注度持续上升。早在 1994 年实施的《城市居住区规划设计规范》中就规定,居住区公共服务设施(也称配套公建)强制性的要求配套公共服务设施。这一文件成为后来城市房地产建设的重要指标。其中，公共服务设施被区分为教育、医疗卫生、文化体育、商业服务、金融邮电、市政公用、行政管理和其他等八类设施，且通过公共服务设施控制指标详尽地规定了小区配套教育设施的规划标准。房地产商们迅即抓住了这一政策窗口，将房产销售与教育捆绑在一起，作为吸引购房者的首要筹码来予以对待。①大量"国有民办"幼儿园随即在这一政策下出现。以武汉市为例，上世纪九十年代建设的某些配套了幼儿园的楼盘，不仅销售速度极快，而且幼儿园入学率高企；更让开发商们始料不及的是，后续幼儿园的火爆招生不仅带来了小区人气，打响了品牌，而且幼儿园的管理权、管理费用也成为提高项目收益和延长收益期的一个重要指标。这一成功的宝贵经验迅速在业内传播开来。商业地产开发商们不仅积极配合政府投入教育公共服务设施建设，而且往往以此作为其楼盘销售的一个重要筹码予以广而告之。事实上，后来各地政府及其教育部门为了规范幼儿园建设，对幼儿园办园涉及的一些重要指标开始干预。在此基础上，教育部为了规范全国幼儿园建设也制定了更为全面和详细的办园标准。为便于比较，本书以表格的形式进行统计(表一)：

虽然教育部和各地教育部门就幼儿园办园标准制定了一些指导性文件，但实务中这些文件只是被参照执行，且地方标准往往早于教育部制定。加上教育部制定的班额标准在措辞上也没有设定强制性规范，因而并不具有禁止性规范的强制效力。②2016年3月1日实施的《幼儿

---

① 房地产商业化大体上又区分为教育地产、商业地产和旅游地产等多种类型。不过，从国内房地产业发展历程来看，最先获得城市居民青睐的是教育地产。个中道理很简单，除开上班时间外，毕竟孩子上下学是耗费家长时间和精力最多的一项全社会性活动。因此配套教育公共设施，尤其是幼儿园和中小学校成为各房地产商能否成功销售商品房的一个重要观测指标。

② 经教育部主编，住房城乡建设部 国家发展改革委批准，于2017年1月1日起施行的《幼儿园建设标准》(建标[2016]246号)在总则部分明确表明了其适用范围，即(1)该标准是为幼儿园建设项目决策服务和合理确定幼儿园建设水平的全国统一标准，是编制、评估和审批幼儿园建设项目建议书、可行性研究报告的依据，也是审查项目工程设计和监督检查工程项目建设全过程的尺度；(2)适用于幼儿园新建项目，改建和扩建项目，且只是参照执行，并不具有强制性规范效力。

表一：幼儿园办园标准中部分核心指标之比较

发文单位	办园规模	师生与保育员比	班额	场地面积
江苏省教育厅苏教基[2004]28号	无	全日制教职工与幼儿比1：6-1：7；寄宿制教职工与幼儿比1：4-1：5；保育员含在教师工之内。	小班(3至4岁)：20—25人；中班(4至5岁)：26—30人；大班(5至6岁)：31—35人。	无
广东省教育厅粤教基[2012]1号	规模以6—12个班为宜，一般不少于6个班，不超过15个班。	全日制每班不少于2名教师和1名保育员或每班3名教师，寄宿制不少于2名教师和2名保育员(或3名教师和1名保育员，或4名教师)。	小班(3—4周岁)25人；中班(4—5周岁)30人；大班(5—6周岁)35人；混合班30人。班额一般不超过标准5人。	生均室外活动场地不小于3平方米。
安徽省教育厅皖教基[2014]31号	分轨控制，每3班为1规，每规90人，总量不超过360人	师生比小于或等于1：15，保育员平均每班增配1名	小班(3—4周岁)21—25人；中班(4—5周岁)26—30人；大班(5—6周岁)31—35人。	生均15—17平方米且户外共用游戏场地生均不小于2平方米
教育部令第39号 教师[2013]1号 建标[2016]246号 幼儿园工作规程	一般不超过360人	全日制全园教职工与幼儿比1：5～1：7，全园保教人员比1：7～1：9，全园保教人员与幼儿比1：11～1：13；寄宿制增配1名教师和1名保育员	小班(3周岁至4周岁)25人；中班(4周岁至5周岁)30人；大班(5周岁至6周岁)35人；混合班30人。寄宿制酌减。	室外游戏场地人均不低于4平方米。其中，共用游戏场地人均不低于2平方米。

园工作规程》具有行政规章的法律位阶，不过其没有设置法律责任规范，从而实质上也只是一个参照标准，而非强制性规范。不过，在教育执法过程中，各地教育部门逐渐合并教育部和各省自治区直辖市教育厅发布的有关文件来执法，且建标[2016]246号文和《幼儿园工作规程》已经成为最重要的执法依据。

从前述各地教育部门确定的办园标准不难看出，随着国内经济不断发展，教育部门对于办园标准的设定也出现了快速的规范化和高标准化现象。之所以如此，一个重要的原因就在于上世纪九十年代以来，城市居民总量快速增长；加上各种升学率竞争不断强化，导致绝大多数家长不希望孩子输在起跑线，纷纷加大家庭教育投入，进而对幼儿园的要求也越来越高。到了本世纪初，许多大中城市的适龄幼儿出现了"入园难"。部分知名幼儿园"入园难"已经达到了竞争"白热化"的程度。以淮北市这个四线城市为例，在2010年左右，淮北市直机关第一幼儿园入学报名曾出现多年连夜排队的现象。很多家长为了赶报名，从凌晨两点钟左右就开始在该幼儿园门口排队！民怨沸腾了很长一段时间。后来教育行政管理部门花费很大精力才调整至目前的资格审查＋摇号入园方式。至于大中城市的公立幼儿园入园难，已经远远超出了普通人的想象，难上加难！以徐州为例，"很多幼儿园报名时间'被提前'了一年，部分热点幼儿园甚至'被提前'了两年"；甚至有幼儿园的保安煞有其事地说："提前一年报名就晚了，有人孩子刚生下来就到幼儿园来登记了"！①为了解决"入园难"问题，尤其是为了解决公立幼儿园"占位"引发的投诉和不满，各地政府和教育管理部门想出了很多办法。其中最为主要的方案是两类：一方面，通过"小区配套建设规划"提高幼儿园的总量，扩大招收规模；另一方面，加大财政投入力度，适度扩大公立幼儿园的招生规模，同时要求公立幼儿园原则上不能办托班（亲子园），以解放师资力量。当然，更多的时候，为了解决"入园难""入学难"引发的纷争，政府开始设定各种标准以区分入园资格。比如学区房、学

---

① 李亦书：《家长：报名上幼儿园，咋这么难?》，《彭城晚报》2018年5月16日第7版。

位数、排队、预报名、身份、摇号、面试以及前述几种方法的组合等等，[①]可谓绞尽脑汁，想尽了一切办法。不过，即便如此，实践中抢占学位的现象屡禁不止，已经司空见惯。实务中，更是刺激出了一套"曲线救国"方案。很多家长了解到我国幼儿园班额制度后开始另类规划，即如果孩子初次入园时进不了理想的幼儿园，则待第二学期或以后转学。因为此时幼儿园班额往往不受初次班额的限制，或是已经升为中班，班额大了，容纳的孩子也开始增多。于是乎公立幼儿园中普遍出现了班数不减或减少不多，但在园幼儿总量却反而上升的趋势。而大多数较好的幼儿园，尤其是公立幼儿园在中班和大班阶段均接受转学而来的"插班生"。这几乎在所有公立幼儿园中已经是"公开的秘密"。

二、办园规模、班额与教保人数调查

课题组经过大量实地调研考察后，对 20 所幼儿园办园规模、班额、教师与保育员配备情况进行了了解。由于涉及到统计资料完备性和被调查幼儿园配合程度的影响，最终能够如愿调查到的幼儿园仅 13 所（表二）：

---

① 实践中，幼儿园"入园难"的难度已经超出一般人想象。尤其是公立幼儿园，对于入园条件，往往设定了极为苛刻的条件。在人口总数仅 200 万的淮北市，以市直机关第一幼儿园为例，幼儿入学该园除了必须三足岁和户籍地址在该园服务半径以内外，核心条件就是其实际居住的房屋必须是该服务半径之内的学区房（户籍地址在"淮海路以北、相山以南，孟山路——环孟山东路以西，凤凰山隧道以东"的学区房）。学区房区分为三种情形：一是现有学区房。该学区房还必须满足如下条件：(1)幼儿户籍所在学区房必须与法定监护人户籍一致，且户籍地址与房产证或不动产权证地址一致；(2)此学区房必须是完全产权，且已正式入住；如系新房未办有权证，则必须提交经房管局备案的购房合同、销售发票、按揭贷款材料；实际入住证明中必须含有 3 个月以上的水电气交费发票。二是原有学区房。原有学区房是指原房产在该园服务半径内，尚未安置的拆迁户且在本市无其他房产，经提交拆迁协议书、原有房屋所有权证、房产信息档案（父母及幼儿）等原始证明材料，视为有原学区房。三是视同学区房。视同学区房必须满足如下条件：(1)出生申报并随父母一同落户在祖父母或外祖父母同一户籍之本学区房，且其父母在本市无其他房产。(2)该户籍无辖区外迁、变动记录。(3)有该学区房的祖父母或外祖父母同意提交其学区房所有权证用于为该幼儿办理入学手续。(4)该学区房在最近三年内只能提供一个入园学位（多胞胎和二孩除外）。参见《淮北市直机关第一幼儿园 2020 年秋季幼儿入园工作公告》，https://www.sohu.com/a/397661616_686820，搜索日期 2020-5-30。

表二：13所幼儿园规模、班额、班最高人数及保教人员情况（统计数据截止于2019年10月）

名称及性质	在园幼儿数	托班	班额（小班）	班额（中班）	班额（大班）	教师/保育员
淮北市A幼（公立、当地著名）	961人（32个班）	0	班额25，12个班，班最高人数26人，共计302人	班额30，10个班，班最高人数37，共计307人	班额35，10个班，班最高人数36，共计352人	65名教师 33名保育员
淮北市B幼（私立、知名品牌）	421人（14个班）	班额20，3个班，班最高人数21，共计61人	班额25，5个班，班最高人数26，共计127人	班额30，4个班，班最高人数31，共计123人	班额35，3个班，班最高人数37，共计110人	30名教师 15名保育员
淮北市C幼（私立、普通）	235人（7个班）	班额20，1个班，班最高人数18，共计18人	班额25，2个班，班最高人数36，共计72人	班额30，2个班，班最高人数36，共计71人	班额35，2个班，班最高人数37，共计74人	16名教师 7名保育员
淮北市D幼（公办、中心园）	306人（9个班）	班额25，1个班，班最高人数22，共计22人	班额30，3个班，班最高人数33，共计97人	班额35，3个班，班最高人数32，共计96人	班额40，2个班，班最高人数46，共计91人	18名教师 9名保育员
宿州市B幼（村办、私人承包）	178人（6个班）	0	班额25，2个班，班最高人数30，共计59人	班额30，2个班，班最高人数30，共计58人	班额35，2个班，班最高人数31，共计61人	11名教师 6名保育员
徐州市A幼（公立、当地著名）	950人（35个班）	班额20，7个班，班最高人数21，共计142人	班额25，10个班，班最高人数26，共计251人	班额30，9个班，班最高人数31，共计276人	班额35，8个班，班最高人数36，共计281人	72名教师 35名保育员
徐州市B幼（私立、普通）	431人（13个班）	班额25，3个班，班最高人数26，共计77人	班额30，4个班，班最高人数32，共计126人	班额35，3个班，班最高人数38，共计113人	班额40，3个班，班最高人数39，共计115人	28名教师 12名保育员

（续表）

名称及性质	在园幼儿数	托 班	班额（小班）	班额（中班）	班额（大班）	教师/保育员
徐州市C幼（公办·中心园）	392人（12个班）	班额25，2个班，最高人数24，共计48人	班额30，4个班，最高人数31，共计122人	班额35，3个班，最高人数38，共计113人	班额40，3个班，最高人数37，共计109人	26名教师 12名保育员
南京市A幼（公立·当地著名）	546人（18个班）	0	班额25，7个班，最高人数26，共计177人	班额30，6个班，最高人数35，共计185人	班额35，5个班，最高人数40，共计184人	42名教师 19名保育员
南京市B幼（私立·著名品牌）	368人（13个班）	班额20，4个班，最高人数23，共计83人	班额25，4个班，最高人数25，共计94人	班额35，3个班，最高人数35，共计104人	班额40，2个班，最高人数44，共计87人	29名教师 14名保育员
南京市C幼（私立·普通）	650人（21个班）	班额20，6个班，最高人数21，共计123人	班额30，6个班，最高人数31，共计183人	班额35，5个班，最高人数36，共计177人	班额40，4个班，最高人数44，共计167人	45名教师 21名保育员
枣庄市A幼（公立·中心园）	308人（10个班）	0	班额25，4个班，最高人数26，共计103人	班额30，3个班，最高人数35，共计102人	班额35，3个班，最高人数35，共计103人	22名教师 10名保育员
湛江市A幼（私立·当地著名）	317人（10个班）	班额20，1个班，最高人数16，共计16人	班额25，3个班，共计90，最高人数90人	班额30，3个班，最高人数34，共计101人	班额35，3个班，最高人数37，共计110人	22名教师 11名保育员

备注：(1)本表中"教师"是指任课教师，不包括其他工作人员；(2)"班额"普遍为各幼儿园自定，同时参照《幼儿园工作规程》和本级教育部门指导文件的规定，一般不超班额5名；(3)"托班"包括了小小班、亲子园等类型。

2.对办园规模、班额、教保人数情况的初步分析。结合上表和实地调研情况来，我国学前教育呈现出了严重的两极化走势，这在办园规模、班额和保教人员配备方面均出现了这一现象。

首先，从办园规模来看，大中城市幼儿园的规模普遍较大，在园幼儿数量远远超过了四线城市、乡镇、农村幼儿园的规模。其中，大中城市幼儿园规模往往以著名的公办幼儿园的办园规模最为突出。而民办幼儿园，即便属于品牌，也在规模上无法与著名公立幼儿园相比较。据课题组了解，尤其是各大中城市的属地机关幼儿园、名校附属幼儿园等，不仅办园历史悠久，地理位置绝佳，场地亮丽，设施设备完善，而且名师荟萃，收费较低，从而成为家长心目中最理想的选择。可以说，大中城市幼儿"入园难"集中体现在进入此类幼儿园的难度上。甚至可以说，因为这些幼儿园的优势不具有可比拟性，因而极具吸引力。在班级设置上，公立幼儿园受地方政策的影响，同时也为了解决"入园难"，出现了削减托班或亲子园的集体性倾向。之所以如此，是为了尽可能利用现有场地设施设备和师资力量来招收更多的适龄幼儿。部分地区设置命令禁止公办幼儿园举办托班或亲子园。不能不提及的是，近五年来，我国幼儿园市场化迹象持续增强，也呈现出分化走势。一方面，各种品牌私立幼儿园越办越多，收费越来越高。"天价"私立幼儿园之兴旺和乡镇幼儿园之颓势相映成趣。众所周知，目前，人口总量较大的地市民办幼儿园一学期的收费普遍在0.8—2万元之间，而品牌私立幼儿园动则近十万。即便如此，家长们依然趋之若鹜，令人咋舌！相反，由于乡镇人口大幅度且持续流向城市，导致乡镇幼儿园生源不足但城市幼儿园收费越来越高之余，也在很大程度上为"天价"幼儿园的不断滋生增添了社会土壤。"天价"幼儿园已经呈现出明显的营利性质，同时也带来了较大的投资风险。坊间已经不断流传出高收费幼儿园办园失败的事例。有人将其归咎于国家普惠性幼儿园政策的出台，但实际上是大中城市幼儿园趋于饱和的迹象较之更为明显。尽管部分城市幼儿园"入园难"的现象还存在，但是另一方面，很多小区配套幼儿园被废弃的事实也较为明显。在课题组调研的过程中，发现不少相关"国有民办"的小区配套幼儿园①已经处于崩溃的边缘，个别甚至已经"城春草木深"——被弃置。

其次，从班额来看，公立幼儿园普遍更倾向于遵守规范，自我约束。公立幼儿园，尤其是属地著名公立幼儿园往往具有多重角色——属地权威幼儿园、属地幼师培训基地、属地教育政策执行模范。尽管著名公立幼儿园虽然承受接受更多幼儿的压力，但是往往在班额设置上必须服从国家和当地教育政策所设定的规范。其中，著名公立幼儿园面临的招生压力并不是来自于教育管理部门的行政监管，而是面临众多家长的诉求责难。除了每年秋季招生压力外，还有一点迹象非常明显，即接受插班生的压力。公立幼儿园始终保持着绝对"火爆"迹象，即使随着中班和大班班额的扩大，但是班数减少很少，而在园幼儿总数普遍增加。据课题组调研发现，著名公立幼儿园往往在中班普遍出现人数突然增多的现象。中班人数增多，最为主要的原因是中途插班。之所以如此，是因为很多家长在秋季招生时没能让孩子"挤进去"，从而选择在小班第二个学期转学，或者在中班第一个学期转学。据了解，受班额的限制，小班第二个学期转学的难度非常大。往往只有符合特别理由的学生才可能转学成功。而在中班第一个学期，幼儿园班额放大，从而提供了较为宽松的环境，转学便利程度大大增加。相比较而言，普通私立和乡镇中心园则出现相反走势，在园幼儿普遍呈现出人数随着中班和大班班额变大而减少。由此，与幼儿园班额法律化相伴相随的另一种情形同时呈现出来——打法律擦边球。按照《幼儿园工作规程》的设计，"幼儿园每班幼儿人数一般为：小班（3 周岁至 4 周岁）25 人，中班（4 周岁至 5 周岁）30 人，大班（5 周岁至 6 周岁）35 人，混合班 30 人。寄宿制幼儿园每班幼儿人数酌减。"虽然绝大多数幼儿园均依次设计班额，但是在私立幼儿园和乡镇幼儿园中，该规定中的"一般"被扩大化理解。事实上，不少教育主管部门为解决小中大班班额设置带来的班级

---

① 按照现有政策国有民办幼儿园主要是因商业房地产而大量出现。《国务院关于当前发展学前教育的若干意见》设置了三同步制度：即新建小区配套幼儿园要与小区同步规划、同步建设、同步交付使用。这使得新建小区出现了大量幼儿园。

设置难题也出台配套规范,即"班额一般不超过标准 5 人"。面临类似压力的幼儿园开始充分利用这一政策空间。具体说来,主要有两种操作方案:一是在不修改班额的前提下将班实际人数增加至限额;二是据此修改本园班额。不管如何操作,有一点是肯定的,那就是由于国家法没有设置"后果模式",即便违反国家法规范操作也不会带来严重后果。实务中,教育部门在接受举报或在督查中发现此类现象,也只是要求相关幼教机构予以纠正。纠正的方案其实更为简便——为超额班增加一名教保人员。

最后,从教保人员配备情况来看,无论公立还是私立幼儿园,均呈现出了足够的经济理性。不能不说,在我国所有教育机构中,举办幼儿园所需投入的人力资源成本是最为低廉的。这不仅体现在幼儿园保教人员工资福利待遇普遍较低,也体现在幼儿保教人员人力资源的极为丰富方面。依据现行国家立法,幼儿园教职工主要有园长、副园长、教师、保育员、卫生保健人员、炊事员和保卫人员等几类。这几类人员的任职条件非常简单。以幼儿园园长为例,其任职资格条件为:(1)拥有教师资格;(2)大专以上学历;(3)三年以上幼儿园工作经历;(4)取得幼儿园园长岗位培训合格证书。这对于我国几乎每个地级市均拥有一所幼儿师范学校的庞大培养规模而言,取得幼儿教师资格和大专学历可谓易如反掌。即便在激烈的高考竞争中,大专录取分数线几乎没有底线。比如安徽 2020 年专科之文科高考分数线仅 200 分,而本科二批为499 分;类似的是,广东省 2020 年专科之文科高考分数线仅 160 分,而本科为 430 分。因此,进入幼儿师范类大专院校学习已经极为容易。而获得幼儿教师资格的门槛也很低:一种方案是自主考试地区或本科高校,只需通过教育学和教育心理学两门笔试和面试,且普通话测试达到二级乙等以上标准,即可获取幼儿教师资格证;另一种方案是需通过综合素质,保教知识与能力两门笔试科目和面试,且普通话测试达到二级乙等以上标准,即可获取幼儿教师资格证。这对于绝大多数幼儿师范专科院校的学生而言并没有什么难度。至于保育员资格的获得则更为容易。初级保育员在学历上几乎没有门槛——初中毕业即可。所不同的是不同学历有不同要求：初中毕业学历的保育员同时要求具备"从事本职业工作两年以上"；或者"初中毕业后经一年保育工作培训，并从事本职业工作一年"；高中毕业生在只需经过"短期保育工作培训"；而"幼师、幼师职业高中毕业者"则直接可以申请保育员资格。可以说，任职条件过低，是导致社会普遍轻视幼师和保育员职业，并导致其社会地位过低，待遇过低，其流动极为频繁的重要因素。

实务显示，幼儿园专任教师的分化现象已经非常明显且严重：一是公立与私立幼儿园教师招聘难度系数分化极为严重。当前，公立幼儿园教师普遍采用聘用制，只有少数教师享有事业单位编制而适用聘任制。无论大中小城市，但凡系事业编制幼儿园教师的招聘，均极为"吸睛"，引"无数巾帼尽折腰"。受此带动，公立幼儿园劳动合同聘用制教师招聘也相当火爆。之所以如此，一个重要的原因是有过公立幼儿园教育经历的幼儿教师更容易在大中城市进入待遇更高的私立幼儿园。而相比较之下，中小城市私立幼儿园教师招聘则冷清许多。不仅谈不上火爆，反而常常面临招聘难的问题。之所以如此，是因为这些私立幼儿园教师的工资福利待遇过低。二是幼儿园教师流动性过大。随着城市化率越来越高，大中城市，尤其是沿海经济带城市对幼儿园教师产生了极大的吸引力。据课题组调研，目前幼儿教育师范本科毕业生中有近80％流向大中城市，尤其是沿海经济带城市。受此影响，许多公立幼儿园教师甚至不惜放弃事业编制也加入了这一流动大军之中。据课题组调研数据显示，大中城市知名品牌私立幼儿园教师中，有近四分之一以上教师由有教育经验的公立幼儿教师流入。造成此种现象的一个重要原因就在于近10年来，高端或品牌私立幼儿园越办越多；另一个重要原因是少数私立幼儿园办园失败，也导致部分幼儿教师被迫流动。从最为底层的因素来看，是幼儿教师收入之"剪刀差"迹象过于明显，从而造成了幼儿园教师流动性过大。三是"金牌"幼儿教师社会地位明显上升。任何时候，高素质人才均是各行各业竞争的重点。在当前幼儿教育市场化大潮下，"金牌"幼儿教师也成为各幼儿教育机构竞聘的精准关注对象。更值得关注的是，不少幼儿名师走向了自主创业的道路。

不过,目前来看,随着竞争压力的剧增,这已经是一条荆棘遍布的艰难道路。

三、幼儿保教理念的实际样态

保教理念在很大程度上塑造了教师行为的空间,从而实质上给教师教育权给定了权力行使的范围。从而研究保教理念对于规制教师教育权具有极为重要的意义。"纸上得来终觉浅,绝知此事要躬行。"幼儿保教理念经常被写在文件之中,但在实践中能否落实是问题的关键所在。课题组在调研的过程中特别针对保教理念对部分园长和幼儿教师做了访谈,同时也对部分班级做了考察。

(一)实际样态扫描

幼儿园保教管理涉及多个层面,大体上呈现出由上而下的垂直末端分散型状态。总体上来说,绝大多数幼儿园的管理体系均高度迎合现有教育行政管理体制,从而在粗线条上呈现出垂直管理型态。末尾分散则因不同地区不同类型的幼儿教育机构而有着较大的区别。课题组选择不同类型幼儿园的园长和幼儿教师进行了访谈,访谈主要围绕经费管理、[1]师资管理、保教工作和幼儿管理等方面的议题进行,最后经过内部讨论后得出如下判断(参见下表)。

(二)保教理念的初步分析

"少听人家说什么,多看人家做什么。"在任何实务领域,言行之中更重要的是看行,而不是看说。从幼儿保教事项来看,虽然我国学术理论研究已经相当热烈与前卫,各种观点、理论、方法均层出不穷,但是能否在实务中将其付诸实践则完全是另一个层面的议题。从上文不难看出,我国五类具有代表性的幼儿园中经费管理、师资管理、保教工作和幼儿管理存在过分悬殊的迹象,尤其是著名公立幼儿园与农村幼儿园

---

① 近十年来,随着社会关注度的不断提高,国家对学前教育高度重视,尤其是《国务院关于当前发展学前教育的若干意见》(国发〔2010〕41 号)后,财政性普惠经费大幅度增加,各类幼儿园均能得到一定的补助(多数地方按在园幼儿数量提供定额补助资金),使得幼儿园办园经费有了较大的改善。

不同类型幼儿园保教状态访谈分析表

	经费管理	师资管理	保教工作	幼儿管理
著名公立幼儿园	1. 办园经费投入明显具有优势，主要体现在人头经费、设备经费和设备经费方面。 2. 办园经费依然紧张，缺口比较大。 3. 办园经费增长失速，经费使用不灵活，经费申请、支配困难。 4. 地区生均经费差距大。	1. 教师管理得心应手。 2. 教师有一定的流动性；聘用教师占比很大。 3. 主班老师有较大的话语权。 4. 在职教师有着大量的培训机会。少数名师有着在培训中起区域示范作用，极大地影响着本园的声誉和区域地位。	1. 保教工作优势地位明显，但主要得益于行政支持和传统地位。 2. 公办定位，区域地区保教工作中起主要带头作用和组织作用。 3. 教学纪律严明，管理和职称、绩效挂钩。 4. 保教内容主要分日常和创新两项。课程设置稳定，有一定创新。 5. 保教人均教学任务重，保育员工作量大。	1. 幼儿管理由主班教师和保育员负责，分管园长负责监督并按计划听课。 2. 幼儿园管理层时有接到家长反馈意见，与具体管理人员协商处理。教育行政主管部门积极协调处理。 3. 幼儿园主要区域装有各种监控，监控不对家长开放，但家长可以申请查看，但不能拷贝。
著名私立幼儿园	1. 办园经费初次投资具有优势，主要在建筑和设施设备经费方面。 2. 办园经费持续投入少。尤其是部分园招生数量有减少，造成经费紧张。学费收入影响很大。 3. 办园经费相对固定、超速现象同存。经费相对固定，但开支事项相对固定，灵活，但临时申请支出较为困难。	1. 对保教人员管理偏严，各有制度特色，工作积极性总体偏高，但吸收人很少。 2. 少数园实行内部竞争定酬（竞争事项主要为主班老师资格、课外兴趣事项），顶末端差距较大。 3. 教师人数偏少，有较大的流动性，尤其是优质教师，外聘临时教师较多（比如活动日、下午领操、兴趣班等）。	1. 保教工作优势地位明显，但主要得益于设施设备。 2. 制度分明且严格，课程类别较备为丰富，尤其是游戏类，探索自然类课程较多。 3. 班额偏大，保教工作范程度高。 4. 保教内容主要分日常和创新两项，课程设置基本保持稳态，关键是室外活动多、家园合作多、事项多。	1. 幼儿管理主要由具体班级的主班教师和保育员负责，分管园长负责监督，考核严。 2. 幼儿园管理层时有接到家长反馈意见，多数时候涉事教保人员更为主动，但教育行政管理部门与园领导接触较多。 3. 幼儿园大部分区域装有各种监控，班级等少数监控均向家长开放（APP）。

（续表）

	经费管理	师资管理	保教工作	幼儿管理
著名私立幼儿园	4. 地区生均经费差距极大。保教人员平均待遇较高，教师大幅度高于保育员，但在教育系统内依然偏少。	4. 突出主班老师责任。教师培训机会较多。个别知名教师较大影响力在本区域有较大影响力。	5. 教师教学任务很重（时间长），保育员工作细活多，压力很大。	
普通城市私立/国有私立幼儿园	1. 办园经费投入有基础性保证，主要体现在建筑和设施设备经费方面。 2. 办园经费取决于生均学生收费和教育补贴，总体平稳，本地差距大。经费使用不灵活，园长在任是投资方或是股东，经费支配有很大的话语权。 4. 地区生均经费差距较大。保教人员平均待遇较低，在教育系统内依然明显居于下方。	1. 保教人员管理宽松，保教人员差异大，但可受收入影响较小。 2. 园内教师与保育员待遇有较大差异。 3. 教师人数偏少，有很高的流动性，外聘临时教师较少，集中在个别时段（比如活动日、下午领操等）。 4. 主班老师和保育员职责分配不明确；教师参与培训机会较少有名知名老师。	1. 保教工作普通。 2. 制度建设偏弱，课程建设以达标为准。 3. 班额受招生规范影响差异较低。压力和规范要求较大。 4. 保教内容主要以老教师传帮带为主，尤其是园管理层发挥引领作用。课程无创新，基本无创新。 5. 教师教学任务很重，保育员时有共用现象，压力很大。	1. 幼儿管理由具体班级的主班教师和保育员负责，分管园长负责监督。 2. 幼儿园管理层时有接触到家长具体管理人员反馈意见，多数时候涉事人员协商处理，教师更为主动，管理部门接触较少。 3. 幼儿园大部分区域装有各种监控，班级等个别区域监控向家长开放（APP）。
乡镇中心幼儿园	1. 办园经费投入有基础性保证，主要体现在建筑和设施设备方面和人员经费。	1. 保教人员管理工作难度大，管理宽松，保教人员因编制工作积极性因编制个体差异大。	1. 保教工作普通。 2. 制度建设较好偏弱，课程建设基本达标。	1. 幼儿管理主要由具体主班教师和保育员负责，分管园长负责监督。

（续表）

	经费管理	师资管理	保教工作	幼儿管理
乡镇中心幼儿园	2. 办园经费取决于学生收费和教育补贴,总体平稳,各体地差距不大。经费较为固定,很少有临时经费,经费支配园长基本无决定权。 4. 地区生均经费差距较小。保教人员平均待遇在教育系统内依然明显偏低。	2. 园内教师与保育员待遇有很大差异。 3. 教师人数偏少,流动性较大。保育员流动性特别大。 4. 主班老师和保育员职责分配不明确;教师参培机会较少。基本无知名教师。	3. 班额较大,且不均衡,保教工作内容相对简单,保教压力和规范要求较低。 4. 保教内容主要以老教师传帮带为主,尤其是园管理层发挥引领作用。课程设置基本保持稳定,基本无创新。 5. 教师教学任务较重,但心理压力较小。	2. 幼儿园管理层时有接到家长反馈意见,与具体管理人员协商处理,教育行政管理部门协调处理较为多见。 3. 幼儿园少部分区域装有监控,个别向家长开放（APP）。
农村幼儿园	1. 办园经费投入基数小,建筑设施设备经费方面和人员经费保障度不高。 2. 办园经费取决于学生收费和教育补贴,各体地差距不大。经费较为固定,儿乎无临时经费,经费支配园长基本无决定权。 4. 地区生均经费差距较小。保教人员平均待遇很低。	1. 保教人员管理工作难度较大,管理宽松,保教人员工作积极性较低。 2. 园内教师与保育员待遇差异不大。 3. 保教人员流动性特别大。 4. 主班老师和保育员职责分配不明确;教师参培机会较少（部分无资质）。无知名教师。	1. 保教工作达标困难。 2. 制度建设差。 3. 班额较大,保教工作内容简单,压力小。 4. 保教内容主要以老教师传帮带为主,尤其是园管理层发挥引领作用。课程设置基本保持稳定,很难有创新。 5. 教保教学任务较重,教保人员共用现象,心理压力大。	1. 幼儿管理主要由具体班级的主班教师和保育员负责,少有监督活动。 2. 幼儿园管理层时有接到家长反馈意见,与具体管理人员协商处理,教育行政管理部门很少参与协调。 3. 少数幼儿园部分区域装有监控,基本不向家长开放。

之间的差距过于明显。

1. 幼儿园类型过多,办园需求众口难调,保教理念难以传递和执行。从形式上来看,我国幼儿园数量已经极为庞大。2019 年国家统计局公布的幼儿园数量为 281 174 所。然而,实务中,大中城市中的工业园区和城郊还存在少量私立幼儿园并无齐备的法律手续,而不在国家统计范畴之内。即便在国家统计的所有幼儿园中,其类型远比本文所调研的要多。以私立幼儿园为例,至少存在如下几种细分类型:(1)私人幼儿园,即以少数个人联合或个体力量举办的幼儿园。此种幼儿园往往投资者与园长合二为一或内部决定。园长在本园中拥有非常高的话语权,保教人员一般采取招聘方式,多数未拥有正规专业教育学历学位,即便师资培训也是短期培训,教育经历往往较短浅。(2)单位、团体办幼儿园,即大型企业或社会团体单位幼儿园。此类幼儿园往往带有福利性质,主要目的在于为本单位服务,受单位领导和经济效益的严重制约。其保教人员大多数为本单位职工配偶,部分教师有一定的幼教经验或经过专业学习或经过相关培训。(3)国有民办或民办公助幼儿园,即依靠社会投资国家资助形式兴办的幼儿园。①比如社区幼儿园、团体幼儿园是典型的代表。此种幼儿园往往占据较佳的地理位置优势,且有着较长的办园历史,本地社区居民对其存在较高的需求。办园经费一部分虽然由投资方投入,但资金占比不大且带有较强的公益性。②保教人员部分选聘部分招聘,从而幼儿园本身具有相对的独立性。(4)国有民办幼儿园,此类幼儿园主要体现为因城市商业房地产建

---

① 此类幼儿园在国家政策中往往被划归公办幼儿园。其实不尽然如此。据课题组的调研,实务中,很多此类幼儿园存在公办私包性质,即名义上由公共资金举办,实际上采取内部承包经营的方式。这在街道幼儿园和农村幼儿园中有着不小的"黑数"。之所以如此,是因为街道办和农村居委会长期以来无足够的经费投入,而且管理难度大。为省去管理事项带来的困扰,不少举办方与园长协商,采取固定经费投入,园长承包运营的方式转化责任。实际上,此种方案往往效果比公办形式更好,因为园长的责任心更大更强。

② 在调研过程中,国有民办或民办公助幼儿园往往带有较强的公益性质。一则是资金来源以学费和政府补助为主,且政府补助带有极大的维持性质,以确保该园能够继续举办;二则是有部分机构或个人公益资金的投入。比如团体经费、社区经费、企业家或慈善公益爱好人士善款,或是以减免租金等方式实现等,但占比很小。

设配套政策要求新建的小区幼儿园。其园长和保教人员来自社会招聘，教育行政管理部门拥有很大的话语权。从目前来看，后两者在我国范围内合计占据数量上的相对多数，大致在50％左右。从调研来看，私人幼儿园和国有民办幼儿园是城市幼儿园"漫灌"现象的主要形式。①毋庸讳言，幼儿园类型、资金来源、保教人员来源对保教理念有着极大的影响。从私立幼儿园的总体情况来看，保教人员对于学习和执行国家政策，落实最新保教理念均缺乏基本的动力。从课题组对大部分此类幼儿园教师的访谈来看，对于国家政策内含的保教理念并不十分清楚，或者无法把握其精神实质。究其原因是这些保教人员很少有培训的机会，即使有培训机会，也心不在焉，迟到早退极为常见。更为根本的因素在于培训带来的成长机会极少，利益与其个体关系不大。何况，各种类型的幼儿园往往在办园目的上有着不同的倾斜，其必须与举办力量和当地社区需求相互契合。这从根本上制约了我国幼儿保教理念的落实。

2. 幼儿园内部运作方式过于悬殊，在很大程度上制约了国家保教理念的落实。我国目前幼儿教育资源主要集中在大中城市的知名公立幼儿园和著名私立幼儿园，在部分特大城市、超大城市和大城市已经出现私立幼儿园分布不均衡或过度投资现象。与此不相适应的是，城市普通私立幼儿园和乡镇中心幼儿园的实际状况可能比上表统计的整体状况还可能还要偏弱。之所以出现此种现象，个中原因就在于国家无力扶持、资助和管理众多类型的幼儿园，进而导致幼儿园不得不按照自身旨趣运行。以2010年《国务院关于当前发展学前教育的若干意见》为例，政策制定之初，全国突出的幼教问题在于两类：一是大中城市"入园难"；二是乡村幼儿园"办园难"。显然这是两种对立性的矛盾。国家

---

① 城市幼儿园之所以出现大水"漫灌"，一个重要原因就在于城市公共设施配套建设政策。在房地产快速开发的当下，大多数较大的楼盘均被要求依规配套建设幼儿园。在调研过程中，课题组成员发现不少小区幼儿园处于废弃状态。其中的原因大体上出于三个方面：一是楼盘入住率低，适龄幼儿过少，无法开园；二是配套师资、经费、设备迟迟无法到位；三是附近有较为成熟的幼儿园开办，无法吸引足够的幼儿入园。

采取的应对方案是在城市扩大办园方式和资金来源渠道,并且要求新建小区提供配套建设服务。而针对农村幼儿不足但又分散的问题,采取政府资金扶助教师巡回教学的方案。按照国家的统计数据,"2010年《国务院关于当前发展学前教育的若干意见》颁布实施以来,各地加大了促进学前教育发展的工作力度。截至2018年底,全国共有幼儿园26.7万所,在园幼儿4 656万人,教职工453万人,与2010年相比,幼儿园数量增加了77.3%,在园规模增加了56.4%,教职工数量增加了145%。"①然而,实务中城市普惠制私立幼儿园大量兴办,但师资无法实现专业化和稳定化。农村幼儿园师资则更为困难,迄今为止依然未能如愿解决,极少有专业幼儿教师愿意长期驻村施教。不少地方师范院校幼儿教育专业的实习生表示,幼儿园均普遍欢迎前去实习,尤其是农村幼儿园尤其欢迎,往往成为她们支教的重点。有调研材料显示:"绝大部分农村乡镇中心幼儿园和村办幼儿园,一个教师要负责一个平均70多名幼儿的班级,既是带班教师,负责各领域的教育教学活动,又是保育员,负责所有孩子吃喝拉撒睡的所有问题"。②此两类幼儿园均无法保证稳定的师资投入,每每处于得过且过的状态。各类幼儿园过于悬殊的内部运作方式从根本上决定了它们只能按照自身的实际状况运行,极大地制约了国家保教理念的落地。

3. 幼儿教师对保教理念关注不足,甚至无力关注。目前能够代表我国较高层次幼儿保教理念的主要是著名公立幼儿园和知名私立幼儿园。从个别访谈情况来看,多数私立幼儿园在一定程度上带有商业化运作色彩。即便私立幼儿园投资人并不希望通过幼儿园本身谋取利益,但是通过幼儿园带动的楼盘销售、入住率、园区物业收费以及商业配套等方面的营利行为较为明显。事实上,在调研过程中,能够代表我国幼儿教育先进保教理念的主要是著名公立幼儿园。这些园一则是地

① 陈宝生:《国务院关于学前教育事业改革和发展情况的报告——2019年8月22日在第十三届全国人民代表大会常务委员会第十二次会议上》,【法宝引证码】CLI.2.335225。

② 李传英、王纬虹、何长青:《影响幼儿园保教质量的关键因素——基于重庆市幼儿园教师队伍、保教内容和保教方法的初步调查》,《教育科学论坛》2016年第8期,第78页。

方政府高度重视,部分教师拥有事业人事编制,稳定性强,待遇高;同时地方政策、办园定位、区位优势也提供了很大的支持。二则是其园内教师专业素养明显高出其他类型的幼儿园。尤其是幼儿园师资的平均学历水平、专业教育程度,培训资源和研究团队等均非常明显。由此,带来的一个巨大社会效益是适龄幼儿家长普遍评价高,形成了该地域内较佳的社会口碑,获得了当地民众的广泛信任。这对著名公立幼儿园有着极大的发展促动。三则是著名公立幼儿园保教工作在保障基础性规范的同时,力求在本地区乃至省级区域内形成示范性效果。此种效应进一步聚集当地其他社会资源,以至于较为容易形成合力意义上的支持力度。比如高校和幼儿师范学校均纷纷与其结缘,从而逐渐成为示范性幼儿保教工作、教育教学理念、幼儿教育研究等方面的标杆性与传承性教育机构。各类具有典型性的幼儿保教理念只有在著名公立幼儿园才具有可存续、可持续和获得可修正的基础性条件。至于其他幼儿教育机构,绝大多数幼儿教师均由社会招聘而来,且待遇在教育系统中偏低,相较于其他同龄职业人员的经济待遇、社会地位等往往更低。换而言之,幼儿教师主体因素的普遍非稳定性带来了保教理念落实的巨大障碍。在调研过程中,课题组曾多次旁听园本培训和地区师资培训。绝大多数场合下,场下参培教师对主讲人员的回应寥寥无几。少数热切地盼望尽快离场,请假、迟到早退更是常见。在此种局势之下,教保理念的落实效果显然差强人意。

当然,科学是对一般的概念。著名公立幼儿园显然不能代表我国幼儿教育保教理念的真实水平。相反,相对具有代表性的则是城市普通私立或公办幼儿园。理由在于:一是此类幼儿园因数量众多,吸收了大多数适龄幼儿入园;二是此类幼儿园受到政府定位、政策、师资水平、教育补贴、教育设施设备投入等平均化的影响,各园之间的差距并不过分悬殊;三是此类幼儿园吸收了大多数幼儿教师从业,能够代表本区域幼儿教师的平均保教专业水平和实际实施能力。当然,普通城市私立/公办幼儿园之间也存在一定的差距,其中公立幼儿园往往在师资上稍强,毕竟有一部分教师具有编制,教师流动性小;而私立幼儿园往往在基础性教育设施设备方面具有一定优势,有着较好的保教硬性条件。

新世纪以来,受教育公平呼吁的影响,国家政策不断倾向于普惠制幼儿园。在办园实务中,各地普通城市私立/公立幼儿园已经成为我国幼儿教育政策的最大受益者。以"保教并重"为例,"无论是《幼儿园工作规程》,还是《幼儿园教育指导纲要(试行)》和《国务院关于当前发展学前教育的若干意见》,可以说无论是具有法规性质的文件,还是中央和地方各级政府出台的政策,都明文规定幼儿园必须坚持"保教并重"的基本原则。"①而实务中,影响"保教并重"实现的主体性因素主要是总量大,分布广,幼儿多的城市私立/公立幼儿园。另一个影响国家幼儿政策制定和实施的主要因素也由普通城市私立/公立幼儿园引发。原因是这些幼儿园承担着纾解绝大多数家长养育压力、工作压力、经济压力的现实责任。由于知名私立幼儿园有着越来越高的收费门槛,而著名公立幼儿园则往往存在大量入园的硬性资格门槛从而实质上将绝大多数适龄幼儿排除在这两类幼儿园之外。这使得民众对幼儿教育的热烈期盼逐渐回归现实。课题组调研人员发现一个特别有趣的现象:即便许多幼儿有资格入读当地公立幼儿园,但家长基于种种考虑,如办园硬性条件、室外活动量、保教人员负责程度等而放弃公立幼儿园,选择相对较好的私立幼儿园;反过来,部分无资格的适龄幼儿则通过种种途径被送入普通公立幼儿园。这两者之间的变动并没有在社会上引发明显不良的影响。这说明,绝大多数家长对择园问题已经呈现出理性态度,也更愿意与相关幼教机构"打成一片"。

第三节　我国幼儿教师教育权力规制机制之缺陷

在怀特海看来,一切都是变化的,一切都是内在相关的,过程和机体是历险的和创造的。"现实事物的共同体是一个机体,但它又不是一

①　赵南:《学前教育"保教并重"基本原则的反思与重构》,《教育研究》2012 年第 7 期,第 116 页。

个静止的机体,它乃是生成过程中的一种不甚完善的状态。……每一个现实体本身都只能描述为一个机体过程,……都是其后继阶段走向完善的现实基础。"①严格来说,我国近代虽然总体上高度重视教育,但是在晚清之前,教育一直处于政府的高度垄断和干预之下。缺乏教育自主权不仅是中国幼儿教育,而且也是所有各类教育事业无法取得有效发展的一个重要影响因素。观察近代以来的中国幼儿教育史,则不难发现,幼儿教师教育权力规制机制的缺陷,即便在当下依然是全维性的,而仅非技术性。说到底,这是根基层面的原因,而绝非通过几年的努力就可以扭转的。

一、幼儿教师教育权力规制地方性知识稀薄

按照哈耶克的观点,任何能够持续有效的制度都是自生自发秩序生长出来的,人为地干预虽然能够在短时间内产生巨大的影响,但是从历史的维度来看,制度只有符合自由秩序才能真正起到应有的作用。从前文可知,"教师"在中国古代是一个特殊群体。从历史渊源考察,中国教师起源于"士",与"大夫"并列,是官职的一种。据《史记》,教育百姓是古代官员的一种职责:"契,百姓不亲,五品不驯,汝作司徒,而敬敷五教,在宽。"②《尚书》也有类似记载,只不过规格更高,已经成为教育贵族子弟的官职:"夔,命汝典乐,教胄子。"③今天,曲阜孔庙大成殿门联上的"生民未有"匾依然存在雍正皇帝写就的将大教育家孔子捧上天的一副对联:"德冠生民溯地辟天开咸尊首出,道隆群圣统金声玉振共仰大成。"教职神圣化的传统,一直延续到清末,也没有改变。迄今为止,公办学校的教师依然拥有干部身份,参照《公务员法》管理,依然未能褪去行政管理的色彩。既然是"士",教师便有种种不便,必须履行行政管理人员的职责。从这一点上来说,我国并没有从根本上将教师完全的职业化,以至于在思想与行为层面构成极大的束缚。与此相适应,

---

① ［英］怀特海:《教育的目的》,徐汝舟译,三联书店 2002 年版,第 327 页。
② 《史记·五帝本纪》。
③ 《尚书·舜典》。

教职神圣化带来了一系列的深层次问题，包括教师教育权规制问题。

第一大问题在于，教师被一层神秘的光环所笼罩，很少成为被质疑的对象。"天地君亲师"是一个非常古老的排位，近乎将教师位列仙尊。据说首次提出这一顺位排列法的是《荀子·礼论》："天地者，生之本也；先祖者，类之本也；君师者，治之本也。"可见其足够源远流长。实践中，这一说法也直抵人心，可谓经久不绝。"直到新中国成立前夕，许多人家都还供奉着'天地君亲师'的神牌。这个用金漆雕木或红纸制成的渗透封建主义气息的历史亡灵，长期禁锢着人们的头脑。"①作者在近几年的国内旅行中也还常常见到城郊或农村人家的神龛上依然如此摆设。既然教师位列仙尊，那就不得质疑。这种观念得到了经久的流传。即便到当下，还有人怪模怪样地作《师道》一文。开篇即胡言乱语："人有三命，一为父母所生之命，二为师造之命，三为自立之命。父母生其身而师造其魂，而后自立其命。所以师者，再生父母也，一日为师终生为父，是为师父。"②

第二大问题在于，国人好为人师，往往自命不凡，缺失谦虚好学的精神。既然教师拥有如此之高的社会地位，那么做老师自然而然也能享受名义待遇。孟子曾对此无不担忧："人之忌，在好为人师。"③虽然有孟子的告诫，但是实践中好为人师者绝不在少数，多数时候是不请自来。遍观史料，不难发现，历朝历代，几乎所有皇帝都特别喜欢做老师。当然，臣子奴才也心甘情愿地称皇帝做老师，唯命是从，并以此为无上的荣耀。改革开放后，人们对他人的尊称也经历了一个轮回：八九十年代非常流行的"老板""老总""先生""小姐"到当下已经变得过时，时下最为流行且悦耳动听的对他人的尊称据说成了"老师"，而且不论男女老少均很合适适用。再者，夸夸其谈，大声喧哗，自命不凡，彰显自身是国人从未改变的交往逻辑。相较于近现代欧美人而言，国人最不能接受的就是来自外界的质疑。对国民性的反思性批判长期以来被等价于

---

① 王春瑜：《明清史杂考》，商务印书馆 2016 年版，第 83 页。

② 秃阳：《师道》，2013 年自版。

③ 《孟子·离娄章句上》。

是对民族的污蔑。"由于这种片面、错误的看法，近代国民性思潮的研究无法得以正常开展。事实上，在极'左'思潮的影响下，国民性的研究是被列为禁区的"。①从"走自己的路，让别人去说吧"的自固，到而今已经演变成了"走自己的路，让别人无路可走"！新世纪之后，对于国民性批判还有人将惯用的伎俩予以发挥——上纲上线，称之为所谓的"后殖民主义"或是直接否定为"本身就是殖民主义与种族主义的产物"。②诚如李建军先生所言："不仅缺乏分析和批判的自觉，而且还表现出对传统文化和'国民劣根性'的回护甚至欣赏的消极倾向。进入'新世纪'，在多元主义、自我主义和消费主义的文化背景下，如何重启'国民性批判'的启蒙性写作，如何选择新的写作路向，已经成为一个迫切而函待回答的问题。"③最后，自以为是的自我满足感使得国人缺乏谦虚好学的精神。当好为人师与自以为是一旦被自觉地捆绑到了一起，就容易产生诸多荒芜之地，继而进一步加深和助长了国民劣根性。在这些荒芜之地中，教师就极为典型。与教师作对，常常被冠以反伦理的"罪名"——欺师灭祖！这也许是大多数人不敢轻易触及这一领域的一个重要原因。

　　第三大问题是，既然教师具有伦理尊者与国家干部之双重身份，使得教师权力规制只能属于国家法的范畴。虽然在现代，教师伦理上的光环已经逐渐褪色，但是我们依然未能期待到教师权力规制机制的全面到来。最令人烦恼的是，教师权力规制机制又不仅仅属于国家法的范畴。在任何权力规制体系之内，国家法仅仅只是其中的一个组成部分。然而，长期以来，自然经济导致国人形成了一种散漫的惰性——事不关己高高挂起，即诸事均盼国家出头。如果国家不采取行动，民间行动极为难以展开。而我国采取民主集中制，权力在中央高度集中，使得国家大事千头万绪，不可能事事关心，面面俱到。再者，国家事务也有

---

　　①　袁洪亮：《中国近代国民性改造思潮研究综述》，《史学月刊》2000 年第 6 期，第135 页。

　　②　陶东风：《"国民性神话"的神话》，《甘肃社会科学》2006 年第 5 期，第 21 页。

　　③　李建军：《"国民性批判"的发生、转向与重启》，《文艺研究》2009 年第 10 期，第15 页。

轻重缓急之分,先来后到之别。在轻重上,显然高等教育因关系到国家竞争力而最受重视,其次是涉及"鲤鱼跃龙门"的高中教育,再次才是中小学教育,幼儿教育由于影响力小从而被排在末尾;就先后问题而言,中西方对比最为明显影响最大的也主要是如前排列的教育问题。由此,有关幼儿教育和幼儿教师的立法不仅少,而且也姗姗来迟;不仅迟到,而且也典型地呈现出了粗线条立法的概貌。

由上不难看出,我国教师教育权规制制度的稀缺是一种普遍状态,而幼儿教师教育权规制制度的缺失则最为严重。造成此种现象的一个重要原因就在于现代教师制度主要是西方的舶来品,与我国源远流长的"师父"传统并不合拍。换而言之,水土不服的现象造成了我国现代教师制度中地方性知识的缺失。这种缺失导致了诸多的问题,比如制度与精神的背离;制度与行为的错位;制定与效力的非关联等等。

二、幼儿教师教育权力规制立法缺失

幼儿教师教育权规制机制地方性知识不足还体现在我国教育立法理论准备不足上。依据现行立法,《教育法》依据《宪法》且由全国人民代表大会制定。《宪法》相关条款对于教育的规定大体上有两类:一类规定了国家发展教育的义务,集中体现为第十九条发展教育事业,第二十四条普及各类教育;第四十六条保护公民受教育权;另一类规定了教育管理制度,比如规定教育管理方面的组织机构,规定各级政府管理教育事业的职责等。显然,宪法是根本大法,需要法律、地方性法规和行政规章等进行更为细致的予以贯彻和落实。比如,我国于1986年就制定了《义务教育法》,并分别在2006年、2015年和2018年得到了修正;1998年就制定有《高等教育法》,并分别在2015年和2018年得到了修正。笔者曾经查看教育部官方网站,截止于2020年4月第,发现教育部门规章共计180部。其中,标题中含有"幼儿"或"学前教育"字样的7部。在当前法律位阶最高且最为重要的幼儿教育立法文本——《幼儿园工作规程》中,对于幼儿教育机构和幼儿教师的相关职责和权利/权力也并没有明确的界定。由此可见,有关幼儿教师教育权规制制度在我国依然处于非常欠缺的状态。

1. 幼儿教育机构及幼儿教师职权定位模糊不清。观察我国现有立法文本,既并不能得出幼儿教师拥有教育权力的结论,也不能否定幼儿教师拥有教育权力。毕竟,《教师法》第七条明确规定,"教师享有下列权利",而不是表述为"权力"。据此,国内许多学者均倾向于教师行使的是民事权利,而不是行政权力。然而,从《教育法》来看,其第三十一条明确规定:"学校及其他教育机构在民事活动中依法享有民事权利,承担民事责任。"言外之意,学校及其他教育机构还可以做出除民事行为之外的行为。而这种行为又是何种性质的呢?《教育法》第二十八条又授予"学校及其他教育机构行使下列权利:(一)按照章程自主管理;(二)组织实施教育教学活动;(三)招收学生或者其他受教育者;(四)对受教育者进行学籍管理,实施奖励或者处分;(五)对受教育者颁发相应的学业证书;(六)聘任教师及其他职工,实施奖励或者处分"。如果直接按照立法表述理解为"权利",那么其必然具有平等性。换而言之,教育机构行使这些"权利"时要么取得受教育者、受教育者的法定代理人、教师和其他职工的同意,要么赋予其以对等的权利。在教育教学管理中,我们基本上看不到教职工和学生有自主管理学校的权利,而只是有建议权;也看不到教职工和学生有处分学校的权利。可见,除民事活动外,教育机构对教师行使的显然不是权利,而是具有非平等性的行政权力。本书认为,理解教育机构及教师的权力/权利时,更适合的立场是应当站在受管理者/受教育者的角度。之所以如此,是因为从现行实务来看,受管理者/受教育者相对于国家教育管理部门和教育机构而言,其显然是弱者。实际上,《教育法》第四十二条第一款第四项规定也意图给予受管理者/受教育者以一定的对抗性力量,即有权"对学校给予的处分不服向有关部门提出申诉,对学校、教师侵犯其人身权、财产权等合法权益,提出申诉或者依法提起诉讼"。对于该项的含义,学术界曾经存在两种意见:一种意见认为该项"合法权益"包括了"非民事权益",除了对处分可以申诉外,对其他非民事权益也可以向法院起诉;另一种意见认为立法明确将处分划归申诉范畴,人身权、财产权等合法权益之外的范畴是指知识产权、科技成果权,既可以申诉,也可以向法院提起诉讼。①较早的司法实践表明,法院系统对该项规定采取两分法:即对于学校做出的处分决定,作为受管理者/受教育者的教师或学生只能申诉,不能提起任何形式的诉讼;而对于学校、教师侵犯受管理者/受教育者的人身权利、财产权利等民事权益的,只能提起民事诉讼。不过,这种观念在上世纪九十年代被法院的司法行动明显地突破了,法院将学校对学生的处分纳入了行政诉讼范畴,并作出了较多的裁判。现行《教育法》已经改变了原有的规定,采纳了司法机关的意见。这无疑是一大进步。

2. 对教育法律关系缺乏体系性的理论认知。长期以来,我国将教育作为一种自然而然的现象对待,很少从法律关系的角度来加以分析。即便后来国内出现了诸如 1996 年吴韶宇诉昆明理工大学处分不当案,1997 年田永诉北京科技大学不予颁发学位证书案,2001 年齐玉苓受教育权案,国内依然主要围绕学校与在校学生之间要么是行政法律关系,要么是民商事法律关系之二分法来讨论。全局性视野的缺乏很容易导致教育行政法律关系被导入一种模糊不清的状态。湛中乐教授首次采用了全域性的研究方法,他直言不讳地指出:"教育法律关系是一种综合性的法律关系,可以分为教育行政法律关系、教育民事法律关系以及教育宪政法律关系。"②然而,从后续的研究来看,教育法律关系多被划归为更为宏观的社会法范畴。③现实地来看,社会法迄今为之依然被分解到各个部门法领域予以对待,依旧必须界定其到底属于何种性质的部门法范畴。显然,我们不能将教育法律关系笼统地归入某个部门法范畴即认为已万事大吉,否则逻辑上依然缺乏极为重要的一环,即社会权利又该如何保护? 如下一种观点道出目前的尴尬现状:教育法的"软

---

① 温辉:《受教育权可诉性研究》,《行政法学研究》2000 年第 3 期,第 57 页。

② 湛中乐:《教育法学研究的问题、范围与方法》,《中国高等教育》2014 年第 17 期,第 20 页。

③ 参见张步峰:《兼具自由权与社会权性质的受教育权》,《北京行政学院学报》2009 年第 5 期;柳华文:《〈经济、社会、文化权利公约〉可诉性研究》,中国社会科学出版社 2008 年版;姜述弢:《社会权的宪法保障研究》,黑龙江大学 2019 年度博士学位论文。

化"不仅是中国教育法治的一个不争的事实，也是教育法治发展的一个实然悖论。教育法由应然硬法走向实然软法，实质上是教育法由应然保护各项教育权利的"国法"蜕变成教育权力实然扩张的"教育部门法"的过程。①本书认为，教育法由"硬"变"软"绝不仅是国家行政权力强化之一种因素，而是一个社会性变动的全过程。正如前文所言，教师的传统社会地位，好为人师的传统习惯，民主集中制之下的国家权力配置体制，国家应当负担教育支出与发展的普遍心理等等均是其中的原因。换而言之，直到当下，国人依然没能完全将顺教育法律关系，尤其是未能探明其背后的深层次缘由。在此种境况之下，遽然对幼儿教师之教育权力做出某种判断，既是不负责任表现，也是好为人师之习惯性思维的作孽。

3. 幼儿教师教育权具体内涵不明。与教育法律关系混沌不清相伴相随的是教师教育权的具体内涵处于混沌不清、界限不明的状态。幼儿教师是教师，且被划归小学教师序列，适用《教师法》。然而《教师法》诞生于《教育法》的两年前，既没有表明制定该法的具体依据，也没有明确列明教师的法律地位。该法的第三条只是应景式地表明："教师是履行教育教学职责的专业人员，承担教书育人，培养社会主义事业建设者和接班人、提高民族素质的使命。教师应当忠诚于人民的教育事业。"从前一句表述来判断，教师是专业人员，履行教育教学职责，承担教书育人的义务。这在语义上显然不是赋予权利/权力，而是科以义务。然而，此种义务来自何处？在法律地位平等原则的当下，这显然不能圆融自洽地予以解释。从《教师法》第七条所设置的教师权利束来看，包括幼儿教师在内的所有教师拥有六类权利：一是教育教学权，即进行教育教学活动，开展教育教学改革和实验的权利；二是科学研究权，即从事科学研究、学术交流，参加专业的学术团体，在学术活动中充分发表意见的权利；三是指导评价学生权，即指导学生的学习和发展，

---

①　段斌斌：《教育法"软化"：制度成因与逻辑重构》，《中国教育法制评论》2017 年第 14 辑，第 163 页。

评定学生的品行和学业成绩的权利;四是获取报酬权,即按时获取工资报酬,享受国家规定的福利待遇以及寒暑假期的带薪休假等权利;五是建议权与参与管理权,即对学校教育教学、管理工作和教育行政部门的工作提出意见和建议,通过教职工代表大会或者其他形式,参与学校的民主管理等方面的权利;六是进修权或受培训权,即参加进修或者其他方式的培训的权利。

首先,《教师法》第七条采取列举式立法,表明教师的权利只有有限的六类,更谈不上是权力。众所周知,在法理学上,法不禁止即自由。如果是权利,那么只要法律不禁止,且不侵害或妨碍他人的权利,权利就无边无际。然而,我国《教师范》仅授予教师以六种权利,这要么违背基本法理,要么这些"权利"根本就不是权利,而是权力。因为只有行政权才必须被限制。

其次,如果《教师法》第七条列举的六类权利实质上是权力,那么它们必然具有权力的基本特性。然而,仔细分析这些所谓的"权利",不难发现,科学研究权、获取报酬权、建议权与参与管理权、进修权或受培训权都不具有行政权最为基本的特性——强制性。因为这些"权利"如果具有强制性,那么就会出现一个巨大的矛盾——强制权力主体自身。故而,这六项权利中,仅第一项具有行政权的基本特性,而其他权利实际上是维护自身权益的权利。从这一点上来看,该条列举的权利本质依然是"权利",不能理解为权力。故而,学术界大多数的观点将其视为权利并无不妥。

最后,《教师法》第七条所列举的权利类型大多数均不由权利主体自身意志决定,而取决于外部条件的满足程度。这表现在:一是教育教学权因教学活动、教育教学改革事项等均被教育机构所控制,教师未经批准根本无机会实施这些活动。二是参加专业的学术团体并发表学术意见的前提是满足相应的门槛。在我国,所有合法的专业学术团体均必须经过登记,并在有关行政主管部门指导下才能在国家法律和政策允许的空间内活动。换而言之,教师要想参加专业学术团体,并在其中发表意见,必须满足相应的前提,否则根本没有相应的机会。三是指导评价学生权的行使在前提上要实现有可供教师指导和评价的学生存在。按照我国现行招生制度,所有教育机构的招生(社会培训除外)均受国家招生制度的约束,学校并没有完全的自主招生权。四是建议权与参与管理权,极难实现教师的真实权利主张。建议权仅仅只是提供建议或意见,供决策者参考。至于参与管理权,只是一种参加权,实际上属于对主体资格的确认。参与者有资格被选定为管理者,也可能只是参与部分民主管理事项的参与者,而非决策者。实务中,我国私立教育机构的管理者均由出资方聘用,而公立教育机构的管理者均由教育主管部门调任或选任,并最终以行政任命的方式就职。换而言之,即使作为参与者的教师有异议,也只能提出意见或建议,并无实质上的决策权。而获取报酬权和进修/受培训权是《劳动法》和《劳动合同法》授予劳动者的合法权利,并不是教师专有的权利。

综上,《教师法》第七条虽然列举了教师的六类权利,但总体上名不副实,且其实质内涵并没有有效地表达出作为教育教学专业人员所应拥有的权力和权利的主要内涵。实务中,教师们也很困惑,作为专业的教育教学工作人员,似乎有权管理、教育、指导受教育者。然而,国家立法又没有明确授予教师这些实为权力却表述为“权利”的权力。这一点似乎从教师社会地位由曾经的位列“仙班”快速下滑至“臭老九”可以得到反证。本书最为基础的观点认为,教师,作为教育教学专业人员,一旦受聘于特定的教育机构,无外公立和私立,依法均拥有教育教学行政管理权。虽然此种权力在宏观上属于社会行政法范畴,但在国家法的角度来看,更属于教育文化法的范畴。从更为宏大的角度来观测,“教育是人的生存系统从微观的联合到宏观的共同进化所不可或缺的一种重要的共生机制。”[①]将教师教育权限制在一个狭小的部门法空间来予以表述或阐释,将必然导致某种短视。

三、幼儿教师教育权力规制运行失范

在行政法的历史发展中,西方的经验告诉世人,仅有权力分立机制

---

① 　项贤明:《论人文系统中的教育》,《教育研究》2001 年第 9 期,第 17 页。

来加以制约是不够的。因为三权分立后必然相互竞争，且立法权和司法权在行政权面前无可争议地陷入惨败的境地。也正是因为分权未必能达到制衡的控权法目的，后世才逐渐发展出一套组合拳机制。经历两百余年的发展，多层嵌套的行政权规制体制才得以建成，权力制衡才成为现实。观察中国教育发展史，不难发现，教师教育权在晚清以前，几乎没有遭遇过有效对抗因素的制约。中国教育史，更像是皇权独裁专制下的一部教师职业道德自觉史，制约教师教育权的力量只能来自于行政权系统本身。事实上，即便在我国社会主义法律体系已经初步建成的当下，教师教育权力规制体系也仅仅呈现出一个朦胧的框架。对教师教育权予以节制的权力也主要来自行政管理部门。而幼儿教师面对的是特殊群体——毫无反抗能力的幼儿。幼儿教师教育权在实践中失范不仅是可以预见的，而且实务中存在两极化的反差。此种反差体现在：在幼儿面前，教师教育权几乎无所制约；而在教育管理部门面前，幼儿教师的教育权又被极度压缩，仅存在于教育教学计划实施权、幼儿教学秩序管理权和幼儿教育教学评价权等极少数方面。在本书看来，幼儿教师教育权的失范现象主要体现在如下几个方面：

（一）由严而松的教育教学计划实施权

在我国近代以来的幼儿教育史中，幼儿教育应当设置哪些课程，实施哪些教育教学计划，一直以来充满着各种各样的争议。晚清时期，蒙养院主要开设的课程主要有谈话、行仪、读方、数方、手技、乐歌、游戏等，目的在于对幼儿进行道德行为训练和文化教育。不过，《钦定蒙学堂章程》起，有关幼儿课程及其内容被明确规定，被要求强制执行。有关课程和内容如下：（1）修身。内容为：孝悌、忠信、礼义廉耻、敬长尊师、忠君爱国，比附故人言行，绘图贴说。（2）字课。内容为：实字，凡天地人物诸类实字皆绘图加注指示。（3）习字。内容为教幼儿写字。（4）读经。即背诵《孝经》《论语》。（5）史学。要求幼儿熟记历代国号、帝王世系。（6）舆地。让幼儿认识地球行星图。（7）体操。让幼儿接受整体步法训练。[①]民国初年，有关课程设置几乎无变化。1916年教育部

---

① 舒新城编：《中国近代教育史资料》，人民教育出版社1981年版，第395页。

公布的《国民学校令施行细则》第十五条授权国民学校校长设定各教学科目讲授细目的权力。同时，该法令第七十五条对于蒙养园及其他幼教机构规定了四类课程：游戏、唱歌、谈话、手艺。由于受到陈鹤琴、张雪门等著名学者的批评，后来 1932 年教育部颁发《幼稚园课程标准》，改定了幼稚园课程设置，具体设置为音乐、故事和儿歌、游戏、社会和自然、工作、静息、餐点等 7 项。这一课程标准一改此前的强制性规定，变得刚中有柔，实际上赋予了幼儿教师较大的教育教学权。该标准在"教育方法要点"中明确表明："以上所列各种活动（音乐、游戏、故事和儿歌、社会和自然、工作等），于实际施行时，应打成一片，无所谓科目。打成一片的方法，应该以一种需要的材料（应时的如三月植树节、十月的国庆节、秋天红叶、冬天的白雪等；在环境内发现的如替玩偶做生日，公葬某种已死的益鸟，开母姐会等等），做一日或两三日内作业的中心；一切活动都不离乎这个中心的范围。"①

清政府垮台后，国民政府很快抛弃了日式幼儿教育方案，近乎全面转向了美国方案。"幼稚生所听的故事是美国的故事，看的图画是美国的图画，唱的歌曲是美国的歌曲，玩的玩具，用的教材，也有许多是从美国来的，就连教法也不能逃出美国化的范围。"②对此种完全脱离国情的教育，陈鹤琴教授非常心疼，决心以实际行动创造中国化的幼儿教育。1925 年他与张宗麟共同在南京开始了幼儿教育的中国化实验。③陈鹤琴的幼儿教育实验建立在儿童心理学基础之上，对课程、故事、设备、读法等反复实验与研究后，大获成功。与此同时，张雪门与陆秀分别在北平和成都也开展了类似的中国化幼儿教育实验。这些经验为新中国幼儿教育积累了经验，储备了知识。然而，新中国后来的政治运动打断了幼儿教育发展的正常进程。

改革开放后，理论研究成果日渐丰腴，国人开始意识到："教学过程

---

①　中国学前教育史编写组编：《中国学前教育史资料选》（全 1 册），人民教育出版社 1989 年版，第 238 页。

②　陈鹤琴：《幼稚教育》，南京师范大学出版社 2012 年版，第 39 页。

③　参见李定开编：《中国学前教育》，西南师范大学出版社 1990 年版，第 333 页。

是教师的教和幼儿的学两个方面的统一过程,幼儿是学习的主体。"①
教学有法,但教无定法。美国幼儿教育非常发达的一个重要原因就在
于其有着比较优势,即允许幼儿教育机构探索适合自身的教育教学模
式。过于束缚幼儿教育机构和幼儿教师的手脚必然导致幼儿教育中的
各种羁绊。从而抛弃了过去那种过于僵硬的课程设置与课程标准方
案。受此影响,我国教育部 2001 年颁行的《幼儿园教育指导纲要(试
行)》明确定位于指引性质的文件,而且明确表态:"幼儿园的教育内容
是全面的、启蒙性的,可以相对划分为健康、语言、社会、科学、艺术等五
个领域,也可作其它不同的划分。"这一方案显然符合了现代幼儿教育
之授予幼儿教育机构和幼儿教师自定教育内容的发展趋势。然而,这
种方案也有缺陷,即过分依赖于教育环境的竞争关系。实务中,缺乏硬
性约束条件常常导致幼儿教育中的创新懈怠——遵循传统。从我国绝
大多数幼儿教育机构教育教学实施状况来看,由于缺乏有效的监督机
制、教育质量评测机制,各幼儿园大都"雷打不动"按照某种既定的模式
或讨论进行教育教学。加上我国幼儿教师学历普遍较低,师资流动性
过大,导致教龄普遍较短,教育教学计划的实施往往缺乏自觉性、参透
力和创造力。"幼儿教师的专业发展更多和依靠'乐学'、'好学'和经验
积累,来弥补专业理论知识的不足带来的制约"。②因此,幼儿教师教育
教学计划实施权在很大程度上转变为自我保护方案,而非积极的外向方
案,不仅极度缺乏创新,而且对现有的模式和套路也常常处于一知半解
的状态。这种情形尤其在普通公立幼儿园和私立幼儿园中非常普遍。

(二) 由懈而怠的幼儿教学秩序管理权

对于幼儿教师而言,教学秩序管理权是其最具有代表性的教育权。
然而,遍观各类国家立法文本,几乎极少有内容涉及幼儿教育教学秩序
管理事项。事实上,包括中小学教学秩序管理事项,在国家立法文本中
也很少有相关规定。从《教育法》第二十八条之规定来看,属于教育机

---

① 黄人颂主编:《学前教育学》,人民教育出版社 1989 年版,第 308 页。
② 郝少毅:《幼儿教师教学反思:个案研究》,《教师教育研究》2016 年第 3 期,第 9 页。

构自行制定规章制度的范畴。然而,从课题组调研的情况来看,绝大多数幼儿园均没有就教育教学秩序单独制定规章制度。更令人惊讶的是,虽然我国 2002 年就制定有《民办教育促进法》,民办学校应当具备法人条件,申办时必须提交学校章程,且举办者应当根据学校章程规定的权限和程序参与学校的办学和管理。然而,实务中,大量的幼儿园很可能只存在"名存实亡"的章程。在调研的过程中,笔者曾问过多位幼儿园园长有关该园章程,绝大多数园长只知道有章程,但是却拿不出来,也不知道存放在何处。此外,笔者也曾注意观察过部分幼儿园公开的章程,发现内容雷同程度非常高。事实上,这种现象并非幼儿教育领域的特例,曾经一度在我国高校中也极为普遍。故而,教育部曾一度要求各教育机构高度重视章程的制定,并依章程管理。据笔者的经验观察,重视依章程管理只不过是近几年以来的事情。笔者曾以"幼儿园章程"为关键词进行百度搜索,按搜索结果随机下载了六份幼儿园章程。比较这些章程,基本上均规定了幼儿教师教学秩序管理权。不过,直接授权管理的仅一份,其他的均在以教师职责或幼儿园管理部分予以间接规定。由此不能看出,对于幼儿教师教学秩序管理事项,实务中个幼儿园是非常松懈且散漫的,基本上处于由幼儿教师自主掌控的范畴。用法学专业术语来表达即是,幼儿教师自由裁量权非常大,基本上处于不受羁束的状态。而这正是造成我国幼儿教师虐童行为的一个非常重要的因素。

（三）弃而不用的幼儿教师教育教学评价权

严格来说,幼儿教师教育教学评价权是因教育教学权自然延伸而来的一项权力,理应不单独列出来加以讨论。然而,我国的具体情况与国外差别很大。这一则是因为教育教学评价权对于教师而言十分重要;二则是因为家长特别重视孩子的学习状况,尤其是成绩。从某种意义上来说,教师教育教学评价权直接关系到孩子未来的学业道路。而幼儿教育"小学化"也因此而受到巨大影响。从国家立法来看,《教育法》第二十八条第一款第四、五项明确将教育教学评价权赋予给了教育机构,说明对学生的教育教学评价权并不归属于教师。不过,显而易见的是,《教师法》第七条第一款第三项又赋予了教师对学生"品行和学业成绩"的评定权。结合两者来理解,教师拥有对学生受教育状况的内部评价权,但最终评价权只能由教育机构行使。当然,家长都知道,实务中教师的教育教学评价活动直接决定着学生学业的最终评价结果,因此对教师的教育教学评价行为极为看重。由此而言,教师实质上是教育教学评价权的主体。

幼儿教育属于学前教育,原则上幼儿教师不得随意对幼儿在园行为的优劣做出评价,更不得排列名次。这在理论上由两点原因引发:一是幼儿在法律上为无过错责任主体,无需就其行为承担任何责任。二则是幼儿是弱势群体,且智力处于快速发展期,如果鼓励教师对其行使评价权极容易导致家长之间的优劣对比,影响幼儿成长。然而,只要是人,就必须参与社会活动,就必然要接受各种评价。评价他人,在多数情况下是一种不可或缺的权利,幼儿教师也不例外。实际上,虽然国家立法在学前教育中未明确,但并不意味着幼儿教师不进行评价。只不过幼儿教师教育教学评价权受保教理念的影响而原则上只能以鼓励为主,尽可能避免负面评价。这就是在各类幼儿园教育教学管理制度中极难见到幼儿教师教育教学评价权的最为主要的原因。事实上,少数幼儿园章程依然明确了这一项权力,只不过表述为权利而已。比如《南宁市江南区快乐成长幼儿园章程》第二十三条第一款第四项就明确赋予了教职工行使"指导和评价幼儿的权利"。

从课题组调研的情况来看,幼儿教师往往不在公开场合对特定幼儿做负面评价,但会与家长沟通幼儿在园的具体表现。这实质上是行使教育教学评价权的一种表现形式。尤其是孩子是否听从教师指挥,是否有秩序观念,是否与其他幼儿之间产生冲突等等。更为常见的是,幼儿园往往在会在每学期期中或期末召开一次或两次家长会。会上主班教师会对表现优异的孩子特别予以表扬。这种公开活动对家长往往会产生极大的触动。更多的时候,幼儿园在活动日,比如节日、庆典等活动中挑选部分幼儿登台表演,展示幼儿作品。随着现代信息工具的不断发展,幼儿教师常常在微信群、QQ群中发布大量视频、图片,并及时鼓励幼儿家长配合工作。在这些场合幼儿教师经常行使教育教学评价权。此时,幼儿教师在行使教育教学评价权的时候总体上服从了鼓励和褒扬原则。

然而,实务中各园总是存在一些不和谐现象。这在大城市表现得更为明显。一则是大城市的幼儿园家园合作事项相对较多,家长从幼儿园保教人员处得到的信息更为丰富,难免有着更多地间接竞争的机会。二则是大城市幼儿园更为普遍的现象是幼儿室外活动远多于中小城市幼儿园和农村幼儿园,教师秩序维护难度大,孩子之间的磕磕碰碰在所难免。三则是大城市独生子女远多于中小城市和农村,家长对孩子的每一步都看得十分关键,溺爱心理在无声之中起着极大的作用。由此,家长对于幼儿园及其保教人员的期望值更高。四则是在社会地位上,大城市幼儿教师和保育员的身份往往更容易与幼儿家长形成鲜明对照。家长优越地位间接地映射出幼儿教师地位的尴尬。在这些综合因素的促动下,大城市幼儿园保教人员与家长的各种互动、交往、冲突更多。这明显体现在投诉、举报方面远多于后者。这种常态化的现象使得幼儿教师们非常忌惮,其言行往往偏于谨慎。不过,人常有失言,马难免失蹄。调研过程中少数幼儿教师不断抱怨:"个别家长特会抓小辫子。一百个好心换不来一次无心的话。"因此,大中城市幼儿教师往往遵循"没事就是好事"的基本原则,尽可能避免与家长产生矛盾,在各种场合尽量鼓励和表扬幼儿,以避免招来"灾祸"。尤其是私立幼儿园的幼儿教师,明显在这一方面更为敏感和谨慎。这种行为习惯已经养成,即具有极大和极快的渲染力,导致幼儿教师教育教学评价权处于一种废弃状态,进而导致幼儿教育实质内涵的扭曲。

第四章
幼儿教师虐童行为的法社会学分析

　　幼儿教师教育权失范的极端形态莫过于虐童。虐童是一种古老的社会行为。在奴隶制时代，溺婴、弃婴是世界范围内的一种普遍现象；到封建时代，子女没有独立的人格，可以被作为财产予以处置的现象也并未消失；而在资本主义早期时期，儿童依然没有受到重视。由此观之，儿童权益的保护只不过是近代以来的一种新现象。正是在此种意义上，从古至今，此种令人揪心的恶劣行径只不过从由多减少，由重减轻而已，并未能得到根除。由此，说虐待儿童是一个世界性的问题并不为过。据国内学者的研究，长沙市曾抽取 1 481 名学生所形成的调查数据显示，儿童躯体虐待率达到 62.4%，严重的 47.4%，非常严重的 21.3%。[1]另有实证数据揭示出来的虐童问题也触目惊心：2012 年，全球凶杀案共造成 9.5 万 20 岁以下儿童和青少年丧生，是当年凶杀案受害者总人数的五分之一；在全球范围内，约有 10 亿 2 至 14 岁的儿童常常受到来自养护人的体罚，占全球同龄儿童的五分之三。[2]虽然这些数据并未直接得出幼儿教师虐童现象的严重程度，但可以想象，其中必然发生关联。有学者针对我国新闻报道的 264 起幼师虐童案展开实证研究，得出的结论是"整体上呈现出逐年增长的变化模式"。[3]由此可见，

---

　　① 皮艺军：《"嗜童"浅析》，《青少年犯罪问题》2013 年第 1 期，第 13 页。
　　② 王慧：《儿童虐待国家干预制度比较研究》，武汉大学 2015 年度博士学位论文，第 1 页。
　　③ 陈伟、熊波：《幼师虐童的生发机理与犯罪防控模式——基于 264 起幼师虐童案的实证分析》，《山东大学学报（哲学社会科学版）》2019 年第 1 期，第 56 页。

幼儿教师虐童必然存在较大的"黑数"。这也激发世界性的关注。瑞典教育家爱伦·凯(Ellen Key)就曾做出一个著名的判断：20 世纪将是"儿童的世纪"。这个预言果然得到了世界性的回应，只不过姗姗来迟。1959 年 11 月 20 日联合国大会通过了《儿童权利宣言》，并宣告"人类有责任给儿童以必须给予的最好待遇"。然而，这一宣言的内容直到 1989 年才转变为具有法律性质的世界性公约——《儿童权利公约》。这说明，儿童权益保护并不如理论界所希翼的那样快速到来，而是存在着众多的现实性阻碍因素。正是从这一角度而言，通过构建体系性的机制来规范幼儿教师教育权，可能远比"保底"意义上的法律制裁虐童行为更具有全面性和保障性。有鉴于此，本书仅以虐童事件典型案例作为分析幼儿教师教育权力行使实际样态的一种参照形态。不过，写作目的并不仅限于此。因为如果某种学术研究的目的仅限于恶性事件的预防和减少，那么其必然在道德期望方面无法获得大众的认同，更不符合建立民主富强文明国家的现代性追求，也不符合学术研究最终的目的。

第一节　幼儿教师虐童行为的性质与现状

一、幼儿教师虐童行为的概念分析

在大陆法系，一个基本的传统在于必须对法律所作用的对象进行界定。因为没有相对确定的对象及其范围，容易导致"驴头不对马嘴"的现象，相关议题无法讨论。因此，在讨论幼儿教师虐童行为之前，必须先对这一概念进行界定。然而，法律概念在理论上非常复杂，至少涉及四个层面：(1)元理论层面；(2)理论层面；(3)引申层面；(4)实践层面。其中，元理论层面主要涉及概念理论的目的、性质以及标准问题；理论层面主要应说明彼此之间的区别；引申层面则面向某些问题的回答；而实践层面是以某种理论为基础，来论证如何行动。[①]在通常意义

---

① 　刘叶深：《原则效力与法律的概念》，中国政法大学出版社 2018 年版，第 88 页。

上,概念分析主要是在理论层面上进行的,即为了区别特定概念与类似概念。本书也是在这一层面加以分析。

(一)虐童的概念展示

对虐童这一概念,学术界的定义较少,而有关立法文本或国际组织显得更为积极。经作者不完全搜索,发现具有代表性的概念主要有如下几种:(1)《美国儿童虐待预防和处置法案》将虐童定义为:负有监护责任的人,对18岁以下未成年人实施的,能够损害或威胁其健康的、身体或精神方面的伤害、性虐待以及照顾不良、粗暴对待行为。(2)英国《儿童法案》将虐童行为进行大范围的扩大,将影响儿童身体、智力、情绪、社会或行为发展的所有行为均纳入了虐童行为的范畴。(3)日本《虐待儿童防止法》将虐童行为界定为:监护人对于所抚养儿童进行的身体虐待、情感虐待、性虐待或儿童忽视。(4)世界卫生组织曾将虐童行为定义为:对儿童有义务抚养、监管及有操纵权的人做出的足以对儿童的健康、生存、生长发育及尊严造成实际的或潜在的伤害行为,包括各种形式的躯体和(或)情感虐待、性虐待、忽视以及对其进行经济剥削。(5)国际防止虐待和忽视儿童协会(ISPCAN)在1977年将虐童行为定性为任何形式的包括身体虐待、性虐待、忽视、流浪儿童、意外事故、卖淫、情感虐待等在内的行为和状态。(6)世界卫生组织于1999年发布的《虐待儿童预防咨询报告》将虐童行为定义为:"在一定的责任、信任或权利关系下,对儿童的健康、生存、尊严造成实际或潜在伤害的所有形式的身体或情感对待、性虐待、忽视或疏忽对待、商业的或其他形式的剥削利用,统称为虐待儿童。"(7)美国疾病控制和保护中心(Centersfor Disease Control and Prevention)将"虐童"定义为:任何对儿童导致伤害、潜在的伤害或恐吓的伤害的行为,并将虐童行为类型化为四种类型:身体虐待、性虐待、忽视、心理感情虐待。(8)英国在1989年公布的儿童法案中规定:凡是影响儿童生理的、智力的、情绪的、社会的行为都是"虐童"。皮艺军教授将其定义为:"成年人采用暴力的和非暴力的方法侵犯未成年人的人身、心理、精神、性、财产和其它权利并造成危害后果的行为,这是狭义的虐童定义。"①(9)也有观点将虐童行为界定为:"儿童的父母等监护人以及家庭成员以外的任何受委托照料及管教儿童的人,出于故意或者疏忽,使用暴力或者其他方法对未满14周岁儿童的身心健康造成一定侵害的行为。"②(10)还有观点认为虐童行为可以分为狭义和广义之分。狭义上对虐童行为的定义就是指成人对儿童造成的有针对性的伤害性行为。具体来说就是指成年人通过使用暴力或非暴力的手段对儿童的身体、内心、个人财产、其他权利以及性进行侵犯并造成一定危害后果的行为。广义上则无论是否有明显的伤害,也不论意图,任何形式的伤害性行为或能对儿童造成伤害的行为都可以认为是虐童。③诚然,各类文献中对"虐童行为"下定义的还非常多见。本书无法一一列举。

(二) 虐童行为的概念评析

由上不难看出,对于虐童行为各界和不同个体在认知上有着较大的分歧。目前,国际上和我国学术研究中,占据主流地位的概念是日本《虐待儿童防止法》所下的定义,而在虐童行为类型化方面,有兼采日本立法和美国疾控中心观点的典型倾向。对上述概念稍加梳理不难发现,对于虐童行为,无论国际组织还是学者,亦或是立法者均倾向于认可其三个特征:一是虐童行为是一种伤害儿童的行为。不过,在伤害方式、伤害范围和伤害结果等方面存在不同见解。二是虐童行为是成年人对儿童实施的行为。前述概念中,很少有观点将组织机构等纳入虐童行为主体的范畴之内,主要认为是自然人的个体行为。三是虐童行为人对被虐待儿童负有某种法律义务。所不同的是,绝大部分观点认为虐童行为人负有此种法律义务是基于先前的监护义务;少数观点认为先前的信任关系、责任关系和权利关系均可以构成此种法律义务。只有个别观点没有设定任何前提。

---

① 皮艺军:《"虐童"浅析》,《青少年犯罪问题》2013年第1期,第14页。
② 王莹:《虐童行为刑法规制问题研究》,吉林大学2014年度硕士学位论文,第3页。
③ 王燕婷:《虐童行为的伦理探析及其防治》,河南师范大学2015年度硕士学位论文,第8页。

如果从最大公约数的逻辑角度来分析,概念(2)(5)(8)均没有明确主体范围,因而不合适作为概念;而概念(1)(9)在儿童的范围上很难获得我国大众的认同,毕竟我国《未成年人保护法》采用的"未成年人"概念将其与"儿童"概念明确区分开来。何况,我国《刑法》中的完全刑事责任年龄和《民法典》中的"十六周岁以上的未成年人,以自己的劳动收入为主要生活来源的,视为完全民事行为能力人"之规定将界限划定在16周岁,且所有高级中学均很少为在校学生过儿童节。因此,过于宽泛地采用《儿童权利公约》中未满18周岁以下的未成年人均为儿童的观念难以引起广大公众的认同。更何况,该公约并未强制性地将18周岁作为最终儿童的最终年龄界限,而是允许各国法律设置低于该界线的成年年龄。从各界的意见来看,我国对于儿童的年龄最终界线有着长期的争论,迄今为止并未有某种结论性意见。不过,从我国《刑法》和《民法典》来看,儿童的年龄最高限以16周岁最为恰当。至于概念(3)(4)(6)(7)将虐童行为主体设定为自然人,也似乎有不妥之处。实践中,以组织机构名义实施的虐童行为并不少见。而且在此种情形下,实际实施虐待行为的人也未必全为成年人。组织机构完全可以通过未成年人实施虐童行为,并且此种现象在实务中并不鲜见。

(三)本书的观点

"对概念最普遍有效的规范就是下定义的逻辑方法";"定义是解释概念内涵的逻辑方法。它的特点是用精炼的语言解释概念所反映的对象的特有属性。"[①]对某一对象下定义,不仅要满足最为基础的语言逻辑结构,而且还需要在其内涵或外延中至少选择一个方面予以描述或阐释。从逻辑学来讲,固定了特定对象的内涵就等于确定了其外延,反过来也是如此。一般来说,定义主要是从正面描述特定对象的内涵,除非其内涵过于复杂无法通过特定的词语予以描述,才采用排除法来固定其外延。

---

① 朱成全、徐祥运、姜秉权:《形式逻辑学概论》(第2版),东北财经大学出版社2017年版,第32页。

从前文对"虐童行为"内涵的表述来看,大体上有两种方案:一是描述虐童行为所作用的对象。比如虐待身体,虐待精神,虐待情感,忽视儿童,侵害财产。此种方案将虐待行为所指向的具体对象予以分类。如果分类在逻辑上周全,那么基本上就达到了下定义的目的。二是列举虐童行为的具体表现形式。比如暴力行为和非暴力行为,影响行为,儿童忽视等。虐童行为所作用的对象往往相对确定,从而更容易达到下定义的目的。而虐童行为的表现形式则过于复杂。尤其对于国人而言,一颦一笑、一举一动、一言一语在不同人和不同语境下均可能有着不同的含义和意义。因此,对于"虐童行为"而言,通过列举具体虐待行为反而更难以达到描述其内涵的目的。再者,从内涵式定义的角度来关联"虐童行为",还必须特别注意我国国情。比如儿童忽视是否属于虐待行为,极容易引起争议。在家庭关系中,长时间的忽视往往被视为"冷暴力"。然而,在学校教育中,儿童忽视是难免的。比如,特定教师面对几十个学生,往往积极关注的对象主要是两端,即优等生和差等生。难道这是虐待了中等生吗?显然不能得出这一结论。最后,在我国历史中,"教不严,师之惰"有着经久不绝的传统;甚至家长喊教师打学生的声音也是成片成片地出现。换而言之,我国社会对于严管学生有着较高的容忍度。因此,虐待和惩戒的界限如何划分显然具有非常高的难度。与此极为不同的是,外国立法,尤其是国际组织的各种文件极力地扩张了虐待行为的范畴。比如英国法将凡是影响儿童生理的、智力的、情绪的、社会的行为都纳入"虐童"的范畴显然与我国国情不相符。本书认为,虐童行为具有如下几个特征:

第一,虐童行为是一种违法行为。所谓违法行为是违反国家法的行为,是国家法所禁止的行为。我国《治安管理处罚法》第三章第三节集中规定了"侵犯人身权利、财产权利的行为和处罚",分十个条文详细规定了各种侵害人身权利和财产权利的行为。任何人实施前述行为均将引发治安管理处罚,也可能引发被害人据此请求加害人承担民事侵权责任。再者,《未成年人保护法》第二十一条拓宽了保护范围,将"人格尊严"纳入了保护范畴。其中超出《治安管理处罚法》范畴的主要是

"变相体罚"和"其他侮辱人格尊严的行为"两类。最后,如果虐童行为达到了严重社会危害性构成犯罪行为还可能承担刑事责任,且被害人也可以因此请求民事赔偿。依据我国现行《刑法》,虐童行为最有可能涉及的罪名是虐待被监护、看护人罪;当然也不排除其他可能的罪名,比如故意伤害罪、侮辱罪等等。

第二,虐童行为的主体原则上为自然人,但也包括组织机构。从实务来看,几乎绝大多数的虐童行为均为自然人所实施,但是这并不排除组织机构可以成为犯罪行为的主体。一般来说,我们很难想象正规的幼儿教育机构会以单位主体的身份实施犯罪行为,但并不能完全排除此种可能。事实上,由于涉及教育市场竞争,极少数市场行为已经相当出格。以传统文化教育机构为例,不少相关主体为了吸引社会的关注,竞相做出各种吸睛行为,并快速获得了很多教育类光环。叶文虎、张凤英夫妇与徐州市彭祖传统文化培训学校之间的法律纠纷从侧面体现了组织机构也可能因为过分疏忽监管义务而将承担法律责任。①虽然本案在司法程序中是以教育机构责任纠纷为案由出现的一起案件,但是实质上涉嫌教育机构因严重未履行自身监护义务而导致的一起生命权、健康权民事纠纷。从法院判决的后果来看,徐州市彭祖传统文化培训学校显然承担了部分责任。涉嫌因严重忽视儿童权益的重大责任,而被法院判决败诉。

第三,虐待行为必须具有法律性和非可接受性的双重特点。对于何种行为属于虐童行为,迄今为止,我国并没有形成一致看法。从笔者

---

① 本案的大致情况为:15 岁左右的叶广平被母亲张凤英送入徐州市彭祖传统文化学校学习。在学期间,叶广平生病,但彭祖学校未及时送叶广平到正规医院就医,而是将其送入所谓的"原始点医院",采用中国古老的传统方案为孩子调理身体,最终贻误救治的机会,导致叶广平死亡。此后,叶广平的父母将徐州市彭祖传统文化学校诉至法院。徐州市鼓楼区人民法院做出(2015)鼓少民初字第 69 号民事判决书,后徐州市彭祖传统文化学校不服判决上诉,又撤回上诉。至于判决内容如何,因该判决书未公开,从而不可知。但从新闻媒体报道的情况来看,法院一审判决判决徐州市彭祖传统文化学校赔偿死者父母 30 余万元各项损失。笔者仅搜索到(2017)苏 0302 执 276 号裁定书,意味着法院判决被告败诉,但由于被执行人无相应财产可供执行而不得不终结了该案的执行程序,叶文虎、张凤英夫妇很可能未能通过法院强制执行程序实现最终的赔偿。

收集的所有涉及虐童案件的司法裁判文书来看,所有相关案例均显示出,需要承担相应法律后果的行为均呈现为以暴力方法伤害幼儿身体权、健康权、生命权。换而言之,实务中已经形成了某种不适当的通行观念,即将情感虐待与儿童忽视等非暴力行为实质性地排除在虐童行为的范畴之外。而从法院设定的民事案由来看,几乎所有原告起诉的涉嫌"虐待儿童"的案件均被纳入生命权、健康权、身体权纠纷。按照现行立法和司法解释,法院在裁判此类民事案件时,最为基础的依据在于"无民事行为能力人在幼儿园、学校或者其他教育机构学习、生活期间受到人身损害的,幼儿园、学校或者其他教育机构应当承担责任,但能够证明尽到教育、管理职责的,不承担责任。"①事实上,我国所有立法或司法解释均未从内涵的角度解释何为"虐童行为"。因为按照侵权行为的基础理论,虐童行为只有转换为侵权行为才具有法律上的可诉性。而民事侵权必须满足四个要件:一是存在侵权主体;二是存在侵权事实;三是存在侵权损害结果;四是侵权事实与侵权损害结果之间存在因果关系。然而,在实务中,发生的大量纠纷均出现了父母和广大社会工作者无法接受的"虐待"行为,新闻媒体和普通民众均认为其构成了"虐待",但这些判断与现行立法和司法解释等国家规范并不一致。换而言之,判断某种行为是否构成了"虐童行为",不仅要看普通民众是否能够接受,关键是要看司法机关能否接受,而且同时还必须满足法律的规定性。

据上,本书给出的定义为:虐童行为是行为人以暴力或非暴力的方式故意侵害儿童合法权益的非法行为;虐童行为在我国典型地体现为身体虐待、情感虐待、性虐待或儿童忽视。对于这一概念有几点值得说明:一是定义坚持虐童行为为非法行为。二是虐童行为即便为非法行为,并不意味着行为实施人必然承担该非法行为带来的后果。因为行为的非法性并不意味着后果责任的实现。三是鉴于我国现行立法和社

① 参见北京市朝阳区人民法院(2016)京 0105 民初 10079 号民事判决书;山东省威海市中级人民法院(2018)鲁 10 民终 399 号民事判决书等。

会环境的过于宽容,虐童行为的内涵实有扩张的必要性,以便于与国际接轨。从而将情感虐待和儿童忽视纳入其内有其必要性。换而言之,虐童行为的内涵在我国还有着扩张的广阔前景。

二、我国幼儿教师虐童行为的现状

已而,幼儿教师虐童行为在我国的现状到底如何呢?从学术研究的角度来看,一种约定俗成的进路是从新闻媒体报道的角度进行评估。之所以如此,是因为现有行政管理和司法机制均未能有效支持对虐童行为的实证研究。笔者曾反复对中国裁判文书网、北大法宝案例库进行搜索,发现能够进入行政管理程序和司法程序的案件与新闻报道之间形成了极大的反差。从司法案件的角度来看,笔者仅仅收集到 14 个民事案件、2 个行政处罚案件和 16 个刑事案件。显然,这些案件无法体现我国幼儿教师虐童案件的真实情况,只不过冰山一角而已。一个问题很明显的在于:既然判决幼儿教师承担刑事责任的案件已经多达16 个,那么必然意味着民事案件远远高于这个数量。按照我国民商事案件一般是刑事案件的 200 倍的规模估算,实务中发生的虐童民事案件的总量应当以千件为单位。再者,以新闻媒体报道的情形作为实证分析的依据也存在巨大的缺陷。缘由在于,这些案件大都没有确切的事实依据可供参考,多数情况下基于幼儿家长一方的说词。而幼儿家长发现幼儿受到虐待的情形是极难极难的,即便发现并通过新闻媒体扩散,其可资利用的渠道(实质性地为新闻媒体所报道)也微乎其微。相反,课题组在调研的过程中发现,更常见的情形是家长通过自身力量与幼儿园及其负责教师进行协商解决。作为两个孩子的父亲,笔者亲眼所见的情况均在两个孩子所就读的幼儿园中发生过。其中,最为主要的情形是教师严重的儿童忽视行为。只有极个别的情况下才发生家长冲击幼儿园的情况。①据此,本书作者经过与课题组成员多次协商,

---

① 2011 年夏天的一个下午,笔者去孩子所在的幼儿园接孩子回家。有一大班男童的家长全家出动,在淮北市某公立幼儿园(在当地民众的口碑中排名第二)门口拉横幅,手持诊断书,不停地大声咒骂幼儿园及其主班老师,情绪极为激动。理由是该主班老师用(转下页)

认为在相关案件"黑数"无法估计的前提下,目前比较合理的评估方案是采取综合性方案,即从新闻媒体的报道入手,形成第一层面的材料;其次学术研究资料的整合与问卷调查;最后,结合相关案例进行分析。

(一)媒体报道

媒体报道幼儿教师虐童行为的情况在我国可谓姗姗来迟,直到2012年10月浙江温岭幼儿教师颜某虐童一事进入媒体视野才得以真正引起关注。在此之前,我国新闻媒介很少关注幼儿教育中的儿童虐待问题。①此后,幼儿教师虐童事件快速发酵,并延伸至家庭虐童问题。百度百科将"虐童事件"列为词条。该词条主要记述了如下五起幼儿园教师虐童事件:(1)2012年10月24日,浙江温岭发生一起民办幼儿园老师双手拎男童双耳、致其双脚离地的事件;(2)2015年12月,吉林四平市红黄蓝幼儿园曝出虐童案,近30名幼儿家长指称孩子身上现多个针眼;(3)2016年4月,呼和浩特市某艺术幼儿园的两名教师,以被看护幼童刘某某淘气、不好管为由,多次采取推搡、踢打等方式虐待刘某某,并致其轻微伤。(4)2017年11月8日,有关携程亲子园工作人员"虐童"的视频在网上流传并引发强烈关注。(5)2017年11月22日,

---

(接上页)缝衣针扎伤了孩子。面对此种情形,当地公安机关立刻意识到了事态的严重性。一方面调集警力对幼儿园及周边设置警戒线,进行保护;二是合法劝慰家长,并向家长做出承诺,即对案件进行调查。此后一周之内,该幼儿园上班期间至少有两名以上的民警蹲守,以防事态恶化。据进一步了解,公安机关立案后随即对该幼儿进行了鉴定,发现无任何伤痕。后来,家长在围观群众中给出的解释是,家长发现孩子身上存在红点,孩子说是被某某老师用针扎的,且被扎的不止他一个人。发现伤情的当天,家长带孩子到医院就诊。医院的诊断书上载明左右胳膊上均有几处软组织红点,无需治疗。家长随即质问主班老师和幼儿园负责人,未果,又向区教育局举报。在协商和举报均未得到合理解释后的第三天才向公安机关报案。公安机关明确告知该案无当事人举报的事实存在,不予立案。当事态严重到家长冲击幼儿园时,公安机关才决定立案调查,并进行鉴定。此时,此时诊断书载明的伤口已经完全消失,无法鉴定。该事态持续了近两个月,最后不了了之。

① 《广州日报》曾报道了一件严重虐待儿童的犯罪行为。不过该事件并未发生在幼儿园,而是儿童康复中心。据报道,2012年7月2日,广州市番禺区子惠儿童康复服务中心教师许立欢在帮助幼儿瑶瑶进行康复训练时,碍于瑶瑶不配合行为将其凌空吊起,然后快速向后,将其甩在地上。之后,该老师又拉起孩子的双脚,致使孩子倒地,头部撞到地面,昏迷不醒。参见李华:《谁来为特殊儿童撑起"保护伞"?》,《广州日报》2012年10月9日第20版。

有十余名幼儿家长反映朝阳区管庄红黄蓝幼儿园(新天地分园)国际小二班的幼儿遭遇老师扎针、喂不明白色药片,并提供孩子身上多个针眼的照片。此后,该词条并未继续更新。之所以如此,是因为经历过温岭虐童事件、携程亲子虐童园事件和红黄蓝虐童事件后,几乎已经无任何一件幼儿教师虐童事件能出其右,丧失了新闻的价值性。

然而,经笔者搜索,有关幼儿园教师虐童事件在2012年以来,一直不绝于耳。仅以2019年为例,互联网上至少出现了如下一些幼儿教师虐待儿童的信息(不分时间先后顺序):(1)6月7日广东省东莞市桥头镇东江幼儿园教师推倒、打嘴巴、用脚踢多名幼儿。(2)8月5日苏州吴中区黄女士反映,其儿子在甪直镇澄湖伟才国际幼儿园上暑期托管班期间,遭一名老师用针刺、脚踹、眼睛疑似被滴入不明黄色液体等方式虐待。(3)12月,湖南娄底市某幼儿园家长李先生送孩子上学后查看监控时发现孩子老师正在打自己孩子,于是与该教师发生冲突。后公安机关对该名幼师处以12日行政拘留并罚款500元,李先生被行政拘留7日并罚款200元。(4)4月27日,都市频道报道虹桥新阳光幼儿园幼儿教师多次随意殴打4名幼儿,家长哭诉的同时报警。(5)4月,通州区星河国际幼儿园在园幼儿的多名家长发现孩子身上有针眼,孩子们均说是刘老师扎的,于是报警并引发警方介入调查。(6)12月底,有家长在网上发帖,晒图,晒视频,直指河北石家庄市奥北康桥幼儿园老师虐待其小孩,并致孩子脸、后背、耳垂等留有多处淤青。(7)7月16日,保定清苑区冉庄镇蒋庄村幼儿园教师将孩子"挂"在墙上,另一名教师多次殴打幼儿,逼其认错,后公安机关介入处理。类似的信息在网上还有很多很多,可谓不胜枚举。

进一步观察前述幼儿教师虐童事件,不难发现,前述新闻报道有几个共同的特征:一是虐童行为十分明显,几乎无一例外均为故意的身体伤害行为。二是所有幼儿教师虐童事件中有关事实部分只有有限的信息来源:幼儿园监控、幼儿身上的伤痕或父母亲眼所见。三是所有虐童事件中幼儿均未主动向家长披露受到虐待的事实,虐待事件被发现纯属偶然。

（二）资料与调查

如果依据本书给出的虐童行为定义，虐童行为在我国幼儿园的教育教学中相当多见。这一点也曾为有关学者所记述。湖南师范大学幼儿园教师杨丹燕曾在 1999 年撰文指出，威胁恐吓、疏远冷落、武断夸大、压抑剥夺、要求苛刻、爱算旧账等心理虐待方式在上世纪末的幼儿园中经常性出现。①此后不久，《教育科学论坛》2002 年开辟专栏《是"虐待"还是创新》，以当时媒体上热烈讨论的两个教育案例作为引子，以征集不同教育界人士的观点。第一个案例：武汉育才小学五（四）班的 64 名学生接受了一项颇为奇特的作业。班主任老师要求每个学生必须时刻携带一个生鸡蛋，并要保证一周内鸡蛋不丢失，不破损。该作业被称之为"感悟亲情"活动。第二个案例为，重庆永川市南大岗小学三年级（三）班的 43 名学生在大冷天穿着拖鞋上课，甚至有的学生因忘记带拖鞋就只能赤脚上课。据说，班主任采取此种做法是为了培养学生爱清洁的行为习惯，是行为教育的尝试。从该专栏来看，反对派的观点主要为：一是此两种教育方式没有尊重学生的独立人格，是违背教育规律的教育手段，是不可能有生命力的。二是两个案例违背体验教育和行为教育的目的，属于伪教育。三是"抱鸡蛋"属于尝试，关键是"打赤脚"符合了老师的利益——教室不那么脏，因此是"伪创新"。赞同派的观点主要为：一是"抱鸡蛋""打赤脚"并非虐待学生，是善意的体验和磨炼，与日本的教育强度还相距甚远，是一个好现象。二是这两种教育方式是极富创意的教育方式，让学生既体验了艰难，又培养了爱心，主张让这样的"虐待"更多一点。中间派的观点认为：一是两个案例既不是"伪教育"，也不是"虐待"，但是两种教育方式存在不妥之处。虽然不妥，但社会应当包容创新教育，不可能每一项创新都能成功，只有失败的探索才可能带来成功的教育。②虽然这两个案例均发生在小学教育之中，但

---

① 杨丹燕：《幼儿园心理虐待问题之研究》，《学前教育研究》1999 年第 2 期，第 56—57 页。

② 《教育科学论坛》编辑部：《是"虐待"还是创新？》，《教育科学论坛》2002 年第 12 期，第 18—21 页。

是"抱鸡蛋"的作法则在幼儿园的教育教学中也流传甚广,以至于当下有些幼儿园在大班的时候还要求孩子们"抱鸡蛋"。事实上,为了了解幼儿园教师虐童"黑数",课题组曾进行了两项工作,一是收集并整理文献资料,二是对幼儿教师和幼儿家长分别进行问卷调查。

1. 文献资料。据有学者以中南大学和湖南商学院 457 名本科生回忆作为分析对象,发现 18 周岁以前,儿童期经历过心理虐待或忽视的大学生占被调查人数的 45.30%。[①]而另一组实证调研则针对 1 307 名 18 周岁以上成年人就其未成年期间的性虐待问题进行调查。问卷调研发现:被调查的 701 名女生中有 155 名肯定 18 岁以前曾经历过至少 1 次 1 种或多种性虐待,发生率为 22.11%;而 606 名男生中曾经历过至少 1 次接触性性虐待和(或)非接触性性虐待,发生率为 14.6%。[②]更早也更全面的一项问卷调查针对河南新乡的一所乡村中学的 435 名初中生。调查发现,情感虐待、躯体虐待、性虐待和情感忽视发生率分别为 5.1%,32.4%。25.5% 和 99.5%,且男童和女童之间无显著性差异。[③]从课题组收集的相关文献资料来看,类似的调研在全国还有很多,除开数据上略有差异外,前述三份实证研究的数据比较适中,因此被课题组选中作为本书分析的基础素材。

2. 问卷调查。为了探明幼儿园存在的虐童"黑数",课题组设计了问卷(内容相同),分别对幼儿教师、幼儿家长分别进行调查。问卷共设计问题 8 道,针对 10 所幼儿园的幼儿教师发放问卷共 108 份,收回有效问卷 87 份;针对幼儿家长发放问卷 202 份,收回有效问卷 183 份。[④]

---

① 谢智静、唐秋萍、常宪鲁、邓云龙:《457 名大学生儿童期心理虐待和忽视经历与心理健康》,《中国临床心理学杂志》2008 年第 1 期,第 63 页。

② 孙言平、董兆举、卖明纪、孙殿风:《1 307 名成年学生儿童期性虐待发生情况及其症状自评量表测试结果分析》,《中华儿科杂志》2006 年第 1 期,第 22—23 页。

③ 赵幸福、张亚林、李龙飞:《435 名儿童的儿童期虐待问卷调查》,《中国临床心理学杂志》2004 年第 4 期,第 45—46 页。

④ 在发放问卷时,课题组分别在 13 所幼儿园分别发放。有 3 所幼儿园园长认为不合适,拒绝发放。后来课题组选择不与园长沟通,而是直接在访谈过程中向幼儿园老师直接发放。因此,本调查问卷虽然发放总量不够大,但是覆盖面涉及山东、安徽、江苏、广东四个省份,其中合肥、南京、徐州、上海等大中城市幼儿园 4 所,淮北、枣庄、湛江等中小城市 3 所,另有中心幼儿园 2 所,农村幼儿园 1 所。从调研过程来看,总体上幼儿园老师们对这(转下页)

现就调查问卷所涉及的情形统计如下：

(1) 您对本园幼儿老师的教育教学行为满意吗？				
	A. 非常满意	B. 满意	C. 不满意	D. 很不满意
幼儿教师(87)	23	54	9	1
家长(183)	40	82	50	11

(2) 您认为您孩子就读的幼儿园或您工作的幼儿园老师有虐待在园幼儿的情形存在吗？				
	A. 没有	B. 很少有	C. 经常有	D. 无法判断
幼儿教师(87)	70	11	6	0
家长(183)	114	22	18	29

(3) 某幼儿教师对某在园幼儿说："你要是还不睡觉，我就把你扔到楼下晒太阳！"您认为该老师的行为是虐童行为吗？			
	A. 是	B. 不是	C. 无法判断
幼儿教师(87)	74	13	0
家长(183)	83	78	22

(4) 某幼儿教师对不听话的某幼儿采取隔离措施，将其单独隔离在卫生间10分钟。您认为该老师的行为是虐童行为吗？			
	A. 是	B. 不是	C. 无法判断
幼儿教师(87)	85	0	2
家长(183)	180	2	1

(5) 某幼儿教师对不听话的某幼儿采取隔离措施，停止他/她参与班级游戏5分钟。您认为该老师的行为是虐童行为吗？			
	A. 是	B. 不是	C. 无法判断
幼儿教师(87)	0	86	1
家长(183)	34	145	4

（接上页）一问卷非常敏感，不少老师拒绝作答。本来预计针对幼儿教师发放至少200份，但是最后只发放了108份。在回收时，不少教师以没来得及做委婉拒绝了，还有一部分老师说改天，从而未收回。而在对幼儿家长发放问卷时，面临的情形完全不同。年龄偏大的爷爷奶奶辈家长，调研组成员未选择发放，从而将发放的对象主要集中在年轻家长身上。19份无效问卷主要是因为家长急着走，过于随意勾选，导致课题组认为不合适纳入统计范畴；只有几个家长认为，她们/他们配合调查万一被幼儿园老师看见不太好，而拒绝了。

（续表）

(6) 某幼儿教师对某幼儿说:"你还顶嘴,不行就是不行,不准就是不准,没什么理由可讲的。"您认为该老师的行为是虐童行为吗?			
	A. 是	B. 不是	C. 无法判断
幼儿教师(87)	79	5	3
家长(183)	103	60	20
(7) 某幼儿教师对某幼儿说:"你看你画的什么乱七八糟的,看人家刘甜甜画得多漂亮。你笨死了!"您认为该老师的行为是虐童行为吗?			
	A. 是	B. 不是	C. 无法判断
幼儿教师(87)	81	3	3
家长(183)	156	22	5
(8) 在园幼儿童童多次哭着找幼儿老师说:"老师,小明又打我了。"老师说:"我知道了,你别哭了,我批评他。"之后一直没理童童,也没有批评小明。您认为该老师的行为是虐童行为吗?			
	A. 是	B. 不是	C. 无法判断
幼儿教师(87)	51	30	2
家长(183)	135	18	30

对于前述问卷调查,本书初步分析如下:

(1) 第一个问题的是幼儿教师和家长对幼儿园教育教学的总体印象。显然,家长与幼儿教师有着较大的区别。88.5%的幼儿教师对工作单位是认可的;但与此形成较大反差的是幼儿家长,满意率才66.7%,说明家长希望幼儿园的教育教学有较大幅度的改善。

(2) 第二个问题是一个模糊认知问题,直接与后文的调查形成直接关联度上的印证。因为就幼儿教师或家长做问卷的心态来看,其显然是以调查时其孩子就读或其本人工作的幼儿园为认知条件的。从幼儿教师的角度来看,结果令人非常惊讶,19.5%的教师认为其所在幼儿园是存在虐童行为的,这一判断与家长们的判断(21.9%)比较接近。此外,据笔者对某些家长的访谈得知,大多数家长均以各种名义给幼儿教师送礼。家长们之所以如此,最主要的担心是害怕幼儿教师区别对待自家孩子,其中也包括害怕孩子受到虐待。

（3）第三个问题显然是一种恐吓行为，是明显的语言暴力的虐童行为。幼儿教师倾向于集体否定；而家长们的意见似乎模糊不定。42.6％的家长明确认为这种恐吓行为不代表实际行动，因而不认为是虐童行为。之所以如此，是因为这是家庭暴力中的习惯性表现。笔者在调研的过程中发现，国人对待幼儿的行为普遍较为严厉，并以自家家风好而自居。家长打骂儿童不仅十分普遍，而且严重超过了幼儿教师。这说明，中国家长实际上对虐童行为的承受能力比较强，因为自己就是这样做的！

（4）第四个问题是"关小黑屋"的严重忽视行为。所有幼儿教师均接近肯定是虐童行为，这显然带有专业知识的反应。家长们也与幼儿教师保持高度的一致。在中国家庭中，家长将孩子"关小黑屋"以引发其恐惧心理的情况经常发生，所以家长们知道，这是对幼儿的一种极为恐惧的惩罚。

（5）第五个问题是计时隔离，是国际上公认的一种幼儿惩戒措施。幼儿教师们均有着良好的表现。不过中国式家长们则不是如此，18.6％的家长们表示不可接受。中国式家长很典型地表现出了"我可以做，但别人不行"。有人曾经总结了"中国式家长"的十个特点：过度关注孩子；用放大镜看孩子；要求孩子完美；习惯将焦虑、不快乐等负面情绪输送给孩子；消灭孩子的个性；趋同、盲从、攀比；虚荣，把孩子当成光宗耀祖的工具；严以待人，宽以待己；揠苗助长；简单且粗暴地给孩子定性。[①]家长们之所以持有异议，主要是对幼儿教师的期望值过高所导致的，是"中国式家长"攀比心理与过度关注的典型体现。

（6）第六个问题是幼儿教师展示自身权威以打压幼儿人格的一种体现，也是虐童行为。然而，32.8％的家长认为不是虐童行为，可见问题还是出在家长们身上。还有10.9％的家长没有形成自身的判断。这说明，类似的家长权威在我国社会极为普遍，以至于人们往往不认为是虐童行为。

①　迟慧：《变化多端的魔法课》，青岛出版社2017年版，第139页。

（7）第七个问题是一种以语言方式进行的情感虐待行为。幼儿教师们也表现出了良好的专业判断；但是"中国式家长"的习惯又在此再一次上演。85.2％的家长肯定其是虐童行为，但是12％的家长们似乎从来不认为自己这么做是虐待孩子，而是教育孩子。

（8）第八个问题是一个典型的忽视幼儿基本需求——安全需求的虐童行为。在这一问题上幼儿教师之间，幼儿教师与家长之间均形成了较为强烈的反差。58.6％的幼儿教师肯定其是虐童行为。这与73.8％的家长的判断距离较远。类似的是，34.5％的幼儿教师不认为这是虐童行为，而持类似观点的家长仅占10％。这说明，对于忽视幼儿，幼儿教师并不敏感，而家长们则足够敏感。因为在家长眼中，自家孩子未能得到教师重视，等于"白上学"，在起跑线上就输了。这是中国家长绝对输不起的。而对于幼儿教师而言，显然内部存在较大的分歧。有的幼儿教师认为，在保教过程中，孩子的事情要尽可能自己解决。"孩子们告小状太多了，不能鼓励。"也有的教师认为，"孩子告状很常见，教师最好要了解情况再做决定，不能忽视，否则容易出问题。"

3. 综合分析。从国内有关文献和本课题组的调研来看，我们不难发现，我国幼儿园存在的虐童黑数是极为惊人的，毕竟有6.9％的幼儿教师认为幼儿教师虐童行为经常发生。对照国际标准，与国外相比较，其实绝大多数虐童行为发生在情感虐待和忽视儿童方面，从而只是属于偏高偏重的态势，并未超出可承受的范畴。另外，与国内对成年人做回顾性调查来证实在园幼儿被教师虐待的可能性是微乎其微的。个中缘由很简单，绝大多数儿童成年后已经基本忘记了幼儿园时期所经历过的绝大部分细节。经笔者对12名初中生的随机访谈发现，孩子们只是对在园期间记忆非常深刻的事情能有所记忆。比如，"在幼儿园期间，最害怕老师怎么处罚？"大多数的儿童均毫不犹豫地回答"关小黑屋"！作者再问，比如老师威胁你说，"不听话就要告诉你妈妈，要么就不要你了！属不属于虐童？"孩子们几乎都说："这不算虐童，老师们经常这样吓唬小朋友的！"由此不难发现，国内有关对成年人的回顾性调查难以真实反映幼儿教育中的虐童"黑数"。不过，相映成趣的是，问卷调查出乎课题组的意料,即幼儿教师的反应在情理之中,但家长们的反而成为重点。调查问卷反映出家长们习惯性地把家庭教育思维带入了幼儿教育,并且形成了与幼儿教师的较强烈反差——对幼儿教师要求远高于自身。从这一角度而言,改变中国幼儿教育,还必须任重道远,必须从改造国民性开始。这是第一点。第二点,结合我国现行有关虐童知识的调查来看,公众关注的是教育利益问题,而非教育价值问题。这一点典型地从中国式家长的对待幼儿教育的态度就能看出来。以功利主义的心理倾向为基础的社会宏观环境还不足以为高品质的幼儿教育提供社会助力。这说明,改善我国幼儿教育事业,更多地将依赖于国家的努力。第三,结合国内新闻报道、文献分析与本课题组调研资料也从侧面反映出,我国幼儿教育的现状在着力解决极为明显的表面问题,还并未从教育教学理念上切换到幼儿教育的专业化道路上来。这从国内调研和新闻报道均主要针对身体虐童就可见一斑。显然,这说明我幼儿教师教育权规制机制的制度建设和运行有着较大的客观性社会障碍。

(三)规制状况

众所周知,行政处理、民事赔偿、刑事追责等法律处置方式对于社会纠纷的规制而言存在明显的滞后性,但也能展示其严厉性。从 2012 年浙江温岭虐童事件发生以后,不少学者就意识到我国立法和司法在应对幼儿教师虐童事件方面存在巨大缺陷。在事件发生后不久,有学者便撰文指出,公安机关以寻衅滋事罪将虐童幼师颜艳红刑事拘留存在巨大的疑问。理由是:一是寻衅滋事罪侵犯的客体是社会秩序,而本案则是幼儿的人身权利和健康权利。二是刑法上无可以适用的合适罪名。因为虐待罪的侵害对象被限定为亲属之间,故意伤害罪必须造成幼儿严重身心伤害。至于网民们主张的"虐童罪"在我国当时的刑法中根本不存在。[1]类似的声音还有很多。事实上,检察机关也意识到了问题的严重性,无可奈何,不得不将案件退回公安机关补充侦查。公安机

---

[1] 刘文斌:《思想独舞》,团结出版社 2013 年版,第 85 页。

关补充侦查后发现,颜艳红的虐童行为我国在刑事法领域无罪名可以适用,不得不向检察机关申请撤销案件。就此,颜艳红的行为不构成犯罪,被无罪释放。不难看出,本案中,虽然罪刑法定原则被严格遵守,但是实质上放纵了社会危害行为。2015 年 8 月 29 日全国人大常委会通过的《刑法修正案(九)》新增了虐待被监护人、看护人罪,①弥补了这一立法漏洞。至此,从 2015 年 11 月 1 日起,类似案件一旦达到犯罪行为的标准均以虐待被看护人罪追究刑事责任。

如果幼儿教师虐待儿童的行为未达到犯罪标准,则往往由公安机关追究其行政违法责任。由于行政处罚决定书不公开,因此笔者收集到的相关案例非常少,仅 1 例。非常有趣的是,该案并不是对虐待幼儿的幼儿教师进行处罚,而是对该教师作出了不予处罚决定书。之后,受虐幼儿的爷爷奶奶不服,作出过激行为,以拉横幅、摆电车的方式堵住幼儿园的大门,最终均被公安机关处于行政拘留七日。②诚然,幼儿教师因虐待儿童被公安机关处以行政拘留并罚款的案例在新闻媒体的报道中比较多见。依据我国《治安管理处罚法》第四十二条第一款第一项规定,威胁他人人身安全的;第四十三条第一款规定,殴打他人,或者故意伤害他人身体的;第四十四条规定猥亵他人的;第四十九条规定盗窃、诈骗、哄抢、抢夺、敲诈勒索或者故意损毁公私财物等行为均应处以行政拘留且可以并处罚款。这些法律规范中,就将大量虐童行为概括在内,为国家机关依法对虐童行为进行制裁提供法律上的依据。

实务中,多数幼儿教师虐童行为并没有引发严重的人身处罚后果,从而转化为民事纠纷得以处理。然而,让笔者格外惊讶的是,类似案件在我国引发的民事诉讼也极为少见。笔者反复在中国裁判文书网和北大法宝等两个数据库进行搜索,最终只发现并下载了 15 个民事案件。

---

① 《刑法》第二百六十条之一:"对未成年人、老年人、患病的人、残疾人等负有监护、看护职责的人虐待被监护、看护的人,情节恶劣的,处三年以下有期徒刑或者拘役。单位犯前款罪的,对单位判处罚金,并对其直接负责的主管人员和其他直接责任人员,依照前款的规定处罚。"有第一款行为,同时构成其他犯罪的,依照处罚较重的规定定罪处罚。

② 参见山东省济阳县人民法院行政判决书(2014)济阳行初字第 59 号;山东省济阳县人民法院行政判决书(2014)济阳行初字第 60 号。

与媒体报道的大量幼儿教师虐童案件相对比,发现两者之间完全不成正比关系! 这一现象不能不引起各界的重视,也不能不引起我们的反思。"一旦法律失去了力量,一切就告绝望了,只要法律不再有力量,一切合法的东西就不再有力量。"①事实上,我国民众之所以对我国幼儿教育的评价度不够高,一个重要的原因就是消解其正性价值的因素过多,从而导致其正性价值被负性因素拉低。在法学研究中,程序正义的概念被导入后,学术界发现,正当性从来不是实体结果所赋予的。程序正义之所以被称之为"看得见的正义"是因为其具有赋予事情过程正当性的巨大作用。因此,要想解决我国幼儿教育所面临的正向价值瓶颈问题,最为重要的策略性方向就是完善程序性规范。直言之,尽可能让幼儿教育过程实现三公,即公平、公正、公开。也正是在此种语义上,规范幼儿教师教育权的最主要用意就在于规范幼儿教师教育权的行使程序。

三、我国幼儿教师虐童行为的表现形式

"不同民族的历史遵循不同的道路前进,其原因是民族环境的差异,而不是民族自身在生物学上的差异。"②要解决某一问题,就必须先把握这一问题的具体表现形式。人们常说,教师是太阳底下最光辉的职业。我国国家立法、教育职业道德规范均秉持着这种理想。"幼儿为本、师德为先、能力为重、终身教育"等措词均被广泛宣传和贯彻。然而,即便在虐童行为"人人喊打"和热爱幼教事业、关爱幼儿的政策环境下,令人发指的虐童行为依然频频发生。这不能不令笔者对这些行为产生了一探究竟的强烈欲望。为了便于更系统的分析,本文以当今占据主流地位的四种虐童行为为基本类型,继而在此基础上进一步归纳:

（一）身体虐待

无论中外,身体虐待是最为突出,也是最为常见的虐待形式。无论

---

① ［法］卢梭:《社会契约论》,何兆武译,商务印书馆1982年版,第168页。
② ［英］贾雷德·戴蒙德:《枪炮、病菌与钢铁——人类社会的命运》,谢延光译,上海译文出版社2016年版,第15页。

中外，几乎所有的幼儿园一个极为突出的特征就是女性教师占据数量上的绝对优势。这也许是受到母性柔善理论假设的影响。曼恩曾说："女性被认为远比男性更适合指导孩子和作为孩子们的模范，因为她们天性是态度温柔、优雅，因为她们对面子问题和将来地位的功利心淡薄，因为她们希望与家庭而不是与全世界亲近"。①然而，在全世界发生的幼儿教师虐童事件中，女性教师的残忍程度并不亚于男性。据课题组对各种爆料出来的幼儿教师虐童事件进行梳理，则不难发现，身体虐待中，发生频率依次如下：

1. 拽、拉、推等推操行为。拽人、拉人、推人是日常活动中最为常见的一种伤害行为。如果掌握得当，这类行为往往不会造成人身体上的严重伤害后果。在幼儿教育中，幼儿远比教师身体矮小且羸弱，此类行为往往在虐童行为开始前作为前奏性的预备行为或控制行为加以使用。不过，这类行为已经处于虐童行为的着手阶段，是虐童行为的组成部分。

2. 用尖锐物扎。用针扎或用牙签扎幼儿似乎是虐童幼儿教师中相当受欢迎的一种虐童方式。近年来，有关用尖锐物，尤其是缝衣针来扎幼儿上胳膊、屁股、大腿内侧等隐蔽部位是非常流行的一种虐童方式。从媒体报道来看，此种方式经久不绝，长盛不衰，在最近依然多有报道。从报道内容来看，绝大多数涉事女教师均以被蚊子叮了，作为推卸责任的借口。由此不难看出，用尖锐物扎这种虐童行为在有这种畸形心理需求的幼儿教师们看来是比较安全、有效且隐蔽的，是"教训"并"控制"孩子们的一种"高明"方式。

3. 打耳光。打耳光似乎是一种中外通用的对他人进行身体攻击的行为，是否是中国糟粕文化的组成部分还真不好判断。在行为文化中，"相对来说，打耳光是一个男性化的姿势"，"女人打男人，都是对着脸'施暴'"。②"女孩子打臭男人的胡子脸，完全是西洋文化，中国文化

---

① Mann. DALE. The politics of training teachers in schools, Teachers college Record, 1976(77).

② 寇研：《她的国》，哈尔滨出版社 2016 年版，第 40 页。

中从没有听说过有这种干法的。中国的一套似比洋大人更为凶猛,不动手则已,动手就是'抓'"。①经验性的来看,男人打人更喜欢抽对方嘴巴子。打耳光更多的是一种羞辱,因为"打的就是你的脸",伤的是肉,失掉的是面子。女人要是打男人耳光可以说是一种莫大的人格羞辱。然而,在幼儿教师虐童事件中,打耳光司空见惯。最为可怕的是,太原市迎泽区蓝天蒙台梭利幼儿园教师李竹青因一女童不会算术题,在短短的十几分钟内狂扇孩子 70 次耳光。②后来,幼儿教师打耳光似乎汲取了教训,在技巧上进行了改进——自己不打,让孩子互相打! 2017 年 5 月 31 日下午,阆中市滕王阁幼儿园大五班临聘教师刘艳玲责令两个不听话的孩子互扇耳光。③再后来,打耳光又有了升级版——孩子自己打自己! 据《扬子晚报》网络版爆料,2019 年 11 月 18 日,盱眙县天都幼儿园一位陈姓女教师因为几个孩子没有午休,于是让孩子们排着队自己扇自己耳光。④看来,在中国,打耳光文化还在不断升级,有虐童倾向的幼儿老师在打耳光方面潜心"研究"了一番,以至于技巧日益精进。

4. 用脚踢。用脚踢孩子是幼儿教师虐童事件中比较常见的一种形式。比较各种虐童视频所披露的幼儿教师身体虐待动作,笔者发现脚踢孩子是所有殴打孩子的动作中最为轻快,最为及时,最为快速的一种方式。可以说,虐童幼儿教师往往可以"一招制敌",孩子们几乎无从抵抗,无从躲避。2015 年 9 月,媒体爆料,长治长钢第一幼儿园女教师郝艳脚踢大(三)班 20 个孩子。⑤2017 年 1 月,搜狐新闻爆料出一起虐童事件,沈阳于洪海豚宝贝幼儿园一张姓女教师用脚连续踢聋哑幼儿。

①　柏杨:《牵肠集》,中国友谊出版公司 1994 年版,第 54 页。
②　辽宁都市频道:《实拍:5 岁女童不会做算术题被老师狂扇 70 次耳光》,http://www.chinanews.com/shipin/2012/10-23/news112354.shtml,搜索日期 2020-3-2。
③　作者佚名:《上课不守纪律　幼儿老师让孩子互扇耳光(组图)》,https://www.sohu.com/a/146747564_219984,搜索日期 2020-3-2。
④　朱鼎兆:《视频:我看着想哭! 幼儿园小朋友排队自扇耳光,扇几下看看老师又继续扇》,https://www.yangtse.com/content/783931.html,搜索日期 2020-3-2。
⑤　刘洋、吴荣奎:《幼儿园老师脚踢 20 学生　有孩子被踢重向前趔趄》,http://news.sina.com.cn/o/2015-09-28/doc-ifxiehns3514152.shtml,搜索日期 2020-3-2。

而且非常令人惊讶的是,该视频的提供者曾经在该园工作过,因实在无法忍受园长的凌辱而辞职。①不过,用脚踢这种虐童方式控制不好力度和部位很可能带来非常严重的后果。因而在虐童动作中属于急火攻心的暴戾方式,但同时又是最能展示虐童教师绝对优势地位的一种方式。

5. 掐、拧、吊、挂、喂芥末等其他方式。诚然,虐待儿童身体的方式千万种,不可能一一介绍。从媒体报道的情况来看,掐、拧胳膊和大腿是相当多见的暴力行为。另外,报道中,虐童幼儿教师将儿童挂墙上或揪耳朵吊起来,也比较多见。而新近出现的另一种形式就是强行喂芥末。

(二) 情感虐待

比身体虐待更具有隐蔽性的是情感虐待,并对儿童的伤害能够持续很长时间。据 2015 年的研究,我国情感虐待发生率非常高,高达儿童总数的 19.6％。②情感虐待主要带来如下消极结果:(1)受虐儿童长期被迫处于某种压力环境之下,其认知、情绪、行为的发展受到外界的强烈破坏性干预,且持续的时间很长,损害性大。有学者认为,在这种行为被打断之前,施虐者和受虐者将保持长期的互动关系,因而情感虐待所造成的破坏性比身体虐待和性虐待更为可怕。③(2)儿童情感受虐容易导致社交焦虑。依据自我决定理论,人类具有自主(autonomy)、胜任(competence)与关系(relatedness)三种心理需要。④情感虐童行为造成的影响是因负性生活事件会降低受虐者的心理需求。而心理需求的降低将导致受虐者出现抑郁、焦虑等消极倾向。(3)情感虐待严重打

① 作者佚名:《沈阳海豚宝贝幼儿园老师暴打聋哑儿 摔地上连续脚踢》,https://www.sohu.com/a/124205048_115401,搜索日期 2020-3-2。

② Xiangming Fang, Deborah A Fry, Kai Ji, David Finkelhor, Jingqi Chen, Patricia Lannen & Michael P Dunne. The Burden of Child Maltreatment in China: A Systematic Review. Bulletin of the World Health Organization, 2015; 93(3), pp.176—185.

③ Riggs SA. Childhood Emotional Abuse and the Attachment System Across the Life Cycle: What Theory and Research Tell Us. Journal of Aggression, Maltreatment & Trauma, 2010; 19(1), pp.5—51.

④ Deci EL, Ryan RM. The "What" and "Why" of Goal Pursuits: Human Needs and the Self-determination of Behavior. Psychological Inquiry, 2000; 11(4), pp.227—268.

击个体自尊。自尊是个体对自身价值、优势和重要性的整体感知。①儿童自尊受到打击后，其心理健康受到破坏，产生不自信、消极、畏难情绪，并可以进一步引发焦虑。

　　在幼儿教师虐童事件中，情感虐待并不为我国媒体所关注，而且在笔者所获取的所有资料中，迄今为止并没有发现因情感虐待而引发的民事诉讼。造成这一方面的阻碍很可能是因为法学理论并没有为情感伤害行为提供足够的理论依据，以至于立法者迄今为止没有被打动。事实上，司法实务中，我国一直坚持精神损害赔偿以侵权行为为前提，拒绝其他形式的精神损害赔偿请求权。这可能是情感虐待无法转化为司法实际需求的一个重要阻碍因素。实务中，情感虐待的表现形式体现为通过语音、动作、眼神等予以传递负面信息。比如羞辱性的语言、殴打、限制活动范围等等。以羞辱性的语言为例，具体说来体现为如下几种情况：一是贴反面标签。比如不断将孩子视为调皮捣蛋者、闹事者、爱哭的孩子、不合群的孩子等等。二是羞辱受虐者的自信心和自尊心。打击自信心和自尊心对于3—6岁的小孩来说有很多形式。往往是通过否定孩子的想法、兴趣、成绩、好奇心等的方式进行的。比如"你什么也不懂，还瞎嘚瑟！""你就是一个傻子，啥也不会！""你以为你做得好，其实某某才做得好！""你这算什么呀，纯粹捣乱！"俗话说："说者无意，听者有心。"在很多时候，幼儿教师不适当的一言一行就可能造成在园幼儿的自信心和自尊心的永久性损伤。据笔者调查，情感虐待方式中，语言是最为常规的形式。而在身体虐待中，情感虐待往往并存。反过来，情感虐待可以独立存在。

　　（三）性虐待

　　性虐待是我国较少被关注的一个议题。从国内媒体报道的所有较为典型的虐童事件来看，幼儿教师做出性虐待行为的较为罕见，但很可能是被最为突出的身体虐待所掩盖了。性虐待主要体现性接触、性骚

---

① Rosernherg M. Society and the Adolescent Self-image. Princeton, NJ: Princeton University Press, 1965, pp.134.

扰和性侵犯。国内学者概括了如下一些主要的形式:(1)向儿童暴露或玩弄生殖器;(2)在儿童面前手淫或玩弄生殖器;(3)对儿童进行性挑逗或迫使儿童对其进行性挑逗;(4)窥视、触摸或抚弄儿童的身性器官(包括乳房或外阴部);(5)让儿童观看淫秽书刊或影像;(6)性挑逗式地触摸其身体;(7)在儿童身上故意摩擦其性器官;(8)用口接触儿童的性器官;(9)迫使儿童用口接触性虐待者的性器官;(10)在阴道内放置异物;(11)试图与儿童性交,或强行与儿童性交等。仔细查看相关分类,不同学者有着不同的细分方法。①据国内实证研究,性虐待发生概率在不同研究的结论中较为稳定。2000年的调查发现,16岁以前曾经历过至少1次1种或多种性虐待的女性儿童为25.5%,其中半数以上发生在女性儿童13岁及以下的年龄段内。②而另一项实证研究表明,在被调查的485名大学生中,18岁前性虐待发生率为26.6%,其中21.2%的男生和35.2%的女生遭受过性虐待。③也有研究表明,在18周岁以下的儿童期中,性虐待发生率女性儿童为22.11%,男性儿童为为14.69%。其中4—6岁女性幼儿为1.9%,男性儿童为1.3%。④由此看来,幼儿教师性虐待行为发生的概率可能远比身体虐待、情感虐待和儿童忽视要少得多。从笔者对网络信息的搜索来看,很少有相关报道。而从法院系统发布的相关案例来看,猥亵儿童罪多发生在幼儿园和中小学之外。笔者对中国裁判文书网搜索后也没有发现相关幼儿教师猥亵儿童的案例。

(四)儿童忽视

儿童忽视是所有虐童行为中最难以界定的一种不作为行为。因为

①　参见陈静琪、Michael P. Dunne、王兴文:《某中学高中女生儿童期性虐待发生情况调查》,《中国学校卫生》2002年第2期,第108页;言平、董兆举、衣明纪、孙殿风:《1 307名成年学生儿童期性虐待发生情况及其症状自评量表测试结果分析》,《中华儿科杂志》2006年第1期,第23页。

②　陈静琪、Michael P. Dunne、王兴文:《某中学高中女生儿童期性虐待发生情况调查》,《中国学校卫生》2002年第2期,第109页。

③　赵丹、李丽萍:《某医科院校485名大学生儿童期虐待经历的调查》,《疾病控制杂志》2006年第2期,第154页。

④　孙言平、董兆举、衣明纪、孙殿风:《1 307名成年学生儿童期性虐待发生情况及其症状自评量表测试结果分析》,《中华儿科杂志》2006年第1期,第23—24页。

在不同文化、宗教、道德和法律观念下,对以先前义务为前提的不作为行为有着不同的理解。有观点认为儿童忽视"是指父母或监护人在具备完全能力的情况能提供应有的帮助";①有观点将儿童忽视定义为:"儿童父母或者照顾者、监护人未能在卫生、教育、情绪发展、营养、住房和安全的生活等方面为儿童的发展提供足够的保障。"②更有学者综合世界卫生组织、国际预防虐待与忽视儿童协会、美国卫生与公众服务部、香港防止虐待儿童会的定义,将儿童忽视定义为:儿童照管者因疏于其对儿童照料的责任和义务,严重或长期疏忽对儿童基本需要(包括身体、食品与营养、衣着、情感、安全、医疗、教育等)的满足,以致危害或损害了儿童的健康或发展,或在本来可以避免的情况下使儿童面对极大的威胁。目前国内采用较多的儿童忽视概念是由潘建平教授提供的:"儿童照管者因疏于其对儿童照料的责任和义务,严重或长期疏忽对儿童基本需要的满足,以致危害或损害儿童的健康发展,或在本来可以避免的情况下使儿童面对极大的威胁。"③

从法学的角度来看,前述概念中第一个概念没有完成内涵或外延的确定,因而不可取。第二个概念将范围扩大到"儿童的发展"领域,也产生了与第一个概念类似的不妥之处。第三个概念在内涵的提炼上成功地突出了"基本需要"、"危害或损害"和"威胁"等核心要素,因而有了极大的进步。但是这一概念不够简练,而且也同样陷入了"儿童发展"之过于扩大化的窠臼。至于潘建平教授的定义,显然比前三个概念更为精炼和准确,但是将损害结果之一固定到"健康发展"似乎又过度缩小了其范围。在综合前述研究成果的基础上,本书以为,儿童忽视是"儿童照管者因疏于履行照管儿童的义务,严重或长期忽视儿童基本需求,以至于危害或损害儿童合法权益,或将儿童置于本应避免的严重威

①　杨玉凤:《儿童的虐待与忽视及其干预对策》,《中国儿童保健杂志》2006 年第 4 期,第 330 页。

②　Kathryn L, Hildvard, David A. Wolfe. Child Neglect: Developmental Issues and Outcomes. Child Abuse & Neglect, 2002; 26(6), pp.679—695.

③　潘建平:《中国儿童忽视现状与研究展望》,《中国学校卫生》2014 年第 2 期,第 161 页。

胁之下的不作为行为。"

儿童忽视既可以是长期未履行法律义务的不作为行为,可以是主观故意行为,也可以是因先前义务未履行或未完全履行所导致儿童处于严重受威胁状态的主观过失行为。另外值得指出的是,学术界对儿童忽视在定性上存在分歧,即虐童行为是否包括儿童忽视。有观点认为包括在内,有观点认为属于儿童伤害行为,还有观点认为儿童忽视与虐童行为相对独立,属于两个并列的概念。①本书认为,儿童忽视属于虐童行为的一种。缘由在于,儿童忽视是一种以照顾者先前义务为前提的非法行为。不履行法律义务和做出法律禁止的积极行为并没有本质上的不同,就如同一枚硬币的正反面,都是硬币的组成部分。

从学术界的主流观点来看,儿童忽视发生率非常高。亚太地区的发生率为 28.0%—43.6%,②说明不同地区的发生率有着较大的区别。在我国,对乌鲁木齐 3—6 岁儿童忽视现状的调查显示发生率约为51.89%;③对于淄博市 3—6 岁儿童忽视现的调查显示发生率为51.48%;④潘建平教授的调研成果显示,城市 3—6 岁儿童忽视率为28%,而农村为 53.7%。⑤由上不难看出,我国儿童忽视在不同地区存在不同,地区不平衡特征突出,且农村明显严重于城市。

在我国最近新爆料的不少幼儿教师虐童事件中,出现了格外令人愤怒的一个现象,即将消炎药、抗病毒药、安眠药喂给孩子们吃。虽然其行为不乏经济利益因素(比如提高到园率),但也同时强烈地体现出了儿童忽视的倾向。喂在园幼儿消炎或抗病毒类处方药表面上是幼儿

①　贾芷昔、凌晓俊:《儿童忽视研究述评》,《陕西学前师范学院学报》,2020 年第 9 期,第 44 页。

②　崔岳崇、代倩倩、王瑞凤等:《儿童虐待的流行状况及其对心理健康影响的研究进展》,《伤害医学(电子版)》2016 年第 2 期,第 38 页。

③　吴萍萍、贺苗、杨静等:《乌鲁木齐农村 3—6 岁儿童忽视现状及其危险因素分析》,《中国当代儿科杂志》2019 年第 11 期,第 1100 页。

④　杨玉玲、庞淑兰、李凤杰:《等淄博市农村 3—6 岁儿童忽视现状》,《中国学校卫生》2016 年第 9 期,第 1343 页。

⑤　潘建平:《中国儿童忽视现状与研究展望》,《中国学校卫生》2014 年第 2 期,第162 页。

教师追求自身利益,但实际上将幼儿基本需求置之度外,是以积极行为追求忽视儿童的目的性行为,与身体虐待行为同时并存;而喂安眠药显然是害怕幼儿吵闹,以减少工作量,更是典型地追求清净而将幼儿置于严重威胁下的积极作为行为,也与身体虐待行为并存,但是目的依然是追求忽视儿童。

第二节 幼儿教师虐童行为的原因分析

任何一种行为的产生都有着深刻的社会原因。违背自然规律必然遭受自然的报复,违背社会规律也必然招致群体性的损害。"世界是一个生命体,由多样要素有机构成。"①幼儿教师虐童行为虽然多体现为个体性行为,但往往根植于特定的社会环境之内。针对于幼儿教育而言,幼儿教师虐童行为至少存在如下一些重要的社会影响因素:宏观层面上的教育制度与社会环境;中观层面上的幼儿教育机构、教育资源分配;微观层面上的在园幼儿、幼儿保教人员和家长的观念和行为。

一、宏观原因分析

针对本课题而言,幼儿教师教育权制度的完善程度和幼儿教育的社会环境是决定幼儿教师虐童行为发生概率的宏观原因。

（一）幼儿教师教育权制度建设面临实际障碍

本书在前文中已经简要提及,我国幼儿教师教育权制度并不完善,但并没有过多阐释其内在的原因。从学术界研究成果来看,针对幼儿教师教育权制度而进行的法学研究极为少见,大多数成果所针对的议题是学前教育立法之相对更为宏观的议题。从成果形式来看,讨论学前教育立法或政策法规方面的成果主要体现为著作、期刊论文和部分学位论文。其中著作较少,学位论文相对较多,期刊论文最多。观察相关著作,主要有 16 部。涉及学前教育法的有 3 部,分别是兰岚的《学前

---

① 陈忠:《弹性:风险社会的行为哲学应对》,《探索与争鸣》2020 年第 4 期,第 29 页。

教育立法研究》、庞丽娟的《国际学前教育法律研究》和王云龙的《印度学前教育法律与政策选译》。其余的著作均为学前教育政策方面的著作。即便在《学前教育立法研究》一书中，作者仅设计了一节的容量来探讨幼儿教师。从其内容来看，其主要是对现行《教育法》《教师法》和相关幼儿教育立法中涉及幼儿教师的内容进行梳理。笔者曾在中国知网上搜索，截至 2020 年 5 月 12 日，相关中文文献共计 221 篇学术论文，学位论文共计 83 篇（其中博士学位论文 20 篇，直接研讨相关主题的仅 1 篇，即河北大学宋立会的《清末民国时期学前教育政策研究》）。可见，在我国的学术研究中，直接以幼儿教师教育权为研究对象而生产的成果是极为罕见的。之所以出现这一现象，其实与我国学前教育中幼儿教师教育权制度建设所面临的实际障碍之间存在莫大的关系。

1. 我国教育制度建设的重心在于学校，包括高等学校和中小学校及其教师，幼儿教师教育权制度被实质性地"忽视"。虽然我国《教育法》《教师法》和其他国家政策明确规定幼儿园属于学校，幼儿教师位列小学教师序列之内，但是幼儿教育的重要性远没有其他学校突出。这种现象从根本上来说是因幼儿社会地位的缺失自然而然所导致的结果。幼儿系心身尚未成熟的孩子，幼儿教育的主要阵地是家庭，学校开展的幼儿教育常常被视为是家庭教育的辅助形式。严格来说，幼儿属于家庭、幼儿园、社会公众和国家机关保护的对象，不仅其自身无实际行为能力来主张权利，而且按照现行立法，其必须通过法定代理人来主张相关权利。所以，幼儿权利属于被动性权利，幼儿教育机构也属于被动性的教育机构。如果社会不主动投入资源进行研究，在引发社会关注的可能性上大大减低。再者，幼儿园属于保教机构，其职责被定为"促进幼儿在体、智、德、美诸方面和谐发展"。既然是"促进"，说明幼儿园只是幼儿教育者之一，甚至不是幼儿教育最为主要的主体。从我国现行幼儿教育事业/学前教育事业的定位来看，其属于民生工程。①这

---

① 参见陈宝生：《国务院关于学前教育事业改革和发展情况的报告——2019 年 8 月 22 日在第十三届全国人民代表大会常务委员会第十二次会议上》。

说明,我国幼儿教育机构还需要承担的一项重要任务是解放家庭,尤其是幼儿的父母。而家庭生活属于伦理的范畴,国家制度在介入广度和强度上均表现出强烈的保留态度。此种现实的法律尴尬导致幼儿教师教育权制度建设面临着"忽视"的实际困境。

2. 幼儿教师自身文化素养较低,其无足够的力量引起国家的制度性关注。众所周知,幼儿教师职业门槛很低。大专起点的学历要求使得绝大多数幼儿教师很难进入高层次人才行列,她们的话语更难以在有影响力的媒体或平台上发表,她们的诉求也很难引起社会的共鸣。人们常常认为,幼儿教师是社会职业竞争的失败者。幼儿教师群体学历层次过低造成另一个不良后果则是幼儿教师职业的竞争力低,可替代性过高。在我国,幼儿教师资格的获取可谓非常简单,职位谋取也非常容易。这造成了幼儿教师职业的可替代性过高。这一行业的窘迫现实,反过来又造成了幼儿教师行业的不稳定性。而其不稳定性又进一步导致"反噬"——无法持续提高整个幼儿教师群体的科学文化素养。长此以往,幼儿教师行业很难在社会上发出有利于维护本职业群体利益的声音,也就无法表达自身的利益诉求,更难引起国家在制度建设中的长期关注。

3. 幼儿教师之保教职责定位很难逃出"国家重视社会轻视"的窠臼,国家建设幼儿教师教育权制度缺乏稳定的社会力量基础。众所周知,《幼儿园工作规程》等国家层面的学前教育法律法规将幼儿教师的工作职责定位为保教。这一工作最为突出的特点是其极为类似于家庭生活,工作内容涉及幼儿基本需求的方方面面。社会上不少人士认为,幼儿教师的工作就是"带孩子"。这从侧面反映出幼儿教师工作的含金量被大大地人为降低了。缺乏社会价值支撑之基础土壤所导致一个极为不利的后果就是,即使国家重视,也无法抵挡社会轻视。从发达国家的情况来看,幼儿教育经历了从"福利理性"到"教育理性",再到"终身教育"之漫长的理念转变过程。①不难看出,不仅儿童的天空在人类历

① 霍力岩、齐政坷:《全面整合学前儿童服务体系——走向"保教一体化"的英国学前教育》,《比较教育研究》2010 年第 5 期,第 84 页。

史的长河中长期处于"黑暗"状态,而且幼儿教师也不例外。从更为尖锐的角度来说,即便家长们支持幼儿教育事业的发展,也不过是在自家孩子上学期间的一时偏好而已。保教工作与家庭生活的同质化必然造成幼儿教师社会支持力量的严重缺乏,这进一步加剧了幼儿教师教育权制度建设社会支持资源的流失,使得其很难步入稳定、有序和健康的可持续发展轨道。

(二)社会环境消解幼儿教师教育权制度建设

社会环境时刻影响着幼儿教育中的所有主体,包括但不限于幼儿、幼儿教师、幼儿园、教育行政管理部门、幼儿所在社区和家长等。"当成人尊重儿童个体、尊重他们的家庭以及他们的文化时,就会培养出一个互相关心的班级共同体。……教师如果理解环境是如何影响儿童的主动性、观点采择、归属感以及安全感的,他们的日子会过得更顺利。"①从普通的社会观念来看,我国已经形成了全社会性的关爱儿童的社会环境,但依然没有达到尊重的高度。遗憾的是,即便如此,人们并没有把此种重视顺延到幼儿教师身上。顺带地,人们通常对教育体系也形成了高低排序观念,依次为高等教育、中等教育、初等教育和学前教育。隐含性地将在园幼儿不视为学生,将幼儿教师排除在教师序列外。这是一种难以言状的观念形态。不过,至少有一个例子可以加以侧面印证,即在民办幼儿园大量建立后,我国依然将其幼儿教师排除在职称评定制度体系之外。虽然国家近年来的政策已经改变了这种作法,但是幼儿教师职称评定标准依然套用科研与教研制度。显然,这既脱离幼儿教育的社会实际,也无法回应幼儿教师的现实需求。何况,即便教育行政管理部门已经对民办幼儿园教师开放了职称评定的窗口,但是指标数额、评定程序等可操作性规范依然对其极为不利。而导致幼儿教师职称评定不利的直接因素是分类极为不合理。众所周知,我国教师群体非常庞大,群体竞争的规则设计虽然区分不同类型和标准,但是国

---

① [美]Marjorie V. Fields,[美]Patricia A. Meritt,[美]Deborah M. Fields:《0—8岁儿童纪律教育:给教师和家长的心理学建议》,中国轻工业出版社2019年版,第119页。

家政策不得不将绝大多数名额分配给公办教师,以便保持国家教育之主干成员群体的稳定。因此,国家将主要的职称评定机会按照高等教育、职业教育、中等教育、初等教育和学前教育的顺序依次往下排。名额分给幼儿教育机构的数量少之又少,与总体教师数不成正比。再者,即便私立幼儿园教师可以参加职称评定,但是她们必须面对公办幼儿教育机构竞争力远胜于私立幼儿教育机构的现实。这在很大程度上打击了幼儿教师在这一领域长期发展的信心。

再者,教育群体内的薪酬分配制度也典型地体现了社会环境的影响。从薪酬管理制度体系来看,国家本身没有区分身份等级,但是实务中,同一地域范围内的教师薪酬制度往往依据职称、学位和制度化成果来排定次序。幼儿教师往往无职称、无高学历学位,保教工作也决定其难以生产出标准化与可视化的教育成果,从而不得不位于教师群体薪酬制度体系的末端。据课题组调研,民办幼儿园,即便是知名私立幼儿园,其教师待遇在目前依然很低。到底有多低呢?以携程亲子园事件为例,2017 年发生在该园的虐童事件引起了社会的极大愤慨。然而,该园幼儿教师和保育员过低的待遇与其工作量和工作强度完全不成正比——仅仅稍稍超过当时上海市最低工资标准。造成这一现象的根本性原因就在于幼儿教师因其身份和工作内容的可替代性过高,幼儿园根本不愁招不来幼儿教师和保育员。

二、中观原因分析

一个显而易见的事实是,改革开放以来,中国东西南北产生了极大的分化,不仅人口快速往东南部沿海地区聚集,而且国家 GDP 总量也以东南沿海区域为主。此种人口和经济的不均衡现象导致我国教育资源也随之出现了严重的不均衡。比如,在农村,很多家庭供孩子上幼儿园面临较大的经济压力,但是"天价幼儿园"却不断在各大城市出现。这种经济不平衡问题也加大了我国幼儿教育制度建设的难度。

据悉,最早的"天价幼儿园"于 2004 年出现在天津,即年收费 1 万美元的华兰国际村幼儿园。①不到两年的时间,类似的高收费幼儿园在南京再次出现,即恒海外国语幼儿园,年收费 10 万元。②此后,不到 6 年间,"天价幼儿园"在全国遍地开花,价格越来越高,且主要集中在北上广深杭等一线城市、省会城市和东南沿海城市,年收费基本在 7 万到 14 万。③而到 2017 年左右,"天价幼儿园"进入高峰期。从网络爆料的信息来看,年收费在 12 万元以上的幼儿园上海有 10 所。其中年收费 198 000 元的惠灵顿(上海)双语幼儿园不仅生源爆满,而且还出现了学位供不应求的情形。生源爆满的现象还出现在其他类似的幼儿园。比如年收费 14.7 万的北京艾毅国际幼儿园,"位置已经排到了两年以后"。④与此同时,年收费超 5 万元的幼儿园在全国大中城市已经较为多见。至于每学期收费 1 万元左右,已经成为三线城市幼儿园的起步价。对于"天价幼儿园"现象,学术界有不少讨论。其中,具有代表性的观点有三类:批评、理解和赞同。其中,批评类一直是"主旋律"。这类观点主要将矛头对准如下几个方面:(1)加剧不平等。"天价幼儿园"人为地拉开了学前教育的差距,滋生"高人一等"的贵族意识,滋生对如此养尊处优的厌倦。⑤(2)教育部门监管失职。将原因归咎于教育行政管理部门的理由在于三点:一是"入园难"是因为教育部门未能有效分配教育资源,导致幼儿园高收费有了坚实的生源基础;⑥二是教育部门将幼儿园设置由审批制变成备案制且实行自主定价机制是"天价幼儿园"得以出现的直接原因。⑦三是教育投入过少。国家财政对学前教育投入过低,学前教育始终处在国家财政的边缘,造成了教育资源供给不

---

① ⑤　参见郭之纯:《天价幼儿园的"孤岛效应"》,《幼儿教育》2004 年第 12 期,第 45 页。

②　参见龚瑜:《南京天价幼儿园引发争议》,《中国青年报》2006 年 12 月 1 日。

③　参见王艳:《公办幼儿园稀缺就别怪民办园天价》,《中国青年报》2012 年 1 月 10 日第 2 版。

④　赵剑云:《北京"天价幼儿园"回应本刊,艾毅国际幼儿园:利润在 5%,学费贵在外教》,《中国经济周刊》2013 年 1 月 7 日。

⑥　参见夏璐:《聚焦"天价"园,破冰"入园难"——由一则贵族幼儿园新闻引发的思考》,《教师》2011 年第 34 期,第 6 页。

⑦　参见于潇:《幼儿园学费若真"天价",怎么办?》,《检察日报》2016 年 7 月 26 日第 4 版。

足,使得"天价幼儿园"有机可乘。①对此表示理解的观点认为,"天价幼儿园"受到供给需求关系的决定性影响,何况有钱人追求高端服务也没有错。对于政府而言,学前教育不是义务教育,财政投入有限可以理解。"一句话,'天价园'可以有,'平价园'更不能少。高端服务大可以走市场,而公共服务的提供,政府不能缺位。"②当然,赞同的声音也不在少数。试想,如果没有人赞同,"天价幼儿园"就不可能如雨后春笋般涌现。只不过这些声音没有明确通过有关平台发表出来而已。

　　"天价幼儿园"是教育市场中的一种现象而已,本来与幼儿教师教育权规制机制没有任何直接的关联,甚至可以说,其并不是国家幼儿教育制度或政策所能决定的。在一个市场化的环境中,只要有需求,就会有人提供服务。在本书看来,"天价幼儿园"的大量涌现在很大程度上意味着我国幼儿教育市场的实际需求旺盛,且需求与供给,需求与负担能力之间关系更为复杂,实际上又构成了对我国幼儿教师教育制度建设的又一难题。理由在于:一是"天价幼儿园"的教师中有较大数量的人员属于外籍教师。据报道,"天价幼儿园"之所以能够天价,除了设施设备走高端路线外,外籍教师的薪酬是一个重要原因。显然,对于外籍教师的管理,成为了教育管理的另一个突出现象。二是"天价幼儿园"的生源构成较为复杂。在大中城市,外籍人士保有量均非常大。换而言之,很多"天价幼儿园"并不主要以具有中国公民身份的幼儿服务为主要开园目标人群,在很大程度上服务于外籍幼儿。比如南京恒海外国语幼儿园即是如此,北京艾毅国际幼儿园亦为同样。虽然外籍幼儿在我国上学也必须遵循中国教育制度,但是其家长则并不完全在心底里赞同我国的幼儿教育制度、理念和方法。对于既成事实,我国教育部门显然必须尊重,并加以规范。这既是中国与国际接轨的需要,也是对现实的认可,更是对外籍人士合法权益的保障。三是教育教学理念难

---

　　①　参见王艳:《公办幼儿园稀缺就别怪民办园天价》,《中国青年报》2012年1月10日第2版。

　　②　董沛:《"天价园"可以有,"平价园"更不能少》,《工人日报》2012年10月11日第3版。

以协调。"天价幼儿园"为了吸引足够的生源,往往在教育教学理念上倾向于标新立异。从相关资料来看,几乎所有的"天价幼儿园"均宣称其教育理念和教学内容照搬自于外国著名幼儿园,或者干脆宣称该园系外国某著名幼儿园分园。这导致"天价幼儿园"出现了各式各样的教育制度、教育理念和教学内容。而从我国学前教育的有关立法规定来看,本来处于抽象状态的教育理念和教学内容均不可能细化,这导致我国幼儿教育在内容服务上更进一步复杂化。一方面,我国教育系统中机构众多,人员众多,国家财力负担能力有限。既然国家投入少,那么国家制度制定的底气就不可能硬。另一方面,生源、优质师资、经费来源极度不均衡的现状使得国家相关制度建设必须照顾到农村幼儿园和"天价幼儿园"之两端。这也给包括幼儿教师教育权规制机制制度在内的幼儿教师教育制度的建设增加了更多的困难。

三、微观原因分析

从微观层面来分析,引发我国幼儿教师教育制度不足的另一重要因素是幼儿教育中的主体。这既包括幼儿教师、在园幼儿,更包括幼儿家长和教育部门。幼儿教师是施教者,在园幼儿是受教育者。这一对关系相对简单。因为几乎所有涉及学前教育的制度规范主要是针对此两者做出的。然而,一个较为麻烦的问题在于,在园幼儿虽然是幼儿教师教育权的主要作用对象,但是幼儿系无民事行为能力人,涉及教育过程中的诸多具体事项幼儿完全无决定权,从而幼儿教师不可避免地要和幼儿家长打交道。

众所周知,中国家长既是"最好打交道的人",也是"最不好打交道的人"。从前者来说,中国传统上因科举而来的考试传统将家长紧紧地捆绑在了考试的这辆竞争的战车上。对于孩子正处于高等教育以下的家长而言,要想家长成为"最好打交道的人"就是要满足其对各种考试的热心和好奇心。然而,这是幼儿教师最为犯难和烦恼的工作:国家教育制度明确禁止幼儿园教授小学知识,以避免揠苗助长,伤害幼儿的身心健康和未来的求知欲。然而,残酷竞争的现实使得幼儿家长们急切地期盼幼儿教师多传授给孩子"知识"，以便不至于输在"起跑线"上。这一夹板现象使得幼儿教师左右为难。诚然，国家教育部门也深知其中的难处，不得不照顾此种"背反"现象。这无疑是幼儿教师教育制度的又一道难题。

再者，教育部门对幼儿教师力有不逮。其中最为主要的原因还在于两个方面：一是幼儿教师流动频繁，国家教育教学制度贯彻很难到位。除了少数公立幼儿园中少数有编制的幼儿教师外，国家教育部门管理幼儿教师的权力实际上被幼儿教师聘用现状所消解。对于绝大多数幼儿教师而言，这份工作"可随时放弃"。为提升幼儿教师的素养，国家各级各类教育组织机构大力培养幼儿师资。然而，这一举措很难得到幼儿教师的实质性回应。本课题组成员多次观察各地的幼儿教师培训活动，发现绝大多数幼儿教师抱着"无所谓"的态度——姗姗来迟，心不在焉，又匆匆离去是她们的基本状态。对于绝大多数幼儿教师而言，国家教育政策基本上处于不知情，也懒得理的状态。二是幼儿教师薪酬待遇过低引发的连锁反应已足以让教育部门茫然失措。在当前的幼儿教育格局中，虽然"天价幼儿园"中有极少数高薪酬幼儿教师。然而，如果加以进一步考察则不难发现，能够享受高待遇的幼儿教师主要是两个群体：外籍教师和知名教师。绝大多数幼儿教师挣扎在温饱线水平的现实使得教育管理部门无法深入影响幼儿教师。一个不容回避的现实即是：过多地深入幼儿教育领域，教育管理部门极容易走向幼儿教育机构和幼儿教师的反面。这显然是国家教育部门极难以"摆平"的一道难题。

第三节　幼儿教师虐童行为的法社会学窥探

虐童现象古已有之。既可以将其理解为不对等力量之间的冲突，也可以将其理解为个体情绪宣泄的极端方式。虐童现象植根于传统，在形式上是对同类的迫害，在本质上是对自身人格的否定。由此而言，施虐者本身也是受害者。笔者总以为，当作为成年人的虐童教师对毫无反抗能力的被虐幼儿实施虐待行为时，其实其原初的意愿是希望该幼儿按照其想象的方式存在和行为。显然，这是一种将个人想象强加于他人的企图，是对主体间性的彻底背叛，是注定不可能实现的一种悲剧式幻想。事实上，在我国爆发了众多幼儿教师虐童事件之后，施虐教师不仅被公众口诛笔伐，而且往往遭受法律制裁。然而，即便如此，虐童行为依然令人发指地在继续发生，并没有呈现出明显减少的迹象。这说明现行规制机制并没有切中幼儿教师虐童行为的基础性逻辑。以至于我们只是浇灭了火线已经燃烧掉的那一部分，而并没有拆掉炸弹本身。据此，本书以为，构建幼儿教师教育权规制机制，还必须回到事情本身所处的位置来加以重新理解。这就是本书在这里引入法社会学方法论的最为主要的理由。

一、幼儿教师虐童行为的社会结构

电影《虐童疑云》通过"变童"的怀疑去探讨道德伦常，虽然影片本身没有肯定神父弗林性侵或猥亵黑人小孩唐纳德，但也没有否定。校长阿洛伊修斯修女仅仅是基于怀疑而对神父弗林抱有强烈的以怀疑为基础的偏见。反过来，对受众人排挤的唐纳德给予"特别关注"的神父弗林却得到唐纳德的母亲的支持。实善表恶的修女和实恶表善的神父之间展开的这场道德博弈最终没有分出明确的胜负，但是神父弗林最终选择离开。有论者如是表达自己的观点："追求权力者永远会利用任何他们握在自己手里的工具。也许这就是本片要表达的立场，人人都需要培养开放的头脑，看清'怀疑'的价值。"[①]虐童没有坐实，但因此衍生的怀疑演变成了一场沉重的教师之间的道德伦理大战。从教师教育权的角度来看，笔者更愿意将该片其理解为角力双方均试图对对方施加情感虐待。在这场情感虐待的竞争中，各方均在尽一切可能地获取支持自身道德正确的力量与资源。可以说，影片不过是以生活中常见

---

① ［加］张晓凌、［加］詹姆斯·季南：《美国独立电影制作》，北京联合出版公司 2017 年版，第 354 页。

的"怀疑"为视角来窥视人们之间的信任关系。一旦出现"不要用正义的名义随意诋毁别人的爱心"的偏见时,人与人之间的信任便荡然无存;一旦不因私利却将歧视、偏见、暴力等冠以"美德"的名义时,"特别关注"也容易蜕变为虐待他人的暴力。《虐童疑云》折射出另一层隐含的意义在于:当事人唐纳德及其母亲并没有认为神父弗林实施了虐待行为,但这并不妨碍其他人如此怀疑。"社会科学是一个包括了涉及人类行为所有学科的庞大系统和知识体系的学科,他的全部学科价值在于解决人人关系问题,社会科学的行为逻辑是由人人关系所决定的。人人关系是整个人类内部的个体与个体、个体与群体、群体与群体的关系,这3种关系是人人关系的全部形式,也是审核社会科学行为的完整基础。"①在笔者看来,社会关系的健康化、有序化和合理化本身不能从其自身得到证明,社会关系要想获得正当性,必须有清晰、平等、温和的机制安排。

说到底,无论法学还是社会学,都是研究并面向人人关系的,只不过出发点和目标不同。法社会学就如同穿过法学和社会学之两点的一条直线,将两者尽可能粘合起来予以运用。在法社会学视野中,观察事物或现象的基础性方法是结构功能主义范式的。在这一学派看来,"社会是具有一定结构或组织化形式的系统;构成社会的各个组成部分,以其有序的方式相互关联,并对社会整体发挥相应的功能;社会整体以平衡的状态存在着,其组成部分虽然会发生变化,但经过自我调节整合,仍会趋于新的平衡。"②具体说来是帕森斯的 AGIL 图式,他将社会系统的运行解构为四个部分:(1)适应(Adaptation),即社会系统从外部环境获取相应的资源或能力及其配置;(2)目标实现(Goal Attainment),即社会系统所具有为确立并实现目标而激发和调动的能力与量能的功能;(3)整合(Integration),即社会系统的连贯性或一体化的维持;

---

① 傅广典:《生存逻辑:全球化穹顶下的人类同生共存》,武汉大学出版社 2017 年版,第479 页。

② 刘润忠:《试析结构功能主义及其社会理论》,《天津社会科学》2005 年第 5 期,第52 页。

(4)模式维系(Latency),即模式维持的文化供应和消除紧张而维持共同价值目标的张力处置。社会无法切割,否则代价极为惨痛。同样,在帕森斯的理论图景中,社会系统的四个部分也是无法割裂开来的整体,只有在整体的前提下才能分别理解他们的不同含义。如果要将其更为通俗地表达出来,则可以如此理解:适应功能主要面向社会经济系统,目标实现功能更侧重于政治系统,整合功能更对应于社会共同体系统,而模式维系功能往往呈现出文化维持的概貌。幼儿教师虐童行为在全世界范围内广泛存在,这说明其背后存在着较强的社会衍生能力。

在本书看来,幼儿教师虐童行为只是众多虐童行为中的一个较为突出的小点而已。之所以形成此种判断,是因为虐童行为在社会中实在较为多见,且绝大部分发生在家庭之内。统计近十年来我国发生的幼儿教师虐童事件则不难发现,公立幼儿园较少,私立幼儿园较多;私立幼儿园中,越是幼儿教师资历浅且收入低的虐童现象越多。换而言之,幼儿教师虐童行为主要发生在中下层社会。这也许可以从同情心的角度得到心理学上的解释。所谓同情心即"同情之心","指个体所具有的易于、愿意并能够产生同情现象、引导自己行为方向的心理状态或态度倾向"。[①]同情心具有典型的他向性、反应性和能动性。同情心产生作用的媒介是移情,即观察者将自身感受投射于对象当事人,并产生关心、怜悯等之类的情感。舍勒认为同情与移情相区别,前者属于结果,后者是过程,通过移情的过程才能达到同情。斯泰茵认为移情只是观察者的情感反应,并不意味着对象当事人能与之实现共鸣。当然,同情又可以区分为更多的类型。石中英教授按照个人、社会、人类将同情区分为15种不同层次的类型。然而,我们首要应当追问的是,为何幼儿教师虐童无法引发同班保教人员或同园其他教师的同情心呢? 这显然不能说所有这些保教人员都缺乏对被虐幼儿的同情心。而是她们不认为该幼儿教师的行为系虐待行为,或者有足够多的因素阻碍了移情过程的完成。从我国爆料出来的幼儿教师虐童之事件来看,绝大多数

---

① 石中英:《全球化时代的教师同情心及其培育》,《教育研究》2010年第9期,第52页。

是个体行为,而非群体性行为,且主要体现为身体虐待。此种虐童行为在短时间内完成,很可能无法为其他同事所发现,从而阻碍了移情过程。不过,我们也常常发现,部分案例中幼儿教师采取身体虐待的方式广为园内保教人员所知,甚至她们也是施虐者。为何她们均选择了沉默呢? 更有甚的是,我国还出现了多起幼儿教师集体有计划地喂药等虐童行为。这说明问题不是出在幼儿教师身上,而是出在幼儿园之教育机构身上。因为虐童幼师们明知虐童行为是违法且极容易遭受社会谴责的,但令人惊讶的是,她们不仅对此非常热衷,以至于都对几乎所有的虐童行为设想好了借口。因此,本书认为,幼儿教师虐童行为是已经被深深地嵌入了整个社会结构之内的一种社会现象,并非特例。也就是说,幼儿教师虐童行为的背后一定存在着某种并没有被揭示出来的一惯性行为逻辑。下文,笔者试图从结构功能主义的角度来加以揭示。

首先,从适应功能来看,幼儿园是我国社会中的一个组成细胞,且被定位于教育体系的最底层。幼儿园绝不孤立,从而其必然接受我国社会对待幼儿的文化熏陶。按照马克思主义的基本原理,人们思想的深度与高度绝不可能超出物质条件许可的范围。任何组织和个体只不过是特定环境下地域范围内的过客。幼儿教育必须与社会环境相适应才可能具有可持续性。适应环境,就意味着必须接受通常的观念。显然,迄今为止,我国并没有形成充分尊重儿童权利的全体性社会环境。以立法为例,我国迄今为止并没有形成预防儿童虐待的完整法律体系。这并不意味着国家不重视,而是全社会还没有在这一方面达成普遍性的共识,以至于没有上升为有目的的国家立法行动。姗姗来迟的虐待被看护人罪就是这一方面的例证之一。类似的情形也同样在我国其他方面可以得到印证。比如虐待罪,即是如此。从我国同期的新闻爆料中可以看到更多更严重的家庭虐童行为。然而,这些虐待行为并没有得到足够和有效的执法与司法回应。这一则是受传统上家事不外扬的约束,家庭成员极少对外界透露家庭内部矛盾。以至于家庭之内存在的大量虐童行为被掩盖。事实上,家庭教育的逻辑同样会延伸到教育领域。在中国几乎所有的学校之内,主班老师往往被默认为其拥有对该班的自主管理权,其可以拥有相对私密的权威空间。这将其他教师排除在外。这种道德上的自觉导致了一个严重的问题,那就是幼儿教师之间缺乏相互监督的职业自觉性。这是幼儿教师虐童行为之所以极难被发现的一个重要社会性因素。二则是中国政府大多遵循不干预家庭内部矛盾的传统观念。俗话说:"清官难断家务事。""家庭暴力往往被视为私人范畴的事。"①更有甚者,认为"打是亲骂是爱","不打不骂不奇怪"。成年人之间的家庭暴力尚且如此,更不用说极为隐蔽的幼儿教师虐童行为。更何况,家长们一直就是如此这般对待儿童的。幼儿教师也经历过家庭教育,甚至本身就是家长。长期的行为习惯与思维定势极容易被带入到教育过程之中。可见,我国社会对于虐童行为高容忍度的传统也对幼儿教师的类似行为产生了深刻影响。这说明,社会对儿童权益的轻视导致了幼儿教师无法通过移情而产生对被虐儿童的同情心。

从目标实现功能而言,我国幼儿园极少成为公共生活所热烈关注的目标。严格来说,我国幼儿教育起步于晚清时期,而且当时只在极少数有着外来民主气息的达官显贵家庭才得以适用。即便在新中国成立后,由于国家一直未能有效摆脱国际政治形势的影响,社会改造运动仅限于公共政治层面的个别性议题,导致中国传统上的家庭、家族、社群观念形态并没有得到明显的改变。这种现象,即便到当下也依旧较为明显。以留守儿童为例,这一现象最开始的时候普遍出现在农村。然而,随着我国各地区经济发展不平衡现象和离婚率不断上升的加剧,城市留守儿童也大量出现。从这里不难看出,儿童在一定程度上被视为家庭的负担。而幼儿教育又极难通过幼儿教育机构获取社会资源,从而导致幼儿教育普遍被视为家庭事务。其实,"天价幼儿园"的不断出现,在少子化的当下,表征着我国幼儿教育呈现出加速两极分化的态势。在自身生存已经较为艰难的中下层成人世界中,受利己的原始本能驱动,儿童也容易成为家庭忽视的对象。这种现象其实在广大中产

---

① 郭爱妹:《家庭暴力》,中国工人出版社 2000 年版,第 201 页。

家庭中也极为普遍。受经济压力和工作压力的双重驱使,幼儿教育对大多数家庭而言,教育的意义开始下降,为家庭解决实际压力的作用更进一步凸显出来。幼儿教师针扎儿童的事件频发,但往往在发生较长时间后才为家长发现,也间接地印证了这一点。

从整合功能的角度来看,国内不少观点将幼儿教师虐童行为的逻辑建立在幼儿不遵守纪律,幼儿防范意识不强,幼儿教师待遇过低,教师素养不高,政府投入过少等方面。[①]本书认为,综合性的来理解虽然有着一定解释力,但并没有从根源的角度透视这些现象背后的原因,尤其是无法解释其诱致性因素。众所周知,《刑法修正案九》增设了虐待被监护人、被看护人罪。国家高举保护儿童和打击虐待行为的双刃剑。然而,即便如此,虐童事件依然频繁发生,只不过在强度和发生率上有所下降而已。从某种意义上来说,之所以如此,是因为幼儿教师虐童行为内在的存在某些连贯性或一体化的维持因素。前文中,本书解释了家庭因素和社会容忍因素。不过,这只是其中的一个侧面。从最根本的层面而言,我国社会很可能存在将国际上公认的虐童行为中的很大一部分潜意识性地排除在外的主观现实。本书在讨论虐童行为的类型和表现形式时,尤其讨论了情感虐待和儿童忽视这两种类型。从中不难看出,这两类行为极难以受到国人的重视。究其原因,就在于,我国社会群众不认为这是一种受虐方式,这自然也包括了幼儿教师和幼儿家长。而这正是虐童行为社会连贯性和一体化得以维持的核心因素所在。显然,这是未来的一项极难化解的浩大社会工程。

至于从模式维系功能的角度来解析幼儿教师虐童行为就显得相对轻松一些。众所周知,任何教育教学行为都存在着极强的模仿性,也同时受到诸多外在因素的影响。迄今为止,我国教育领域依然未能改变自孔子以来确立的强制灌输传统。在所有教育教学场合,教师必然将知识分子、教育教学管理者和长者这三重身份紧密地捆绑在一起。"尊

---

① 李芳芳、谢文宇:《2010—2014 年媒体曝光的幼儿园"虐童事件分析研究》,《滇西科技师范学院学报》2016 年第 1 期,第 73 页。

师重教"在我国不仅没有赋予传统文化精华的地位,而且教师更多地是与身份而不是与职业发生关联。阎光才教授曾对此有着深邃的洞见,即我国教师身份是制度型构的结果,其最主要的贡献者是科举制度。"科举制之于教师身份建构的最大贡献在于科举与出仕之间建立了直接联系。并非是因为教师自身的缘故,而是因为选官涉及国体,兹事体大"。①古代中国的教育总体上私学为主官学为辅。"学而优则仕"使得学生出仕后必然对老师的感恩戴德,此其一。其二,学生即便出仕,依然还要被迫拜师,即千方百计进入朝廷重臣的门下,以便获得荫蔽。于是,官员之间又重新分化组合,结成了不同的利益裙带性师生关系。其三,此种以"尊师重教"为名的利益组合模式逐渐向民间扩散,并得到周而复始的维持与巩固。迄而今,这种"尊师重教"的利益群体关系还在社会中若隐若现,而平等意义上的师生主体关系也未能得到彻底纠正。这就不难理解,一般行为意义上的打骂学生都能为社会所容忍。尤其是在"高考独木桥"之教育考试制度下,教师依然拥有较高的社会地位。"在人类的全部历史上,所有的冲突都是因为某种信仰和随之而来的那种盲目确定性。"②幼儿教师虐童行为不仅在很多场合下是幼儿教师的无意识行为,也是传统教师威权主义的在现代的残余。直言之,我国幼儿教师虐童行为在文化上有着深刻的根源。

二、幼儿教师虐童行为的发生机理

文化是一种族群记忆,是潜在的支配相关行为人实施相关行为的潜意识。也就是说,文化根源并不等于有相关印记行为的现实实有的实现。相较于上世纪更为普遍的家庭暴力和社区暴力状况而言,当前我国社会治理已经取得了非常明显的改善。既然国家和大众对幼儿教师虐童行为均愤慨不已,这就说明这一行为已经在我国社会中失去主

---

① 阎光才:《教师"身份"的制度与文化根源及当下危机》,《北京师范大学学报(社会科学版)》2006 年第 4 期,第 13 页。

② [加]张晓凌、[加]詹姆斯·季南:《美国独立电影制作》,北京联合出版公司 2017 年版,第 354 页。

流文化土壤的支撑。已而，幼儿教师虐童行为又是如何发生的呢？其发生机理何在？这值得我们进一步思考。

本书认为，幼儿教师虐童行为的发生更主要地植根于幼儿教师教育教学过程。这种过程往往容易因为幼儿教师的过度付出而造成情感上的巨大波动。课题组在调研的过程中曾对各幼儿园教育教学活动的安排进行了考察。发现幼儿教师之教育教学行为具有相当多的特性，以至于其很难避免情绪化的波动。

首先，从幼儿教师教育教学的内容来看，其大体上属于周而复始，单调而重复的工作。目前，几乎所有幼儿教育工作的内容是相对固定的。如果加以深入考察，不难发现，此种所谓的"固定"在某些公立幼儿园和镇中心幼儿园中已经呈现出严重"固化"的迹象。从实务来看，我国市面上已经出现了大量的各类幼儿教育教材。虽然国家为防止幼儿教育"小学化"禁止使用相关教材，但各幼儿园出于风格和便利的考虑也往往购买相关教材进行教学。笔者观察过部分幼儿园使用的教材，发现绝大多数的幼儿园既不愿意更换，也不愿意添置。之所以如此，是因为幼儿教师流动性较大，新教师入园必须进行园本培训。如果不相对固定，那么容易引发保育与教学上的混乱。换而言之，一套教材用上五六年是极为常见的现象，此其一。其二，对于户外活动，几乎所有的幼儿园因户外场地之空间限制和设备数量限制，使得幼儿教师已经对其"如数家珍"，毫无生机可言。至于"游戏"项目，对在同一幼儿园工作两年以上的教师而言，已经毫无吸引力。"玩来玩去就那几套！"有幼儿教师对笔者如是抱怨。其三，室内设备与资料周而复始。比如，《分级阅读》读本非常有限，音乐舞蹈也就那几套。"那些故事，我都能一口气背下来了！同一个故事，年年讲，月月讲！翻来覆去的讲，讲得你心烦心燥！"过于单调且不得不重复的工作内容使得幼儿教师极容易陷入苦闷的心理状态。其实这种状况在流水线生产工人的身上已经得到了大量的验证。[①]工作内容如果过于固定和机械化，很容易导致工作人员内

① 覃秋旺、方彩琼、沈惠玲：《流水线劳务工焦虑抑郁症状发生率及相关危险因素分析》，《中华全科医学》2014年第7期，第1110页。

心难以排遣苦闷感和厌倦感。

其次，幼儿教师教学过程较为沉闷，既得不到幼儿的回应，也无其他交流空间。幼儿教育一个极大的特点是教育过程的单向性，即幼儿教师必须向幼儿传授相关知识。尽管这些知识的难度很小，但是幼儿远不如成人的情感丰富。因此一个特异的现象即是，幼儿教师在课堂上讲半天，幼儿既不肯定，也不否定。换而言之，幼儿教师的教育教学过程带有极大的情感单方面付出色彩。有感情付出而没有感情回报，即是幼儿教师有再多的感情，也有被掏空的那一天。事实上，早有学者注意到这种现象，并称之成为"教师孤立"。"这种孤独感体现在不同层面，最常见的是孤立于迅速变迁的外部世界。同时，这种孤立还体现在教师经年生活在儿童世界里，逐渐与成人世界隔膜。"[1]更细致一点来说，幼儿教师因长期与幼儿打交道，其往往容易被幼儿的氛围所渲染。以至于有幼儿教师如此担心："我爱人经常说我太幼稚。我总觉得我做得对，但是他就是不能理解，而且还笑话我！"幼儿教师是否幼稚，本书不敢遽下断语。不过，有一点是比较明显的，那就是幼儿教师们在处理社会关系上相对而言更为直接和简单。很多幼儿教师近乎直白地告诉笔者，她们希望能像其他成年人那样，有更多的机会与幼儿园之外的成年人交往沟通，而不是束缚在这个相对简单、天真的"笼子"里。在笔者看来，这种诉求，在很大程度上是其工作的情感付出无法在工作中带来相应的回报所导致的一种心理亏空状态。

最后，幼儿教师的工作内容同时具有紧张、琐碎和疲惫三种形状。细致观察幼儿教师一日的工作内容，不难发现，幼儿教师极度关注幼儿安全问题，同时还必须把控好时间节奏。为了更好地理解这一点，笔者将具有代表性的三份幼儿园一日活动/作息（秋季）安排表合并，呈现如下：

---

① 束从敏、姚国荣：《幼儿教师职业生活质量的研究—对安徽省芜湖市 100 名幼儿教师职业生活的调查与分析》，《中国教育学刊》2004 年第 7 期，第 57 页。

甲市知名私立幼儿园小班(秋季)			乙市公立幼儿园小班(秋季)			丙镇中心幼儿园小班(秋季)		
时间	活动内容		时间	活动内容		时间	活动内容	
7:30—8:30	接待入园	家园交接、晨检	7:30—8:20	接待入园	家园交接	7:40—8:30	接待入园	家园交接
8:30—8:50	早点		8:20—9:00	早点		8:30—9:00	早点	
8:50—9:10	早操		9:00—9:20	升旗、早操		9:00—9:20	升旗、早操	
9:10—9:20	活动前准备	喝水、如厕、洗手、换衣等	9:20—9:30	活动前准备	喝水、如厕、洗手、换衣等	9:20—9:50	活动前准备	喝水、如厕、洗手、换衣等
9:20—9:40	集体教育活动		9:30—10:00	区域活动	结合主题教育活动、园本课程	9:50—10:20	区域活动	结合主题教育活动、园本课程
9:40—10:00	自由活动	喝水、如厕、洗手、换衣等	10:00—10:20	自由活动	喝水、如厕、洗手、换衣等	10:20—10:30	自由活动	喝水、如厕、洗手、换衣等
10:00—10:40	区域活动	主题教育活动、园本课程	10:20—11:00	户外活动	结合主题教育活动、园本课程	10:30—11:10	户外活动	结合主题教育活动、园本课程
10:40—11:00	饭前准备	喝水、如厕、洗手、换衣等	11:00—11:10	自由活动	喝水、如厕、洗手、换衣等	11:10—11:20	自由活动	喝水、如厕、洗手、换衣等
11:00—11:50	午餐		11:10—11:50	午餐		11:20—11:50	午餐	

（续表）

甲市知名私立幼儿园小班（秋季）			乙市公立幼儿园小班（秋季）			丙镇中心幼儿园小班（秋季）		
时 间	活动内容		时 间	活动内容		时 间	活动内容	
11:50—12:00	自由活动	喝水、如厕、洗手、换衣等	11:50—12:00	自由活动	喝水、如厕、洗手、换衣等	11:50—12:00	自由活动	喝水、如厕、洗手、换衣等
12:00—13:10	午睡		12:00—13:30	午睡		12:00—13:30	午睡	
13:10—13:20	起床		13:30—13:50	自由活动	喝水、如厕、洗手、换衣等	13:30—13:40	自由活动	喝水、如厕、洗手、换衣等
13:20—13:30	午检		13:50—14:20	区域活动	主题教育活动、园本课程	13:40—14:10	区域活动	主题教育活动、园本课程
13:30—13:45	水果点		14:20—14:30	自由活动	喝水、如厕、洗手、换衣等	14:10—14:20	自由活动	喝水、如厕、洗手、换衣等
13:45—13:55	自由活动	喝水、如厕、洗手、换衣等	14:30—15:00	区域活动	主题教育活动、园本课程	14:20—15:00	区域活动	主题教育活动、园本课程
13:45—14:35	区域活动	主题教育活动、园本课程	15:00—15:20	下午点		15:00—15:20	自由活动	喝水、如厕、洗手、换衣等

（续表）

甲市知名私立幼儿园小班(秋季)			乙市公立幼儿园小班(秋季)			丙镇中心幼儿园小班(秋季)		
时　间	活动内容		时　间	活动内容		时　间	活动内容	
14:35—14:45	自由活动	喝水、如厕、洗手、换衣等	15:20—15:50	自由活动	喝水、如厕、洗手、换衣等	15:20—16:10	户外活动	主题教育活动、园本课程
14:45—15:15	下午点		15:50—16:20	户外活动	主题教育活动、园本课程	16:10—16:20	自由活动	喝水、如厕、洗手、换衣等
15:15—15:30	自由活动	喝水、如厕、洗手、换衣等	16:20—16:30	离园	家园交接、幼儿离园	16:20—17:00	区域活动	主题教育活动、园本课程
15:30—16:20	户外活动	主题教育活动、园本课程				17:00—17:20	自由活动	喝水、如厕、洗手、换衣等
16:20—16:30	离园(部分)	家园交接、幼儿离园				17:20—17:30	离园	家园交接、幼儿离园
16:30—17:20	区域活动	主题教育活动、园本课程						
17:20—17:30	离园(部分)	家园交接、幼儿离园						

从如上三份幼儿园一日活动表不难看出，所有幼儿园保教人员的工作必须准时安排，否则很难"赶上下一辆班车"。比较而言，甲市知名私立幼儿园教保人员的工作量最大，一日活动内容最多。这表现在幼儿在园时间长，从上午 7 点 30 开始，幼儿教师必须上班，迎接幼儿入园。同时，幼儿园为了创收，到下午四点半本应离园的时间又延长了一个小时。从笔者了解的情况来看，这延长的一个小时是额外收费的，一般安排阅读方面的课程。另外，丙镇中心幼儿园虽然延续的上班时间也很长，等同于甲市知名私立幼儿园，但从活动表内容来看，部分课程的单项时间长，从而导致各保教事项繁琐程度有一定的降低。而乙市公立幼儿园显然在保教事项上远不如甲市私立幼儿园复杂，从而显得更为简明扼要。同时也为幼儿教师节约了大量的精力。在调研的过程中，笔者还发现的一个问题是，除了一日活动计划必须实施外，幼儿教师还要承担其他一些极为繁琐的工作。比如每周有周汇报，包括一周行为规范记录，一周教学活动记录，一周教学总结。每月也有听课记录、家访记录、观察记录等等。"辛苦 10 个小时后，每天晚上回到家里还要奋笔疾书。关键是要写的这些材料毫无用处，全是摆设！但又不能不做！"有一位幼儿主班教师对笔者这样抱怨。而幼儿教师们更为普遍的诉求是："我们能不能中午也有午休时间，哪怕半个小时也好！"太累！太累！几乎是所有幼儿教师的共同感受。甚至有幼儿教师私下跟笔者抱怨："如果真有一点别的出路，打死我也不干了！自家孩子照顾不上，到这里还干着保姆工作！"

据笔者多年的观察，在幼儿园之内，儿童忽视的发生率也比较高。尤其是受办园规模、师资配备、班额大小和教育秩序的影响非常大。幼儿园规模大，教师内部流动越是频繁，导致儿童不识教师教师不识儿童的现象更容易产生。而师资寡薄与班额大小直接决定着教师精力的分配；至于教育秩序更是直接相关。近年来，随着虐童事件不断曝光，很多幼儿园，尤其是知名私立幼儿园，部分幼儿主班教师日平均上班时间达到令人震惊的 10 个小时！个别极端的幼儿园甚至不允许幼儿教师在课间落座。这些过于苛刻的要求导致幼儿教师心力交瘁，精疲力尽,更容易忽视儿童。另外一个比较普遍的情形是,多数幼儿园将各种教育教学活动严格细化,甚至将每一项安排的时间自由度控制到五到十分钟之内。这种高频率的保教秩序安排使得教师们必须操作的事项过多,疲于应付,穷于应对,反而出现了教育教学事项远重于对孩子的贴心保教,更谈不上回应在园幼儿基本需求之外的其他发展事项和个性化需求。

如果结合其他因素再来看前述一日活动安排表,不难发现,幼儿教师保教工作的复杂程度和工作量的差别在甲市知名私立幼儿园和乙市公立幼儿园之间形成极大的反差。据课题组了解,甲市知名幼儿园教保人员配备齐全,班额符合国家标准。不过,部分教师是外籍人员或兼职教师,他们仅负担一日内特定的保教活动,而不是全程跟班。这使得主办教师几乎在小班的一日教保活动中无休无止,神经处于高度紧张状态。而在乙市公立幼儿园则基本不存在这种情况。另外一项加大甲市知名幼儿园教师压力的是保育员素养问题。私立幼儿园的保育员配备往往是临时人员,固定人员较少。而乙市公立幼儿园保育员配备的临时人员明显少于甲市知名私立幼儿园。保育员虽然工作内容相对简单,但在甲市知名私立幼儿园中,必须服从主班老师的工作职责安排。显然,在主班老师工作压力过大时,其必然将部分职责推给保育员来承担。这导致保育员怨声载道的同时又不敢声张。实际上,甲市知名私立幼儿园保育员极为不稳定。在课题组调研的过程中就碰到了三个保育员协商集体辞职的事件。这让主班老师极为烦恼。反过来,幼儿园园长指责主班老师,认为她们辞职的主要原因是主班老师没有处理好双方之间的关系。事实上,这只是问题的一个较小的方面而已。更多保教人员之间的冲突来源于教师权威问题。

据笔者观察,在幼儿教育过程中,几乎所有主班老师均尽可能要求其他老师和保育员认同其在本班的权威地位。然而,这显然是非常难以实现的长期复杂博弈过程。这期间除了主班老师有带班费之外,更重要的原因在于女性关系的难于协调。众所周知,我国各类幼儿园教师几乎都是清一色的女性人员。即使有男性幼师,也只是一种点缀现象,而且几乎极少有男性幼师从事实际意义上的带班和保教活动。而女性天生敏感,情感细腻。导致同班幼儿保教人员之间的关系相当复杂。与此不同,幼儿园在确定主办教师时考虑的因素主要是三个方面:一是必须有幼师资格证;二是必须有一定的幼儿教育教学经验;三是在人际关系处理方面的能力相对突出。然而,此三者往往难以周全。实务中,往往是个别人际关系处理较好的幼儿教师被园长或分管副园长指任为主班教师。这极容易在同班幼儿教师之间留下隐患。本来幼儿教师收入微薄,同时在幼儿园内又不能得到管理层的认可,从而往往在工作过程中带有些许情绪。

试想,当幼儿园内的绝大部分幼儿教师面临繁重且周而复始的工作,在紧张、单调、疲惫之余还必须面对同事关系的复杂与微妙,可想而知,其内心的压力和苦恼有多大。这种状况必然会导致幼儿教师常常处于带着情绪工作的状态,积累时间过长,其必然要寻求情绪发泄的窗口。显然,在此种状况下,幼儿极容易成为其情绪宣泄的对象。因为他/她们经常吵闹,不听指挥,很多事项重复多次也不理不睬。不难想象,幼儿一个很不起眼的行为很容易成为点燃保教人员情绪爆发导火索的偶然契机。

三、幼儿教师虐童行为的社会化预防及路径

"弹性是生命体、有机体持存的重要条件。弹性是一种生命状态,也是一种生命能力,一种非极端、有张力、有余地、有可能的生命状态与持存能力,是主体综合自信的重要构成、重要表现。"[①]在本书看来,幼儿教师虐童行为是幼儿教师教育权扭曲的外在表现形式。而从其根源来看,就在于幼儿教师与幼儿之间的社会间隙过小,造成幼儿教师时刻面临多角度的紧张感、疲惫感和职业倦怠感。"解铃还须系铃人。"由此,因社会化衍生的问题还必须通过社会化的方案来予以解决。笔者以为,幼儿教师虐童行为必须放在更为宏观的社会化结构中来予

---

① 陈忠:《弹性:风险社会的行为哲学应对》,《探索与争鸣》2020年第4期,第29页。

以处置,才能从根本上解决问题,以避免头疼医头脚痛医脚的反射性方案。

（一）加大家园、社园合作力度,创设师幼主体间性

幼儿教师与在园幼儿之间存在主体间性关系。然而,这一关系长期以来被我国学术界所忽视。事实上,从晚清以来,幼儿教育领域的研究,我国一直处在"补课"的阶段。受儿童被忽略历史的影响,学术界的研究一直侧重于对儿童需求、儿童心理、儿童成长过程等方面的研究。至于教师教育方面,我国学术界也投入了巨大的精力。不过,如果加以结构性的观测,则不难发现,有关教师教育方面的研究主要侧重教育理念、教育方法、教育技术和教育管理等几个方面。也就是说,儿童研究与教师教育研究两者之间的主体性关系缺乏卓有成效的研究行动和研究成果。

从实务来看,我国与西方发达国家幼儿教育之间最大的区别就是理论研究多,实践探索少。几乎绝大部分的研究成果均停留在书本中,没有转化为实际行动。"动口不动手"这一弊端不仅在幼儿教育领域存在,其实也异常突出地存在于几乎所有其他教育领域。笔者认为,我国幼儿教育领域之所以出现频繁且连续不断的虐童事件,根本责任并不在教师。事实上,任何一个心理正常的人,在我国绝大多数的幼儿园哪怕工作上一个星期,就能亲身体会个中滋味。知易行难。拿自己的标准去要求别人,显然如上嘴皮碰下嘴皮般快速与简单。而在幼儿教育实务中,我国最为缺失的是社会化合作机制,且尤其以家园合作和社园合作最为典型。在笔者调研的过程中,几乎见不到家园合作和社园合作的痕迹。这不仅在知名私立幼儿园和著名公立幼儿园如此,而且在普通幼儿园和农村幼儿园中更为稀缺。事实上,加强家园合作和社园合作,不仅能够解决幼儿教师教育工作沉闷、枯燥、孤立和疲惫等方面的问题,而且也能够实现理论上的愿景,即适度拉开幼儿教师与幼儿之间的距离,以避免幼儿教师必须整天面对爱动又不听话的孩子们。"观看一个事物不是对它不变的构成法则形成观念,而是从某种空间方位上把握住它。……空间方向并非事物的偶然属性,而是我们辨认事物

和使事物成其为事物的手段。"①"距离产生美。"只有创设在园幼儿与幼儿教师之间合适的身体空间、生活空间,幼儿教师才有时间、有精力、有心情将自己充满电,充满爱,实现情感亏盈的轮回。

(二)填充幼教空间,赋予幼儿教育以趣味性和快乐性

从本书前文对英美日等国的幼儿教师教育权的梳理来看,几乎所有国家均在制度设计时不约而同地采取了一种方案,那就是充实幼师教育教学的空间与过程,实现幼儿教育过程的多主体化、趣味化和快乐化。幼儿教育本身是"快乐教育"的典型体现,这不仅是由幼儿本身的需求所决定的,而且也是由师幼关系所决定的。陈鹤琴先生曾提出"儿童、教材和教师是教育上的三大要素"。②这一观点本身就存在局限性。其中最根本性的缺失是忽视了儿童和教师之间的关系。儿童是主体,教师是为儿童教育服务的教导者和引导者。陈鹤琴先生在教师"做怎样的人"方面提出三点核心建议,即合作的精神、同情心和服务的精神。③这本没有什么不合适的地方。然而,如果将此种方案作为幼儿教育的目标贯彻到幼儿教育之中,必然出现一种"一边倒"的迹象,那就是我们只能对教师提要求,不能对他人,尤其是幼儿提要求。这显然是一种逼迫幼儿教师就范的保教方案,而不是合作方案。

类似的情况也体现在我国其他一些学者和网络新闻的报道上。以日本为例,国内普遍的观点是日本的幼儿教育很残酷,对幼儿的要求非常高。没成想,实际上日本的幼儿教育才是真实意义上的主体转换,即幼儿才是受教育的主体,一切教育教学活动都围绕幼儿展开。这才是问题的本质所在。而在我国,事情恰恰颠倒了过来,幼儿教育中,教师才是各界密切关注的主体,我们只对幼儿教师提要求,而不对或不敢对幼儿提出要求。在园幼儿受伤,与同学发生冲突,缺乏合作精神,欠缺沟通能力等等,都被认为是老师没教好,是幼儿教师的责任。这显然是

①　马元龙:《身体空间与生活空间——梅洛-庞蒂论身体与空间》,《中国人民大学学报》2019 年第 1 期,第 150 页。

②　陈鹤琴:《幼稚教育》,南京师范大学出版社 2012 年版,第 10 页。

③　陈鹤琴:《幼稚教育》,南京师范大学出版社 2012 年版,第 11 页。

一种欠缺主体责任意识的转嫁法,迎合了家长的味口,但是违背了幼儿教育的本质。俗话说:"名师出高徒。"孔圣人是迄今为止最大的名师。然而,孔子弟子三千,贤人才七十二,教育成功率不过 2.4%。圣人尚且如此,何况普通人呢?! 更有甚者,世界上根本就不存在所谓的圣人。教育教学从来都是双向互动和互利的。合作互利才能共赢。将国家愿望、家庭憧憬建立在教师身上,不仅是缥缈的妄想,而且也注定是不可能实现的。而我国之所以如此,极为重要的原因就在于传统上衍生而来的"填鸭子"教育模式,将教育教学主体完全颠倒,责任全部推到教师头上,本末倒置般地将教学过程虚化。

观察我国所有的幼儿园教育活动,我们不难发现,幼儿教师不仅职责事项特别繁重,而且时间特别紧张,生怕教师"偷懒耍滑",生怕美好的时光从教师手指缝里溜走。教师很忙,学生很闲。这是幼儿教育中的典型画面。如果批评得更尖锐一点,可以说,我国花了一个半世纪的时间,在幼儿教育领域唯一学到的知识不过是"应该让孩子玩",而不知道"孩子应该如何玩",更不知道教师应该"如何带孩子玩"。幼儿教育空间的虚置和幼儿教师职责的繁重形成了鲜明的反差。因此,未来幼儿教育改革的一项重要内容是,我国应当充实幼教空间,尤其是要彻底改变观念,让幼儿活动起来,强化幼儿的自主理性。在这一方面,陈鹤琴老师的一个观点是笔者非常赞赏的,那就是他在阐述用挂图讲故事时针对一个案例指出:"整个教学法是有组织的,有系统的,是合乎儿童心理的,处处要儿童自己参加的,所以儿童就很高兴学,很高兴做。"[①]

在幼儿保教过程中,我们已经习惯于用文字表述,习惯于用口头表达,却很少结合教具、社会活动、实景向学生传授活生生的知识。如果进一步放大视角,则更容易发现,我国幼儿教育近乎是"笼子"教育。孩子们室内活动多,室外活动少,园外活动极为罕见。幼儿教师们也习惯性地达成共识:把孩子带出园外是极其危险的。"园外活动? 说起来好像很诱人,谁敢啊! 万一出了事,谁也承担不起责任的!"在访谈过程

---

① 陈鹤琴:《儿童语言教育》,南京师范大学出版社 2013 年版,第 65 页。

中,很多幼儿教师如是说。当然,我国幼儿园也并非没有园外活动,但无非是两种情形:一是节日庆典,需要表演。这只涉及极少数被选中的幼儿。二是象征性的园外活动。比如春游、秋游等。一般是把孩子们领到公园转一圈了事。即便在这个过程中,幼儿教师们都如临大敌,前后蜂拥,左右看顾,生怕出一点儿差错。即便如此简单的活动,对于绝大多数幼儿园而言也是十分奢侈的。在笔者调研的过程中,绝大多数的幼儿园均未制定和实施过类似的活动计划。至于户外活动,只有条件较好的幼儿园才有相应的设施设备。少数幼儿园采取的一种变通方法就是引入园外资源,聘请园外的幼教服务机构进园组织一些活动。即使这种方案,只是近几年才发展出来的新现象,且常常仅限于本园保教人员无法开展的活动,或是添加幼儿教育过程中的性别性因素。这对于绝大多数收费较少的幼儿园是根本无力负担的。

那又应当如何来填充幼儿教育过程,并使在园幼儿在教育中获得趣味与快乐呢? 对此,学术界也有部分研究成果有所触及。纵观这些研究成果,主要是围绕幼儿园设置标准、游戏场地与项目的设计、教具的做法与用法等展开的。显然,这些研究非常必要,也在一定程度上提高了我国学前教育的质效。然而,这些研究终究是针对园内教育进行的,对于园外教育这一方面依然涉及较少。这就是当前的问题所在。当然,限于篇幅、能力和主题等方面的限制。本书仅在这里提出来,而未能充分展开。

(三)改进教育监管模式,将幼儿教师教育监督权返还社会

厉以宁先生早年将教育服务划分为五大类:(1)纯公共产品性质的教育服务。如义务教育、工读教育、特殊教育和国家公务员教育等。(2)基本具有公共产品性质的教育服务。这主要包括幼儿园、中等学校、职业技术学校、公办高校以及其他政府经费支持的成人教育机构。(3)准公共产品性质的教育服务。如社会团体、集体组织、协会等以其员工及其子弟为对象的教育服务。(4)纯私人产品性质的教育服务以及(5)基本具有私人产品性质的教育服务。[1]虽然二十年过去了,但厉

---

① 厉以宁:《关于教育产品的性质和对教育的经营》,《教育科学研究》1999 年第 3 期,第 3—4 页。

以宁先生的这一分类依然适用。从改革开放以来教育事业的变化不难看出，目前我国基本上是以国家投入经费和政府主导并行的教育行政服务模式。政府的"指挥棒"在整个教育体系中起着决定性的作用。不过，相对而言，我国学前教育领域的市场化气息更为浓郁一些。之所以如此，是因为国家已经将幼儿园审批制改变为备案制，鼓励民间资源进入这一领域。做如此改革，主要是受多个原因的促动：一是国家逐步松绑计划生育国策，幼儿数量可能会出现较大幅度的上升。因此，幼儿教育机构有必要放开，以满足社会需求。二是上世纪以来，大中城市普遍面临"入园难"的问题。为了解决这一问题，国家也需要鼓励民间资源进入这一领域，否则无法满足幼教需求。三是政府办园压力较大，尤其是财政开支方面的敞口风险较大。众所周知，我国地方政府负担着极大的压力，不仅管理与服务事项涉及几乎所有的社会生活领域，而且也负担着极大的公共开支。可以说，地方政府财政收入一直处于赶不上开支的状态。据此，政府必须向社会寻求支持。以广州市为例，2018年1月30日，市政府颁发了《广州市发展学前教育第三期行动计划（2017—2020年）》，将幼儿园办学审批制转变为备案制，同时继续推行并完善生均公用经费拨付制度，鼓励兴办私立幼儿园。然而，随着私立幼儿园大量设立，政府监管的难度也进一步提升，开支成本越来越大。试想，发达地区尚且如此捉襟见肘，更无需言及欠发达地区。可见，沿用传统的监管模式显然难以应对。

从文艺复兴以来，思想家们大体上一直延续着对政府的能力的深刻怀疑态度。这不仅仅是因为政府在传统上是暴力机构，而且其资源取之于民较为有限。拿破仑曾说过："就政治问题之各方面而论，教育殆均为其最重要之基础；因除非人民受有良好教育，与彼此有共同了解之诸种重要原则，国家殆无善治之可能。"[1]国家要强盛，必须强教育，但强教育并不意味着必须由政府来监管教育。事实上，无论何国，在当今之情势下，政府绝无如此之精力和脑力实现对教育的全面举办与监

---

① 曾繁康：《比较宪法》，三民书局1978年版，第136页。

管。何况，受政府过度干涉的教育，培养出来的人才均具有共同的缺陷，即无法实现人才的多样化和思想的前卫化。二次世界大战中武器的设计与制造，战略战役战术的萌生与实施无不反应出这一点。因此，教育需要活力，需要适度的自由空间。再者，从教育的本质与起源而言，教育并不是工具，而是目的。教育于人类自然衍生，而非刻意为之。因此，教育永远是社会的教育，在当前更是国际的教育。最后，教育并非是勇往直前的结果，恰恰是反思的结晶。不管世人是否承认，人们总是对人类繁衍的自然规律持有异议。要么是忧心于其发展过慢，要么是担心于其走偏，从而经常构建各种各样的干预措施，希望能够实现超规律的发展。据此，人们常常在这一方面犯错误。诚然，犯错误是无法避免的，问题是如何尽量少犯错误和少犯低级错误。而这自然需要反思。教育行政化的一个明显弊端就是阻碍反思。因为教育带有明显的功利主义倾向，容易陷入一厢情愿的陷阱。

学前教育面对的是心智均未成熟的幼儿，更贴近人类之自然本性。因此，过多的行政干预必然传递至幼儿教育的全过程，造成无法察觉的危险。"我们今天的教育，关注社会现实中的功利需求太多，关注个体独特的需要太少，于是，教育就陷入功利主义的泥潭而不能自拔。"①从规范分析之静态角度来观察，我国幼儿教师教育权规制机制呈现出上重中虚下轻且过分依赖内部监督制约与道德自觉。具体说来，存在如下制度文本意义上的缺陷：

1. 规制机制缺乏外部化特征。诚如孟德斯鸠所言："一切有权力的人都容易滥用权力，这是万古不易的一条经验。有权力的人们使用权力一直到遇有界限的地方才休止。"②依据三权分立学说，为了达到权力制约的效果，就必须分权。这是前提。分权在西方国家有着悠久的历史和经验。国家权力一分为三，分别为立法权、司法权和行政权。三权分立不仅是为防止权力垄断，更是为了权力制衡。然而，西方三权

---

① 王啣庆：《论精神与精神教育——一种教育哲学视角的当代教育反思》，《华中师范大学学报(人文社会科学版)》2002 年第 3 期，第 23 页。

② ［法］孟德斯鸠：《论法的精神》，张雁深译，商务印书馆 1982 年版，第 154 页。

分立的历史经验又表明,仅初次分权——分为三种权力,远远不足以防止权力滥用,更是难以达到权力制衡的预期效果。因此,对于每一种权力还要进行内部分权和程序约束。这对于过于强大的行政权十分必要。为了有效制约行政权,西方国家除了强化司法审查外,还同时在行政职能分离(决策权、执行权和监督权分离)和行政程序分权方面做了大量有益的探索,并积累了极为丰富的经验。其中,制约行政权极为成功的一点经验就是行政监督和司法审查的外部化。我国是议会至上的国家,即全国人民代表大会是国家最高权力机关,其他国家权力均由其产生并对其负责。因此我国不采取权力分立理论。值得格外珍视的是,我国采取职权配置方案,即由宪法法律等方式将权力配置给不同的国家机关行使。因此我国既不存在权力分立和权力制衡的理论和宪政基础,也不存在为了制约国家权力而必须导入外部制约力量的内在需求。相反,我国各国家机关大体上均处于一种相互配合相互制约并共同向国家负责的微妙关系之中。从我国教育权配置体系来看,行使主体主要为国务院及其职能部门、各级地方政府及其职能部门以及国家法律法规规章授权的某些组织或机构。上级教育主管部门指导并监督下一级部门,如此层层传递至基层乃至教师个体。实务中,越级进行监督虽然符合法理,但是因被监督主体过于庞大而作用微乎其微。就幼儿教育领域而言,幼儿教师教育权的监督者主要是其所在幼儿教育机构及其领导。当然,理论上而言,家长也可能通过家园合作实现监督。然而,这在立法上既没有明确的依据,也在实务中极难以见到实际的行动。因为通行观念中,监督幼教机构和幼儿教师的权力归属于国家机关。

　　2. 内部监督缺乏有效动力支持。在西方的法治理论中,权力制约不仅需要横向分权制约,还需要纵向分权制约,更需要程序予以填充权力运作的空间。行政程序法在西方受到高度重视的一个原因是外部制约的成本过高,且效率极为低下。推动行政程序立法不仅可以降低外部制约的高成本,而且能够提高行政过程本身和监督行政之二者的运作效率。行政权与司法权和立法权相比较而言,一个突出的自然倾向就是需要服从效率原则的导向。①故而，西方国家高度重视行政程序对于行政效率原则的满足。然而，过于繁琐的行政程序链条本身是和效率原则背道而驰的，这一点几乎是所有渴望集中权力的国家所无法忍受的一种方案。我国长期以来对于行政程序十分不感兴趣，正是因为价值观念的迥异。权力集中最大的优势就是行政效率的高企。与西方国家不同的是，我国顺应此种价值导向，不仅在行政程序上降维以便实现上行下效，而且在内部上强化合作以便实现通力配合。可见，在权力配置理论下构建的行政体系中，内部监督不仅缺乏动力源泉，甚至可能产生与行政效率之基本价值定位背道而驰的因素。事实上，我国幼儿教育机构遵循中国既有的传统，极为重视内部矛盾的调和——"家丑不可外扬"。即便底层教师怨声载道，但极难上升为单位矛盾。反过来，几乎所有单位及其领导在处理内部矛盾事务上都倾向于低调。"低调是成熟后的一种儒雅，是成功时的一种平静。只有志存高远而低调行事，才能善结良缘、事业通达。"②因此，诸如温岭虐童事件、携程虐童事件之所以如此令人触目惊心，一个非常重要的原因就在于我国幼儿教育机构内部监督机制形同虚设，管理层和保教人员之间缺乏起码的监督制约动力。这使得幼儿园内，幼儿教师处于为所欲为的权力真空地带。

权力制约研究的历史已经长达 300 余年。众多的理论与实务案例证明，权力的滥用不仅是普遍的，而且是本性使然。权力只有在遇到切实的制约机制时才能回归本性。而相关制约机制绝非外部权力之间的制约可以实现。在笔者看来，权力制约必须构成一个由外而内的完整体系才能圆满地发挥其应有的性能。从世界性的经验来看，教育权力的制约相对于其他公共行政权力而言更为困难。之所以如此，是因为教育权并非具有典型的国家行政权，而是因其社会权力本性存在诸多更为广阔的自由裁量领域。从这一角度而言，教育权的制约更需要在

---

① 江国华：《中国行政法（总论）》（第 2 版），武汉大学出版社 2017 年版，第 53 页。
② 徐文秀：《人可以低调不可以低声》，《秘书工作》2016 年 11 期，第 33 页。

权力约束程序和内部监督制约机制上下更大的功夫。在本书看来，未来我国幼儿教师教育权的规制只有实现从纯粹的行政监督切换到社会主导的监督模式、只有将幼儿教师置于社会监督的平台之内，幼儿教师才能回归社会人之本位，而不是单纯的幼儿教师功利本位。何况，教育，在任何时候都不只是家庭教育和国家教育，它更是社会教育。只有将幼儿教师置于社会范畴之内，幼儿教育才能回归本位，幼儿教师才能与幼儿一同共享教育中的趣味与快乐；也只有将幼儿教师置于社会之内，幼儿教师教育权才能得到人民群众之汪洋大海力量的监督。从这一角度而言，幼儿教师教育权的权力本性是与社会圆融自洽的。

第五章
我国幼儿教师教育权力规制机制的重构

"科学越来越明显的宣告,几乎所有的身体、心理和道德堕落问题,都是从儿童开始的。"①教育的发展越来越呈现出重心前移的特征,即延伸到胎教和刚出生的时期。这是当前世界上几乎所有国家高度重视学前教育的又一重要原因。此前,人们普遍认为教育领域由三个核心要素组成:教师、学生和设施。然而,实践证明,这一理论预设存在不足。因为不受约束的教师在学生面前几乎拥有道德上的完美权力,而学生对此几无反抗或对抗能力。当这一机制应用到幼儿教师与在园幼儿身上,更加残酷的现实得以呈现。事实上,幼儿教师虐待在园幼儿只是学前教育领域中教育权被滥用的一个极小的缩影。幼儿教师可以用一百种以上的姿态来行使教育权,而这是学前教育始终不达预期的更为深层次的原因。受此影响,我国学术界曾长期致力于学前教育制度的完善,并催生了《学前教育法草案》。2020 年 9 月 7 日教育部官网发布了《中华人民共和国学前教育法草案(征求意见稿)》(以下简称《学前教育法草案》),这是我国幼儿教育制度建设达到鼎盛时期的重要标志,也标志着我国学前教育法治建设的新里程碑。然而,虽然学前教育法即将面世,但这并不意味着我国学前教育立法体系的完备。这一领域的立法体系距离完备依然还存在一定的距离。以幼儿教师教育权规制体系为观察点,则不难发现,我国现行立法在教师教育权规制机制的体

---

① Tank, R.M. Young Children, Families, and Society in America since the 1820s: The Evolution of Health, Education and Child Care Programs for Preschool Children. University of Michigan, 1980, p.118.

系化建设方面还仅仅处于奠基阶段,而其中的子机制/制度依然需要各方的多重努力。比如学前教育质量监测体系、幼儿教师权利保障制度、家园与社园合作制度、教育质效评价制度等等还未能形成成熟的可操作的制度文本。

第一节 我国幼儿教师教育权力规制机制之价值导向

按照马克斯·韦伯的研究,法律制度在社会治理中取得鳌头的地位,并非来自于经济利益的刺激。他对比研究近代西欧和中国、印度后,发现后两者之所以没有走向"理性化道路"是因为缺乏"西方文化特有的理性主义"。在他看来,西方历史上存在的"各种神秘的宗教力量,以及以此为基础的关于责任的伦理观念"对此产生了"决定性的影响"。①说到底,韦伯非常重视价值观念对于特定地域制度建设的影响。虽然本文不能完全认同这种观点,但是同时也肯定制度建设根植于价值观念之中。价值观念不仅影响制度的理论依据和制度建设过程,而且也影响着制度的执行及其效果。纵观幼儿教育之发展历史,探索不同时代的幼儿教育理念,我们不难发现,我国幼儿教育理念历史上的长期沉绵不起和近代以来的形式主义。比较地来看,观察西方理性主义的发展历程,其存在着对正义、平等等社会基本价值观念之延绵不绝的讨论。与此迥异,我国历史上虽然不乏相关讨论,但不过只是一种点缀而已。横贯中国古代和近代历史的讨论,不过是家国关系、伦理纲常、君天关系等。在这种观念体系之内,个体相对于家、相对于君、相对于天而言是越来越渺小的。个体不仅在家庭内部必须克守己位,在社会上更不得乱了身份。所幸而又不幸的是,教师被列入了伦理关系的秩序之中,从而其社会地位相对较高。不过,与天、君、亲不同的是,"师"不过是身份上与"父"相对应而已,不享有以血缘为维系纽带的家长权,

---

① [德]马克斯·韦伯:《新教伦理与资本主义精神》,赵勇译,陕西人民出版社 2009 年版,第 9—10 页。

更不享有天之精神崇奉地位和君之权威地位。师不仅居于亲长之下，而且对于师的尊重，不过是出于伦理道德上的类似于亲的要求。在本书看来，古代所谓"天地君亲师"的排序，是因为"师"有教育之恩。当然，我国古代从未发展出权力规制理念。即便首辅大臣也没有明确的法律条文可资遵循，只能依靠道德习惯和人事的手腕来应付一切。①群臣对于皇命的反抗，常规的方法不过是"冒死进谏"；子女抗命父母的常规方法不过是"口是心非"；而子弟对于师命的违背已经触底，不过是名义上的"师命难违"而已。也正因为老师的所谓权威不过是"狐假虎威"，古代中国对于教师似乎是很放心的，一贯地要求"严于弟子"。这不能不说对现代对于幼儿教师教育权的规制制度的建设起着负面的影响。

一、古代理念错位，制度长期缺位

众所周知，价值是理念导向，也是所有制度机制的源头。价值导向错位是制度的"骨子里"出了问题。我国封建专制制度延绵的时间过长，严重压抑了幼儿教育的发展和革新。在这一制度形态之下，儿童没有独立的人格，即便存在所谓的幼儿教育，也只不过是为成人服务的家庭教育。先秦典籍记载："昔太古尝无君矣。其民聚生群处，知母不知父，亲戚、兄弟。夫妻、男女之别，无上下、长幼之道。"②而后在格外重视身份的封建时代，在君贵民贱，父重子轻，夫尊妻卑之社会主流观念下，儿童只不过是成年人的影子。当然，这并不能否认我国封建史上幼儿教育理念的渐次发展。尽管如此，现代不少学者还是努力从中发掘出某些有关幼儿教育思想。本书以为，从流而下，遍观典籍和现代著述，中国古代以降，幼儿教育思想虽然不能说虚无，但并未形成思想源流。甚至可以说，实质上的幼儿教育思想并未产生。至于与此相对应的幼儿教师教育权则"皮之不存毛将焉附"。

---

① [美]黄仁宇：《万历十五年》，生活·读书·新知三联书店 2019 年版，第 127 页。
② 《吕氏春秋·恃君览》。

（一）以子为望，教师虚置

从社会组织形态结构方面来理解，中国古代史实是一部家国一体史。国以家为基本社会单元，家是国的基石，国只不过是家的放大形态。"国之本在家""积家而成国"。古人们普遍坚信一个道理，那就是只有家齐而后才能实现国治。此种观念也十分明显地体现在幼儿教育之中。首先，古代中国人认为，要趁子女还小的时候对其施以正确的教育，谓之"蒙以养正，圣功也"。①所谓"正"，包含的内容十分广泛，既涉及人伦秩序，亲友关系，也涉及家国观念。其次，幼儿教育只是极少数官宦子弟与富人子弟才享有的待遇。古代中国是一个农业为主的社会。农业耕作又以体力占据优势地位的男子为主。因此，中国的男权社会与农业经济形态紧紧地捆绑在了一起。农业生产显然又是一个需要大量劳动力投入与付出的生产过程，且任何劳动成果有着较长的时间周期和收获甚少的预期。这种经济形态下成长起来的以家为出发点最终又以家为归宿的教育，在价值层面决定了古代中国幼儿教育的宿命，也从根本上决定了幼儿教师地位的虚无。这体现在如下几个方面：

一是农本思想在幼儿教育领域得到了高度重视和灌输，导致了狭隘的教育观念。《三字经》是古代中国蒙学的经典教材。"曰士农，曰工商。此四民，国之良。"将不同职业的人分出高下，将农民的地位拔高，仅次于官员。这是重农思想在政治宣传领域的典型体现，被早早地灌输给幼儿。更有大量重农、恤农、惜农的作品被列为幼儿教育的经典作品。比如《悯农》就被广为传唱，以沉重而脍炙的语调表达了对农业生产过程艰辛的敬重，倡导人们勤俭、爱惜粮食。理论上来说，在食物缺乏的年代强调重农本是顺理成章的。然而，中国古代的重农除此之外，顺带扼杀了发展其他经济的观念，同时也扼杀了其他任何新奇的想法。

二是森严的身份等级观念体系造就了僵化的教育思想。以农为本不仅长期成为古代中国的政治思想，而且也直接支配了古代的社会秩序。因为农业以家庭为基本生产单位，且男子在这一单元中占据权威

---

① 《易经·蒙卦》。

地位,从而所有家庭关系均依此而展开。《三字经》中确立的九族十义便是如此:"高曾祖,父而身。身而子,子而孙。自子孙,至玄曾。乃九族,人之伦。"这确立了以男子为中心的人类繁衍人伦秩序。受此影响,子女教育被划出条条框框。"女子无才便是德。"几乎所有女子均被排除在受教育的范围之外。即便对于男子,也要分出等级。"父子恩,夫妇从。兄则友,弟则恭。长幼序,友与朋。"从小教导幼儿必须遵守身份等级秩序。即便在同胞兄弟之间也要长幼有别,高低有序。"父死子继兄终弟及"不仅发生在政治领域,而且也深刻地影响了家庭权力的传递。至于女子,更是要遵从三从四德:未嫁从父、既嫁从夫、夫死从子;同时还必须时时刻刻遵守妇德、妇言、妇容、妇功之规范。因此,古代中国的幼儿教育也俨然是一个身份秩序森严的等级体系。在幼教教育阶段就被灌输的以自然经济形态为基础的身份等级观念体系极大地禁锢了儿童的好奇心,将儿童作为成人的影子予以对待。幼儿教育,如果在中国古代有那么一点影子存在的话,也被森严的身份等级制度所完全禁锢,幼儿陷入了沉寂的无声世界。这就决定了幼儿教育是为最为低等的教育,幼儿教师也实质性的失去了"师"的身段,同时陷入了社会底层的牢笼。

三是幼儿教育的价值归途与幼儿教师的期望错位。虽然幼儿教育在古代中国主要体现为家庭教育,只有富裕家庭才可能为男孩提供私学契机。然而,即便如此,家长们深知"好钢用在刀刃上"——重点培养男子,尤其是嫡长子。如果家庭负担能力有限,被送学的幼儿,往往是嫡长子,或嫡出子弟。这显然受到嫡长子继承制之宗法制度的深刻影响。嫡出年高者为长,占尽各方面的优势地位。以财产分割为例,西周时期,只有嫡长子有继承权;汉代有所进步,可以诸子均分,女子也可以继承少量遗产;唐代更为开明,遗嘱优先,诸子均分为法定继承制度;而至明代,身份继承和财产继承相结合,嫡长继承和共同继承并存。"凡嫡庶子男,除有官荫袭,先尽嫡长子孙,其分析家财田产,不问妻、妾、婢生,止依子数均分;奸生之子,依子数量半分;如无别子,立应继之人为嗣，与奸生子均分；无应继之人，方许承绍全分。"①之所以如此，是因为中国古代幼儿教育的最终目的是望子成龙，光宗耀祖。"以前在大家庭主义最盛行的时候，所有生下来的人，直接是属于大家庭，而不是属于社会，因为这时社会是以家庭作单位，人人对于家庭的关系是直接的，而对于社会是间接的。"②蒙学教师只不过是家庭为了实现自身希望的一种工具。换而言之，孩子教得好，是人家的孩子，与教师关系甚少。反过来，如果孩子未能成名，教师则最终将承担道义上的责任。在此种教育体系中，幼儿教师永远都无法实现自身的价值追求。事实上，古代所有蒙学教师只不过是将教书作为一种谋生的手段而已，被世人称之为"教书匠"，几乎与卖肉为生的屠夫没有什么两样。幼儿教师若要改变自身的命运，只能通过其他途径。

（二）规行矩止，揠苗助长

中国古代特有的社会结构使得在家庭之内，父子关系居于轴心地位，所有人围绕父子关系同居、共财。几乎所有的家庭饮食起居，财产支配，人际往来等均要围绕这一定位而展开。家作为一个社会的基本单元也就决定了其幼儿教育的功利主义倾向：家是家庭成员赖以生存的聚集了血缘关系、婚姻关系、伦理关系的最小社会组织。对个体而言，是庇护其安全的"铜墙铁壁的堡垒"；对家庭成员而言，是"最高的结合体"。③由此，家必须对内确立最为基本的家庭规范，以调节各色人的关系。当然，家庭规范的确立在很大程度又被家庭竞争所牵引。流传于世的大量家训代表着这些家族曾经一度的辉煌。诚然，这些家族之所以能够脱颖而出，最为根本的原因就在于顺应社会需要培育了一些符合当时社会观念与社会需求的所谓贤才子弟。细察这些家训，其重要作用也在于确立一整套社会行为规范。这些行为规范"大体上分为八类：修身、治家、睦亲、处世、教学、婚姻、择业和仕宦"，可谓无所不及。以被誉为"古今家训，以此为祖"的《颜氏家训》为例，其教子篇内含有大

---

① 《大明令·户令》。
② 麦惠庭：《中国家庭改造问题》，商务印书馆1935年版，第18页。
③ 林语堂：《吾国与吾民》，群言出版社2010年版，第160页。

量教育方面的内容。"生子咳提，师保固明，孝仁礼义，导习之矣。凡庶纵不能尔，当及婴稚，识人颜色，知人喜怒，便加教诲，使为则为，使止则止。比及数岁，可省笞罚。"不难看出，对于教育后辈，该家训不仅要求趁早，而且教育的内容主要是一些社会行为规范。事实上，从我国古代幼儿教育思想来看，教育主要以家庭教育为主，大抵上采用量资循序的理念。"人生儿不具者五：目无见，不能食，不能行，不能言，不能化"；"三年嘻合，然后能言；十有六情通，然后能化。"①对孩子的教育在能吃饭，能走路，能说话的时候就要开始。等到十岁左右，就能教一些社会行为规范。《礼记》将幼儿教育分段更为细致："子能食食，教以右手。能言，男唯女俞。男鞶革，女鞶丝，六年，教之数与方名。七年男女不同席，不共食。八年出入门户及即席饮食。九年教之数日。十年出就外傅，居宿于外"。②显然，古人们早就发展出了量资循序的幼儿教育理念，"安排教育过程的依据是儿童身心发展的阶段及其特点"。③不过，如果仔细查看这些教育内容，除了生活自理和社会礼仪方面的知识，其实大体上与六岁以下的幼儿基本上无涉。从这一点上来说，我国现今大多数有关于幼儿教育的著述对我国古代幼儿教育思想的总结与赞美实属于夸大。

事实上，中国古代幼儿教育呈现出规行矩止的特点，对于风险的预防格外重视，以至于出现只要于我安全，于我有利，无问西东。"历史上因外部原因而被满门抄斩、九族诛灭的事屡见不鲜。中国历史上几乎没有历久不衰的豪族。在'三贫三富不到老'这种反覆无常的历史条件下，制定一套相应的家庭行为准则，对于家族的生存竞争无疑是极为有利的。"④而另一方面，农业社会也是一个熟人社会。以家庭为社会基础组织，通过血缘和婚姻缔结了牢固的社会纽带与联结关系。此种内部关系的高度整固也使得家庭教育容易带来负面影

① 《大戴礼记·本命》。
② 《礼记·内则》。
③ 杜成宪、单中惠主编：《幼儿教育思想史》，人民教育出版社 2008 年版，第 58 页。
④ 徐秀丽：《中国古代家训通论》，《学术月刊》1995 年第 7 期，第 28 页。

响，即容易溺爱子弟。"人之有子，多于婴孺之时，爱忘其丑，恣其所求，恣其所为。"①针对此种现象，古代贤达之士主张从幼儿教育阶段就开始摆正教育理念——淡泊名利，勤俭持家，以更少地招致社会风险。不仅相关告诫普遍见之于典籍，而且类似的敦敦告诫常常耳提面命，不绝于耳。韩非子曾有言道："慈母至于弱子也，爱不可为前。然而弱子有僻行，使之随师；有恶疾，使之事医。不随师则陷于刑，不事医则归于死。"②到后世，《三字经》"养不教，父之过"实则指向严格教子，并逐渐演变为家规族风，教即是爱，爱必须教。不少家规族规已远严于国家法。

此外，中国古代幼儿教育另一大弊端就是严重地倾向于揠苗助长。"封建家庭是一个自给自足的排外系统，它蔑视人的个性，盲目要求尊宗尽孝，从而形成顽固保守的社会意识和麻木苟安的生活方式，使社会生活趋于封闭、停滞。"③以品行教育为例，严格要求已经往往出乎儿童能够承受的范围。农业社会生产力低下之现实决定了我国古代社会无力举办普惠性的且大规模的教育机构。幼儿教育呈现出家教与私学并行，且以家教为主的态势。为了适应此种社会环境，古代一些思想家逐渐将家庭教育作为重点领域来予以对待。其中言传身教即是如此。大教育家孔子曾有名言遗于世："其身正，不令而行；其身不正，虽令不从。"④儿童出生在家庭，父母自然成为孩子最早的老师。因此，古代贤达高度重视成人对子女的影响。"教子须是以身率先。每见人家子弟，父兄未尝著意督率，而规模动定、性情好尚，辄酷肖其父，皆身教为之也。"⑤时至而今，依然有许多脍炙人口的警世格言。比如"龙生龙凤生凤，老鼠子生来打地洞。"这分明告诫世人，要想子弟成人中龙凤，父母就要做好言行方面的表率。再比如，"老子偷瓜盗果，儿子杀人放火。"

---

① 《袁氏世范·教子弟》。
② 《韩非子·八说》。
③ 邹强：《中国当代家庭教育变迁研究》，华中师范大学 2008 年度博士学位论文，第55页。
④ 《论语·子路》。
⑤ ［清］陆世仪：《思辨录辑要》（卷一）。

这警句告诫世人,父母不良行为会对子弟产生极坏的影响,以至于成为反面教材。这显然是拿成人处事的标准来要求儿童。再者,对于伦理纲常的要求也尽可能要早。众所周知,农业社会是一个鸡犬相闻的小圈子。品行是否良好,成为评价一个人的重要标尺。"三岁看小,七岁看老。"盲目相信宿命论的古代国人对于儿童的期望心理被无限地拔高。对男子而言,"忠孝理智信,温良恭俭让"是最为经典的品行规范。至于女子的教育虽然期望值上要低得多,但是对于家庭事务的要求则非常高。以《论语》为例,首要规范就是立身。"立身之法,惟务清贞。"其次是学作。也就是要做好女工,绉麻绩苎,看蚕煮茧,刺绣做袜,引线秀绒,成为对合格女人的要求。最后是相夫学礼,侍奉父母姑舅。至于营家待客已是末位,基础要求而已。对可能追求功名利禄的男孩而言,要求简直到达了无法令人接受的程度。宋代司马光曾根据《礼记·内则》制定了一个幼儿教育的"十年教学计划":一至三岁学习数与方名,研练书法;七岁读《孝经》《论语》;八岁诵《尚书》;九岁诵《春秋》及诸史;十岁读《诗》《礼》《传》,并要求略通大意和经史之学。可以说,这至少是现代本科生或研究生以上的课程,而被人为地提前到小学阶段来教学。与此相适应,无论是作为家庭教师的家长,还是作为蒙学教育的教师,都极尽能事对孩子们高要求,希望尽快造就人才。

当然,在古代的此种综合状况下,对于教师教育权的规制是无从谈起的。这一则是因为教师是家庭聘请的,至少是某个集体聘请的,不具有规范意义上的连续性可谈;二则是几乎所有幼儿家长对教师并不寄予过高的期望;三则是幼儿教师只不过是"教书匠"而已,此种不得已的临时职位也不符合教师的期望。从而幼儿教师的教学理念较为混乱,各自为政,也无法为其教育权的行使规范提供粘合剂作用。

(三)执教从严,体罚有据

中国古代并不存在严格意义上的幼儿教育思想,自然也就极少论及其价值导向。康有为曾批评中国幼儿教育"古今无一全书","朱子思虑精密,而忘为幼学计,亦其疏也。若朱子于幼学留意,为编一书,五百年人才必不止是也。"①但凡所有涉及幼儿教育的有关思想或举措,均是先雕刻好成年人之未来"样板",进而将之套用于幼儿而已。最为典型的例证就是,哪怕是私学教育机构,蒙学教育中普遍采用的教育方法就是熟读晦涩难懂的四书五经,死读硬背。在孩子们不求甚解的同时要求其摇头晃脑地吟诵。如果不从,则严厉责罚。不能不说,当下普遍盛行的幼儿教育小学化较之古代的幼儿教育成人化已大幅度进步。窥其原因也许在于过于重视家的作用而对子女自然而然地赋予过高的期望,并希望快速成才,从而导致了揠苗助长的普遍心态。与此相对应,对于幼儿教师教育权力的规制则几无记载,无从谈起。这一则是因为农业社会的知识分子奇缺,二则是因为统治者需要将知识分子绑上同一辆战车,以便知识为其服务。尤其是汉代"罢黜百家独尊儒术"之后,"教师地位抬得很高,称为'礼之三本'",②进入"天、地、君、亲、师"之序列。"古之立太学,将以传先王之业,流化于天下也。儒林之官,四海渊源,宜皆明于古今,温故知新,通达国体,故谓之博士。"③在这一时期,国人对于教师极为敬重,教师似乎拥有极大的权力。责骂、体罚学生是家常便饭。"不愤不启,不悱不发,举一隅不以三隅反,则不复也。"④被誉为至圣先师的孔子都如此挑剔学生,不难看出,古代中国幼儿教育其实是极为缺乏耐心与细心的。受"学而优则仕"的影响,后来读书人越来越多,加上儒学逐渐腐化与僵化,导致教书成为一种谋生的手段,以至于"十儒九丐",教师的地位一落千丈。尽管如此,教师打骂学生却依然如故。

　　值得特别警惕的是,我国教育史上对教师权力的限制几乎找不到具体的法律边界。相反,"不打不成材"似乎是古代教育的共识,成为通行于世的民间法。古代教师打学生不仅是公认的权力,而且还有标准

---

　　①　康有为:《万木草堂遗稿·论幼学》。
　　②　车丽娜:《中国古代教师文化的考察》,《山东师范大学学报(人文社会科学版)》2007年第 2 期,第 138 页。
　　③　《汉书》(卷十·成帝纪第十)。
　　④　《论语·述而》。

的工具——戒尺与教鞭。老师打学生,被誉为"孺子可教";如果完全忽视学生,对于家长而言反而是耻辱。那么我国古代教师惩罚学生有多严重呢? 这个问题似乎没有太多的记载。不过,近世以来有一些名人趣事可供参考。比如费孝通先生小时候遭遇过老师可怕的打手心和罚站;①著名作家流沙河也在《吾爱吾师》中提及老师用教鞭给调皮学生"斑竹笋炒肉";据全国政协常委中国红楼梦学会副会长张毕来的回忆,老师打学生主要是让其受皮肉之苦,打得很厉害,而且越是看重的子弟打得越是狠。②老师打学生,名正言顺,家长无权干预。从当时的合理性角度来说,第一,"人有三尊,君、父、师。"师如父母,有教育上的自然权力。第二,"师严然后道尊,道尊然后民知敬学。"③于国而言,尊师重教是国家兴旺的根本,因而官府支持教师从严治学。第三,教师体罚学生有着源远流长的传统。《尚书·舜典》中记载了几种法律制度,其中事关教育:"象以典刑,流宥五刑,鞭作官刑,扑作教刑,金作赎刑。"郑玄对"扑作教刑"予以注释:"扑,榎楚也。"唐代孔颖达又疏:"扑,榎楚也。不勤道业则挞之。"后来"榎楚"被写为"夏楚"。"夏楚二物,收其威也。"④意思就是教师可以通过殴打学生的方式来树立权威,督促学生学习。古代名人对求学中受罚也多有记载。比如汉代王充曾如此记载自己被罚:"八岁出于书馆,书馆小童百人以上,皆以过失袒滴,或以书丑得鞭。"⑤唐代刘知几也有类似记述:"年在纨绮便受《古文尚书》,每苦其辞艰琐难为讽读。虽屡逢捶挞,而其业不成。"⑥而到了宋代,"严师出高徒"被写入《三字经》,被广为传唱。"教不严,师之惰。"为教师打学生提供了职业上的礼法依据。加之,古代读书人往往自恃清高,奉行儒家之"道",常以"君子谋道不谋食""君忧道不忧贫"自居,从而在教育教学过程我行我故,较少受社会评价的影响。好在在时空格局上,古代

---

① 蒋晔、武京予:《费孝通》,河北人民出版社 2008 年版,第 22 页。
② 北京大学中国名人丛书编委会编:《风雨年代》,北方妇女儿童出版社 1990 年版,第 309 页。
③④ 《礼记·学记》。
⑤ 《论衡·自纪》。
⑥ [唐]刘知几:《自叙》。

教师,除官学之外,或入家施教,或在当地祠堂施教,几乎没有自己独立的教学场所,从而体罚学生往往有一定的限度。不过,在现代看来,万万不可接受。

二、近代理念混乱,价值导向不明

鸦片战争,清政府一败涂地,夜郎自大的观念很快溺灭,而西学东渐日渐风行。与此同行,"不打不骂不成人,打打骂骂成好人"的陈旧教育理念受到质疑,教师教育权在我国不断遭遇新的挑战。

（一）肇起于中外差距,急功近利

晚清时期,少数开明之士开始质疑自古以降的体罚教育恶习,教育风气开始有所好转。梁启超曾对教师体罚学生的现象予以严词抨击:"故夫师也者,以道得民,非以力服人也。今之教者,毁齿执业,鞭笞觥挞,或破头颅,或溃血肉,饥不得食,寒不得息。国家立法,七年曰悼,罪且减等,何物小子,受此苦刑。是故中国之人,有二大厄。男女罹毒,俱在髫年:女者缠足,毁其肢体;男者扑头,伤其脑气。导之不以道,抚之不以术,地非理室,日闻榜杨;教匪宗风,但凭棒喝。遂使视黉舍如豚苙之苦,对师长若狱吏之尊。……古之听讼犹禁笞楚。所以养廉远耻,无令自弃。今于鼓箧之始,而日以囚虏之事待之。"[1]尽管名人批评不断引发社会反思,但是"罚站""抄书""剥夺自由""替代劳动"等体罚事项依然在当时极为盛行,国家也不予以干预。

戊戌维新失败后,面对外国列强的步步紧逼,清政府深感危机深重,从而逐渐又回到了改良主义的道路上。为了富国强兵,大批留学生被公派出国。在这一时期,西方幼儿教育思想随之引入。梁启超、康有为等变法派在流亡国外期间也开始关注西方先进思想,并不断发文研究中国改革的某些具体问题。尤其是梁启超,在幼儿教育改革领域贡献颇巨。1902 年,梁启超在《新民丛报》上发表了《教育政策私议》一文,急切地呼吁参照西方教育制度进行改革。该文详细论述了学校教

---

① 梁启超:《梁启超论教育》,商务印书馆 2017 年版,第 49 页。

育结构、学制年限、教科书编写、学校管理、经费制度、教育政策等。在他看来，中国办学本末倒置，先办大学而未办或缓办基础教育是一项重大政策失误。"求学譬如登楼，不经初级，而欲飞升绝顶，未有不中途挫跌者。""今中国不欲兴学则已，苟欲兴学，则必自以政府干涉之力强行小学制度始也。"①他尤其关心日本的幼儿教育理论和教育制度，将五岁作为幼儿教育与小学教育的分界界线，此前属于家庭教育和幼稚园教育阶段。1904 年蒙学制度确立后，清政府也设置了专攻幼儿教育的留学政策方向。此前选取攻读师范、教育方向的留日学生将日本幼儿教育思想和政策引入国内。此外，一些外国人士也对我国幼儿教育制度提出意见或建议。美国传教士林乐知于 1905 年 10 月在《万国公报》上发表文章，认为中国儿童处于极为危险之境地，急需设置幼稚园："苟知劝道华人之法，惟幼稚园收效为最大。吾知其必置他事于缓图，而以是为先务，非吾之过甚其辞也，幼稚园之设，即以道德救儿童也。"②在这一时期，这些有识之士纷纷将游戏作为幼儿教育的重要内容提出来并详细论证其意义与作用，不能不说令当时的中国人耳目一新。受此促动，清政府匆匆忙忙地开始操办幼儿教育。可惜的是，这些幼儿教育机构不仅少，而且能够上得起学的也仅限于极少数达官贵人。何况，晚清政府操办的幼儿教育纯属为政府挣名誉，在教育理念的骨子里还是为维护满清王朝服务。以至于在《钦定蒙学堂章程》中写道："修身第一"，第一年教学拟定的修身中要求"教以孝悌、忠信、礼义廉耻、敬长尊师、忠君爱国，比附古人言行，绘图贴说，以示儿童"。而且同样要求三岁小儿"读经"，即《孝经》和《论语》。这几乎与古代家庭的幼儿教育在理念上如出一辙。

（二）受外方势力主导，混乱不堪

尽管清政府被革命党 KO，但是这对幼儿教育的改变影响似乎并不大，不仅幼儿教育价值指向不明，而且混乱不堪。是时，各种新式幼

---

① 梁启超：《教育政策私议·文集之九》，中华书局 1989 年版，第 33 页。
② 李楚材编：《帝国主义侵华教育史资料——教会教育》，教育科学出版社 1987 年版，第 213 页。

儿教育思想被快速介绍和涌入，到民国时期已经蔚然流行。不过，总体上来说，研究成果不少，幼儿园建设也不少，但是基本上流于形式，很少内化为己所用。这表现在：

一是西方幼儿教育思想的介绍非常系统与全面，但同时也带来了混乱。在这一时期，国内学者争相介绍外国先进的幼儿教育思想。1912 年谢天恩发表了《美国幼稚园略述》，详细介绍了福禄贝尔的儿童教育自然主义原则。此后，福禄贝尔的有关教育思想被反复从各种角度予以介绍。1913 年蒙台梭利儿童教育思想被介绍入国内。《蒙台梭利女史之新教育法》一文详细介绍了蒙台梭利于 1907 年创办的"儿童之家"，分析了其教育心理学。很快，《蒙台梭利新教育法之设施》一文又侧重介绍了蒙台梭利教育的教育特色、教育工具设施和教育成效。1914 年系统性研究蒙台梭利教育思想的专著——日本学者金西嘉藏的《蒙台梭利教育法》，被翻译出版。研究的热潮甚至催生了专业研究团体——江苏省教育学会蒙台梭利教育法研究会。尤其是美国教育学界的权威人物杜威在 1919 年 5 月 1 日来华后的两年内（在中国停留时间长达两年两个月），国外的新式幼儿教育思想在我国的流传达到了巅峰状态。杜威的很多观点，如"儿童是教育中的太阳""教育就是生活""学校就是社会"等风靡一时。各种理论、观点荟萃，虽然在学术研究上蔚然壮观，但是同时也带来了一个极大的问题，那就是基础薄弱的绝大多数国人无区分甄别能力。于是，理论上的混乱在所难免。究其根源，还在于缺乏自身幼儿教育之基础理论准备。

二是民国时期新式幼稚园样式太多，且教会幼教机构占据主导地位。众所周知，福禄贝尔的教育理念侧重于顺应儿童的自然成长规律，而蒙台梭利的教育理念侧重于实践教学方法。福禄贝尔与蒙台梭利的教育理念基本上大差不差，但前者更侧重于教学思想的阐发，后者更侧重于教学方法的应用。以"教具"和"恩物"进行比较，则不难发现，福禄贝尔也开发了作为儿童游戏的"恩物"，但这些"恩物"在种类、数量、质地、颜色等各方面均无法与蒙台梭利设计的"教具"相比较。从其实质功能来说，"教具"更侧重于教师的指导，而"恩物"更侧重于幼儿自身的感受。①事实上，从清政府设蒙养院时期起，一则是教师数量奇缺。刚举办蒙养院时"主要是靠有育儿经验或识些字的妇女以及外聘教习来培训保姆。此时期无论是自办师范毕业生还是留学师范生的数量是极其有限的，不能适应新式学堂的普及。"②这直接导致外来幼儿教育思想和教学方法无法落地，而且在实施过程中也存在千差万别，根本无法保持原汁原味。二则是教会幼稚园形成了压倒性优势，反而对通识幼稚园的创办造成了破坏。民国时期，西方教会在中国大量举办幼儿教师培训机构和幼稚园，而且有着资金、场地和师资三方面的压倒性优势。实际上，早在鸦战后，外国教会就已经开始在沿海地区，如福州、宁波开办幼教机构，并准备扩大至上海、北平、杭州、厦门等许多地方。1913 年，基督教全国会议规定所有教堂均应开设幼稚园，以至于教会幼稚园遍地开花。"据南京一女师 1924 年的调查，全国有幼稚园 190 所，其中教会办 156 所，占全国总数的 80％。"③教会幼稚园的教学理念和教学方法几乎全套适用西方模式，与中式幼稚园存在很大的区别。之所以如此，是因为教会幼稚园的举办初衷在于："欲定民主国民之根基，除幼稚园外，无他求也；欲使街巷顽童，家中劣子，成为安分守己之国民，除幼稚园外，亦无他术能收效若是之速也。"④显然，教会幼儿园办园的西方政治倾向无法为国人所容忍。新中国成立后，教会幼教机构逐渐被接办、改办，传留下来的教育思想与理念所剩无几。

三、新中国理论不足，经验与制度匮乏

新中国成立后，政府决心改变此前较为混乱的幼儿教育格局。《新

---

① 邓志军、卢筱红、邓佳楠：《学前教育理论与实践问题研究》，武汉大学出版社 2018 年版，第 30 页。

② 粟高燕：《中国百年幼儿师范教育发展史研究（1904—2004）》，天津古籍出版社 2014 年版，第 103 页。

③ 包锋：《教会幼稚园的兴办与中国新式幼儿教育的产生》，《呼伦贝尔学院学报》2008 年第 2 期，第 93 页。

④ 基督教会民国二年全国议会组立续行委员会编制：《中华基督教会年鉴》，商务印书馆 1914 年版，第 56 页。

中国幼儿教育的基本情况和方针任务》详细探讨当时国家面临的几大难题：一是基础差、数量少且各地办园极为不平衡。据该文件统计的数据，全国 38 万入园幼儿中，华东地区就占了 30 万。二是幼儿园遗留的风气主要是旧社会风气，小学化性质严重，甚至设置了过高的招生门槛。因此，国家决定对幼儿教育进行全面改造：一方面，国家颁布了系列国家法性质的文件，收回教育主权，停办私立幼儿园。依据政务院颁布的《关于处理接受美国津贴的文化教育机关及宗教团体登记条例》《接受外国津贴及外资经营之文化教育机关及宗教团体登记条例》，我国接管了外国开办的各类幼教机构 200 余所。与此同时，国家停办所有私立幼稚园，继而面向工农子弟开办普惠制幼儿园。另一方面，改变幼稚园之性质，鼓励公办并加强对私立幼儿园的领导，并且按照新的学制和新的办学理念办学。1952 年教育部颁发的《幼儿园暂行规程》改弦更张，规定幼儿教育应当为国家建设服务，为工农服务。事实上，受当时政治形势的影响，新中国不仅全盘否定并抛弃欧美幼儿教育理论，而且全面采用了前苏联理论与制度。在这一方面，陈鹤琴先生的转变尤为明显。其于 1951 年发表的《幼儿教育的新动向》，在充分肯定前苏联幼儿教育目的的同时，提出"新中国幼儿教育的目的，也是为祖国培养健全的幼苗，使儿童的身心获得健全的发育；同时，解放妇女，使妇女们能自由参加政治的、经济的、文化教育的、社会的建设事业。"[1]此种思想上的转变实际上是一种根本性的变革，即与旧式幼儿教育决裂，将我国幼儿教育改造为社会主义性质的幼儿教育，"是民族的，不是欧美式的"；"是科学的，不是封建的"；"是大众的，不是资产阶级的"。[2]此后，幼儿教育在新中国大地上飞快地发展了起来。然而，诚如某些学者所言，50 年代的中国教育实际上是一种多重元素的混合体：一是从晚清、民国时期流传下来的本身有混合了古代儒学的西化教育；二是中国共产党人在革命根据地时期创造的新的教育经验；三是 50 年代引入中

---

①　陈鹤琴：《创建中国化科学化的现代幼儿教育》，金城出版社 2002 年版，第 331 页。

②　刘小红：《中国百年幼儿园课程的价值审思——基于课程文本的分析》，西南师范大学出版社 2015 年版，第 66 页。

国的苏联教育。①前述三种模式在我国起主导作用的时期并不长,真实占据主导地位的依然是传统思想。这种混沌的状况也为后来幼儿教育的挫折埋下了祸根。

诚然,在这一时期,幼儿教育领域的制度建设也是稀缺的。当时,教育部于 1952 年匆匆忙忙颁布了《幼儿园暂行规程(草案)》和《幼儿园暂行纲要(草案)》,作为试行文本在全国范围内开始适用。既然是"草案",也就是说没有正式成文。当时的教育教学实践中引发了诸多的问题与此有关。即便如此,这两个"草案"文本也没有真正得到落实。因为后来的各种运动实际上已经打破了教育教学的正常进程。且不说幼儿教育,即便小学、中学和大学教育也出现了不正常化迹象。

综上不难看出,从晚清时期以来,虽然我国引入了西方各式各样的幼儿教育理论、教学方法、教育设施设备,然而并没有让我国幼儿教育有效且有序地发展起来。究其原因,就在于两个方面:一是理论准备不足,导致保教理念鱼龙混杂,泥沙俱下。二是师资人才缺失,导致专业教育行动无法有效开展。甚至可以说,在改革开放以前,我国幼儿教育基本上处于知道要顺应儿童天性办教育,但并不知道怎么办教育的尴尬状态。事实上,教育,无论在何种时候,人的因素是绝对的关键因素,是所有问题的核心。因此,在这一阶段,对于幼儿教师教育权力的规制很少关注,更谈不上相关规制原理及机制建设。

四、当代价值定位不清,制度机制不全

改革开放以后,随着国家政策过渡到经济建设,民族情绪的逐渐平息,幼儿教育也迎来了和平化、开放化、理性化的良好时期。自此,我国幼儿教育理念也开启了实事求是,脚踏实地,眼睛朝下的新历程。首先,在理论准备上,学术界系统研究了世界上各种有影响力的幼儿教育教学理论。无论是福禄贝尔的思想,还是蒙台梭利的教学方法,亦或是

① 参见费正清主编:《剑桥中华人民共和国史(1949—1965)》,上海人民出版社 1990 年版,第 185 页;喻本伐编:《中国幼儿教育史》,大象出版社 2000 年版,第 298 页。

皮亚杰的儿童心理学、国际组织的相关政策等等均被纳入研究范畴,而且相关交叉学科研究也快速发展起来。比如行为科学方面的研究、认知神经科学方面的研究、经济学方面的研究、社会学与实证分析方面的研究、哲学政治学等方面的研究等等均取得了丰硕的成果。其次,在立法上,国家政策越来越开放。国家立法部门和教育主管部门积极跟进国际动态,及时回应幼儿教育的世界性发展趋势,并密切关注国内实务动态。不仅师资培育机构高中低层次分明,而且规模极为宏大;不仅教育法规比较齐全,而且不断修改进步。最后,在办园方式上,积极灵活。当前,公办与私立结合,传统与现代糅合,地方因素与特色元素混合。经过近二十年的潜心研究与发展,到上世纪末我国幼儿教育基本局势大为改观:教育目标具有全面性,教育理论具有多样性,教育课程具有多元性,教育过程具有个体性。[①]然而,百密一疏的是,我国幼儿教育领域的价值导向问题迄今为止在国内处于基本被遗忘的角落。

首先,幼儿教育的价值理念定位并不清晰。1996 年《幼儿园工作规程》在第三条规定幼儿园的任务,即落实保教结合原则,"对幼儿实施体、智、德、美诸方面全面发展的教育,促进其身心和谐发展"。2016 年修改后的《幼儿园工作规程》在维持前述任务的基础上增加了"遵循幼儿身心发展特点和规律"的规定,定位更趋于合理化。不过,这一理念在 2001 年《幼儿园教育指导纲要(试行)》中并未得到贯彻,该文件要求"各地因地制宜实施素质教育,为幼儿一生的发展打好基础";要求幼儿园的教育应满足"幼儿多方面发展的需要,以便幼儿在快乐的童年生活中获得有益于身心发展的经验"。这一价值定位为"多方面发展"明显较"全面发展"有所缩水。而在《幼儿园教师专业标准(试行)》中,相关规定被表述在基本理念"幼儿为本"中,即"尊重幼儿权益,以幼儿为主体,充分调动和发挥幼儿的主动性;遵循幼儿身心发展特点和保教活动规律,提供适合的教育,保障幼儿快乐全面健康地成长"。显然,在这里,"全面发展"转变为了"快乐全面健康成长"。可见,我国幼儿教育的

---

① 　向海英:《现代幼儿教育发展的新趋势》,《教育评论》1997 年第 4 期,第 75—77 页。

价值理念迄今为止任处于定位不清的状况。

其次,保障价值实现的工作目标与价值理念不配套。价值是为发展导向,必须辅以具体目标或工作任务才能得以实现。我国在教育立法中均注意这一方面的配套协调。不过,从整体来看,由于价值理念不清,导致幼儿园任务和工作目标也并不完全匹配。1996年《幼儿园工作规程》第五条将幼儿园保教工作的主要目标厘定为四项:促进幼儿身体正常发育和机能的协调发展,增强体质;发展幼儿智力培养正确运用感官和运用语言交往的基本能力;萌发良好的品德行为和习惯,以及活泼开朗的性格;培养幼儿初步的感受美和表现美的情趣和能力。不难看出,其价值导向在于顺应"体、智、德、美"顺序定位,以实现"全面发展"。2016年修改后的第五条虽然依然维持了此前之四项目标,也维持了此前的定位,但内容明显更为丰富。比如第一目标增加了心理健康;第二目标将动手能力改为动手探究能力;第三目标将某些内容进行优化,比如情感教育中将"爱祖国"调整到了"爱家乡"之前,品行教育中增加了"勤学",并将"好问"调整到了其后。这一调整意味着我国在幼儿园的任务和工作目标的内涵提炼方面依然处于变动的过程中。何况,其目标定位格外多,没有进行精要地提炼,以至于在实务中极难落实。在2001年的《幼儿教育指导纲要(试行)》中,其具体目标被调整为相对区分的五个领域,即健康、语言、社会、科学、艺术等,且每一领域被具体的划分为目标、内容与要求、指导要点等三个部分。显然,这一作法是吸收日本《幼儿园教育要领》的结果。不过,这一行政法规性质的文件在教育内容幅度上显然较日本有较大幅度的收缩。

最后,对于幼儿教师身份、职责部分的修改则出现较大的进步,但依然还需要进一步完善。本书择要阐述如下:一是将"幼儿园的工作人员"改称为"幼儿园教职工",明确了幼儿保教人员的教师身份。二是对幼儿教师的要求大幅度提高,从"努力学习专业知识和技能"提高到了"具有专业知识和技能以及相应的文化和专业素养",提高了职业门槛。三是加大了幼儿园园长的职责。比如"负责建立并组织执行幼儿园的各项规章制度",即幼儿园应当依规管理。再比如园长应当组织和指导家长工作，以促进家园合作。

五、回归本位：顺应自然

理念似乎是一个从来不缺位的话题。而教育理念，无论对各种类型的教育而言都是一个遐想万千，莫衷一是的争议话题。有学者曾经细数了我国的十大教育理念：以人为本的理念、全面发展的理念、素质教育的理念、创造性理念、主体性理念、个性化理念、开放性理念、多样化理念、生态和谐理念和系统性理念。①事实上，前述理念大部分均有人倡导实施于幼儿教育领域。如果按源流之编年史分析，具有时代变革意义的教育理念缘起于法国大思想家卢梭在《爱弥儿》一书中提出的自然教育思想。这一思想最为坚实的依据是人的自然发展过程。"每一个年龄，人生的每一个阶段，都有它适当的完善的程度，都有它特有的成熟时期。"②卢梭的这一思想对后世影响不仅深远，而且是奠基性的。事实上，类似的观点在古今中外都存在着。人们知道，幼儿心智尚处于快速发展期，距离成人还有很长一段时光需要度过，因此也主张顺应孩童自然身体规律实施教育活动。所不同的是，人们将教育的价值导向逐渐演变为人为的，而非"自然人"的。在本书看来，从古至今，在教育领域人们绝不缺乏如何揠苗助长的方案设计，近代以来几乎所有教育思想的核心无不是抑制各种努力培养人才或是天才的美好幻想。对于当下的我国而言，这也并不例外。当前，我国幼儿教育理念总体上依然是继续向自然教育回归。一句话，我国在幼儿教育中面临的最为艰巨的任务依然是减负。任何企图违背人类社会发展规律的冲动不仅无益，而且必然要付出极为沉重的成本。因此，本文以为我国当下的幼儿教育理念总体上是回归本位，即顺应自然，预防各种天真的幻想或理想主义。这是在最深层次影响幼儿教师教育权规制机制的因素。具体而言，本书以为，我国幼儿教育理念应当实现如下几个回归：

---

① 卜中海：《今天怎样当老师》，宁夏人民教育出版社 2018 年版，第 12—14 页。
② ［法］卢梭：《爱弥儿——论教育》（上），李平沤译，人民教育出版社 1985 年版，第 202 页。

（一）教育理念简约而不简单

俗话说："大道至简。"简，绝不意味着简单。教育理念简约而不简单也意味着幼儿教师教育权制约机制简洁而不简化。美国心理学家格塞尔曾经做过一个著名的实验——双生子实验：他找来一对未满周岁的孪生兄弟，又准备了一架小梯子。一开始，两兄弟都很有兴趣地去爬梯子，结果都未能成功。后来，格赛尔每天花 10 分钟训练弟弟爬梯子，训练一个月后，他勉强能够独自爬上梯子了，但速度缓慢，而且动作也不协调。弟弟训练 6 周后，格赛尔开始对哥哥进行同样的训练。然而，仅仅 2 周，哥哥就能熟练地爬梯子。继续训练的弟弟后来也达到了同样的熟练水平。这个实验证明："在儿童的成长和行为的发展中，起决定性作用的因素是生物学结构，而这个生物学结构的成熟取决于遗传的时间表。个体的生理和心理发展，都是按基因规定的顺序有规则、有次序地进行的。"①这个实验表明，对幼儿的后天培养并不能战胜儿童的自然成长规律。当然，这并不是说不要对儿童进行教育，而是不能违背自然规律进行超规律的教育。这也就决定了幼儿教育理念必须与幼儿身心自然成长规律相适应。

从目前我国国家层面的学前教育立法来看，各类法规规章和规范性文件均不遗余力地在落实这一点。然而，我们应当看到的是，这仅仅只是学前教育静态的方面。幼儿园及幼儿教师更主要的精力是要应对社会需求，尤其是要迎合家长的需求。换而言之，如果幼儿教育机制不能实现对家长教育观念的改造，无论国家法怎么规定，决然难以起到理想的效果。反过来，也只有在幼儿教育实践中真实地做到了顺应幼儿的身心发展规律，幼儿教师才能从社会重压之下被解放出来，才能可能得到心灵上的净化，回归与幼儿心灵相契合的教育精神状态与心理状态。反观我国幼儿教师教育权规制机制，其总体上过于"简陋"。这表现在：一是其被置于教育部门行政化管束的机制之内，其他主体几乎无权干涉。这就决定了作为个位数的教育行政管理者无法应对数量庞大

---

① 边玉芳等编：《儿童心理学》，浙江教育出版社 2009 年版，第 5 页。

的教育体系的现状。不仅仅是幼儿教师,几乎所有各类教育机构的教师均实质处于教育管理部门权力无法有效触及的真空地带。教育在我国成了良心行业。二是幼儿教育机构处于"孤岛"状态。就实际状况而言,我国的幼儿教育机构之间横向联系稀少,且相互之间充满了竞争。竞争的结果又进一步促进了"孤岛"状态。可以说,除了上级要求培训或参观外,"老死不相往来"是我国绝大多数的幼儿教育机构的现实写照。这一状态使得绝大多数的幼儿教育机构无法从兄弟机构汲取有益的经验。这对于幼儿教师教育权规制机制则更是如此。尤其是作为幼儿园管理者的园长,既带领教师们教育教学,又从事幼儿教师的实际管理工作,因而在幼儿教育实务中居于格外重要的位置。"一人兴园,一人废园"的现象可谓在我国幼儿教育机构中非常普遍。之所以出现此种现象,最为直接的原因就是教育管理缺乏点面穿贯的体系化设计,而更为深层次的原因就在于其教育管理理念简单套用行政管理模式。

(二)教育理念全纳而非全面

在当前的国际教育格局中,几乎没有哪个国家的家长和政府像中国这样如此热切且急切地致力于未成年人的培养,以至于举国上下一致将"全面发展"确立为所有教育类型的使命性目标。老卡尔·威特的如下言论被国人奉为圭臬:"一个理想中的真正优秀的人,应该是品质、才能、健康全面发展的人。"[①]对于全面发展理念,迄今为止几乎在国内畅通无阻,备受欢迎。然而,教育,尤其是学前教育真能实现促进人的全面发展吗?笔者一直对此持有深度的怀疑。

从本书研究议题的视角来看,全面发展之教育理念的对幼儿教师教育权规制机制的构建是极为不利的。理由在于:一是,既然幼儿教育的理念是"全面"的,那么幼儿教师就必须全能,否则无法与其配套。显而易见,幼儿教师并不是全能王,全面培养幼儿是难以实现的。二是,从国内所有的幼儿园设置定位来看,几乎没有幼儿教育机构将此明确

---

① [德]老卡尔·威特、小卡尔·威特:《卡尔·威特教育全书》,《卡尔·威特教育全书》编委会编译,中国妇女出版社 2018 年版,第 175 页。

列为其办学宗旨、办学理念或办学目标。笔者随机从网上按搜索自然结果顺位（无关键词竞价排名现象）下载了多份幼儿园章程，发现无一直接表述"全面发展"。①可见，从现行教育实践的角度来看，这一理念是可欲而不可求的。三是，全面发展在我国的立法中常常被表述为"德、智、体、美、劳等全面发展"。在幼儿教育中，因为幼儿身心的原因，往往将"劳"排除在外。事实上，结合各幼儿园保教实务与《幼儿园教育指导纲要（试行）》来看，实践主要侧重于智、体、美三方面的教育，这显然与"全面发展"存在较大的差距。

从国际潮流和国内研究成果来综合判断，在幼儿教育领域国际上虽然也主张"全面发展"，但其精神实质侧重的是"全人的发展"和为解决教育公平的全纳问题。全纳教育的主要目的是要尽可能多地使全部人享受相同教育的机会。国内不少观点将全纳教育的指针对准特殊儿童，这显然偏离了主体性因素。联合国教科文组织的《全纳教育共享手册》将全纳教育指向帮扶因家庭经济困难、身体残疾、智力低下、环境复杂等因素可能被边缘化或遭受排斥的孩子接受相同的教育，其覆盖的范围显然要比特殊儿童的范围广泛得多。②之所以要重视全纳教育，最为主要的原因是其基础性地位。如果受教育权都无法得到保障，那么

---

① 我国大多数幼儿园均将宗旨、办学理念、目标定位写入该园章程。笔者随机下载了多份幼儿园章程发现，几乎无一直接将其表述为"全面发展"的。比如成都市温江区和盛镇中心幼儿园章程将宗旨表述为："释放儿童的自然天性，回归儿童的真实生活，守护孩子最美的童年"。成都市温江区优贝儿幼幼儿园章程表述为："遵守宪法、法律、法规和国家政策，遵守社会道德风尚，坚持社会主义办学方向，贯彻国家的教育方针，保育和教育相结合，促进幼儿在身心和谐发展"。南宁市江南区快乐成长幼儿园章程载明："我园的办园理念：让每一个孩子都能健康快乐地成长。坚决反对小学化教育，让幼儿在游戏中得到学习，寓教于乐。我园的办学宗旨：促进幼儿身心健康发展，提高幼儿的思想品德，培养幼儿良好的习惯。"上海市青浦区尚鸿幼儿园章程表明"幼儿园的办园理念是：乐享童年，梦想未来。指幼儿园构建多元、开放的课程，让幼儿拥有丰富的经历，快乐享受童年时光的同时畅想未来，为未来成长打下扎实的基础。"上海市青浦区徐泾幼儿园章程载明其办学理念是：坚持"保护、尊重、欣赏、发展"的行动纲领，追求"和谐立园、求善至真"的教育文化，让幼儿园成为师生共同成长的温馨家园。西南财经大学幼儿园章程明确"幼儿园的办园宗旨：面向未来，追求卓越，服务社会，全面育人幼儿园的办园理念：给幼儿美好的童年，给人生坚实的起步。"

② 杜晓敏：《全纳教育视野下的基本公共教育服务均等化研究》，华东师范大学 2016 年度博士学位论文，第 29 页。

"全面发展"显而易见是根本无法企及的。本书认为,"全面发展"并不是教育需要刻意为之的工作。对于幼儿教育而言,关键是要做到三点:一是教育过程的公平;二是教育内容的自然化;三是加强幼儿之间的合作与互助。"全纳教育最根本含义即接纳所有的人,不排斥任何人。根据全纳教育的理念,不仅要把所有的人接纳进来,更重要的是如何对待他们。"①诚然,因人的差别性,教育过程无法做到绝对公平。于幼儿教育而言,所谓公平,大体上是指程序正义,即每一个幼儿均与其他人一样能够在最大程度上接受尽可能平等和全面教育的机会;而且此种公平尽可能地实现自然性,而非短暂的刻意安排。

值得格外重视的是,全纳教育格外重视学生的合作与互助。这对于我国这个以考试为唯一升学方案的国度而言,活生生的人际关系教学是较为欠缺的。从静态的角度而言,我国现行幼儿教育制度以及对教育理念、宗旨和目标的规定非常全面,但这些内容几乎均只是停留在纸张层面上,落实到实务中的少之又少。因此,将幼儿教育之静态的"全面发展"转换到全纳教育之动态教学才是我国当下面临的最为主要的课题。而这一点又深切地与幼儿教师教育权规制机制关联起来。也正是因为我国当下幼儿教育对教育理念之实践贯彻较少,才使得幼儿教育逐渐变为"孤岛"现象,幼儿教师无法走出内心的世界,也无法与社会融通。如此长期累月的发展,不仅幼儿教育过程不断单调而枯燥地重复,而且幼儿动手、思考、好奇等的机会被有意无意地丧失,导致不少幼儿教师仅仅将教育过程作为任务而不是生活的一部分来予以完成。这才导致了幼儿教师虐童事件的大量滋生。由此,本书在此急切地呼吁,我国幼儿教育的理念应该切换到行动层面的全纳教育之轨道上来。

《学前教育法草案》以章的形式集中规定了"保育与教育",其内容分为保教原则(实为保教理念)、卫生保健、安全保障、保教内容、保教方

---

① 张雁:《全纳教育理念对幼儿教育的启示》,《伊犁师范学院学报(社会科学版)》2008年第 3 期,第 144 页。

式、课程资源、家园共育、幼小衔接、内部管理、收费制度、经费管理、禁止行为等十二个方面，可谓全面而系统，落实了先保后育，保教结合的理念。然而，如果结合该草案第四条所确立的"方针目标"来理解，保教理念部分依然未能充分体现幼儿教育的自然规律和全纳教育。因此本书建议将该条修改为："实施学前教育应当坚持中国共产党的全面领导，全面贯彻国家教育方针，坚持社会主义办学方向，落实立德树人根本任务，遵循公平公正原则，顺应儿童身心发展自然规律，培育社会主义核心价值观，促进儿童德智体美劳全面发展，为培养担当民族复兴大任的时代新人奠定基础。"也就是建议在本条的修改中添加"公平公正原则"和"顺应自然规律"以体现全纳教育和自然主义教育理念。

第二节　我国幼儿教师教育权力规制机制之模式设计

从现有研究情势来看，国内对于幼儿教师教育权规制机制极少涉及。其中的原因就在于，绝大多数人不认为幼儿教师享有教育权力，还有一部分人认为幼儿教师即便拥有教育权力，这种权力也很小，不值得构建一种机制去予以规制。因此，学术界主要将研究的精力投入到国家教育权的规制方面。本书以为，这其实是一个天大的误解。理由有两点：一是幼儿教师教育权不仅是实际存在的权力，而且在目前的立法、执法和司法体系中几乎很少有相应的配套规制制度设计。在这一角度上，幼儿教师教育权规制机制实属我国立法领域的一大漏洞。二是幼儿教师的教育权不仅不小，而且非常大，甚至可以说无边无际。因为幼儿教师面对的是毫无反抗能力的幼儿，作为当事人的在园幼儿无法行使对其权力的制约权利；而幼儿家长虽然有实际能力制约幼儿教师教育权，但是其面临信息不对称的困境，几无机会有效行使其制约权利。至于幼儿园管理者和其他同园幼儿教师，既缺乏制约幼儿教师教育权力的动力，也缺乏有效制约幼儿教师教育权的实际能力。由此而言，我国幼儿教师教育权规制机制处于亟待构建的紧迫状态。诚然，在构建这一机制之前，我们首先要考虑的是构建何种样态或是模式意义上的机制。

一、幼儿教师教育权规制模式之比较

参详国外幼儿教师教育权规制机制,不难发现,其突出的特点大大有别于普通意义上的行政权力规制机制。之所以如此,是因为幼儿教师教育权并不是典型意义上的公共行政管理权,更是社会行政法意义上的行政权。最高人民法院江必新副院长曾撰文指出,现代行政法在我国的发展历程呈现出三种形态:第一种形态以"国家行政权——公民自由权"为主轴,即普通行政或是公共行政形态。在此种形态中,公共行政权为政府所独占,相对人享有防御性自由权。第二种形态以"自由权和社会权——国家行政权"为主轴,即服务行政,行政权适应经济发展和福利供给需要,从秩序行政为主转变为秩序行政与给付行政并重。第三种形态以"自由权和社会权——公共行政权"为主轴,即社会行政的扩大化,大量社会主体(非政府组织、私人等)从事部分公共事务,行政法的任务在授权、控权和服务之外,需致力于促成并保障社会自治和民主参与。我国正处于从第二种形态向第三种形态的过渡过程之中。①本书赞同此种划分方法,不过对于第三种形态的内涵有着不同的理解。

事实上,第三种行政法形态的出现并不是中国的特有现象,而是世界性的现象。我国现行立法依然还处于第一种形态,远未能跟上社会实务的发展。从某种意义上来说,正是我国行政立法在制度供给上的不足,行政执法观念与行政法事实发展严重脱节,才导致了幼儿教育实务长期处于既无制度依据又无法应对现实需要的尴尬状态。而从我国行政法学研究的态势来看,学术界也未充分意识到这一特殊行政领域——私人行政的社会化急速扩张,从而并未能及时为社会行政制度配套提供学理上的支撑。与此不同的是,西方发达国家的经济建设比

①　江必新、邵长茂:《社会治理新模式与行政法的第三形态》,《法学研究》2010 年第 6 期,第 21 页。

我国早起步几百年,从而在社会行政方面不仅经验丰富,而且制度完备,形成了各具风格的社会行政权规制模式。这在幼儿教育领域也有着相应的体现。有学者认为,国际上学前教育行政管理模式大体上区分为三种,即以法国、印度为代表的中央集权模式,实行中央政府的垂直管理体制或中央在学前教育管理上有着主导性的权力;以美国、德国、中国为代表的地方分权模式,实行中央与地方平行或伙伴型管理体制,中央只是间接管理,地方主导管理事务;以英国、日本为代表的中央与地方均权模式,实行中央与地方共同管理,中央负责制定法律规范,地方设置并直接管理学前教育机构。①这种划分存在一定的问题,比如美国并不存在地方分权的问题,而只是套用教育公平、教育均等"大帽子"间接影响地方学前教育事务。再比如,日本和英国也不是均权。因为教育管理权力既无法平均,地方也无法通过建立和管理学前教育机构与中央均权。至于我国,更谈不上共同管理的问题,而是中央对所有地方学前教育机构均拥有管理权,地方政府及其教育行政部门必须落实中央的法律法规和公共政策,是执行问题,而不是共同管理问题。至于对幼儿教师教育权的规制问题,显然也无法套用前述模式来予以界定,而应当具体分析。在本书看来,幼儿教师教育权规制体制显然嵌套于教育行政管理体制之内,不仅因各国宪政结构和行政权配置不同,而且也因实务有着一定的差异。具体说来,幼儿教师教育权规制体制主要有如下三种模式:

(一)福利供给规制模式

福利供给规制模式较为典型的出现在美国。众所周知,美国是一个法律体系上多层次多法域的国家。复杂的国内"国际关系"极大地束缚了美国联邦政府的权力与权威,其最为明显的体现是联邦层面的立法权和行政权无法直接触及社会底层。然而,国家治理得到底好不好,民众能否分享现代社会发展的成果,则是考量联邦政府治理能力的核心指标。直言之,联邦政府无权干预宪法保留给各州的地方事务,但又

①　张家琼:《学前比较教育》,西南师范大学出版社 2016 年版,第 88 页。

必须承担起地方事务的治理职责。这令二战后历届总统极为恼火，但又无可奈何。在此种状况下，美国联邦政府祭出了一招大棋，即顺应福利社会发展的需要，不断扩张联邦财务支出规模，高筑债台向社会渗透联邦的影响力，并建立联邦权威。以幼儿教育为例，其本来属于地方事务，只有地方政府有直接的行政立法和行政执法管理权。然而，美国各州差异极大，幼儿教育广受诟病。为此，联邦政府高举教育公平的旗号，开始对幼儿教育"投资"。1979 年美国总统吉米·卡特签署教育部组织法案（PL 96-88），将原美国卫生教育和福利部（HEW）劈开来，分别成立美国教育部、卫生及公共服务部（United States Department of Health and Human Services；HHS）。卫生及公共服务部被称之为健康及人类服务部或美国卫生部。比较这两个部门则可以发现，教育部名义上管理教育事务，实际上负责吸引眼球和接受民众的"炮火"；而实际从事教育事务的倒是卫生及公共服务部，且在民众中树立了"亲善大使"的良好形象。几乎美国历届总统均心照不宣，不但继续弱化教育部权力，同时也缩减其规模；但与此同时，卫生及公共服务部的权能则不断扩张，不仅管理卫生服务，而且也实质"经营"教育事务。最为显要的就是该部门主持着联邦政府的重大儿童保育项目，如儿童保育与发展基金、家庭临时援助基金等等，成为联邦政府权力不断渗透地方事务的便利工具。

据统计数据，新千年之交，美国每年开支的教育经费总额约为6 500 亿美元，且 91％来自于州、地方政府、私人捐赠。在此之前，美国联邦政府的"开端计划"从 1965 年的每年 8 400 万美元，受影响的家庭为 27.1％，约 50 万儿童[①]开始起步。此后快速增长，到 1968 年时为 2.39 亿美元，受影响的家庭和儿童数量呈直线上升，其中儿童受到资助的数量为 69 万。开端计划在开始之初较为成功，但是随着时间的延续，很快，各种关于受聘教师素质低下，评估花费过高，经费项目配置不

[①]　See Mahwah, N. J. Lawrence Erlbaum Associates Education：Yesterday, Today, and Tomorrow, Inc., 2001, p.75—76.

合理等等之类的批评声音不断滋长,甚至被批为"骗局"。①同时地方力量也开始反对——干预地方自治。受到总统直接约束和管理的经济机会办公室负责的开端计划饱受诟病,一度陷入停滞。后来的美国联邦政府虽然不明说,但是意识到了问题的症结——社会行政普及化后,传统公共行政很难赢得民心。政府直面民众绝不是一件好事。因此轨道开始切换,开端计划开始改革。尼克松上任后,首先拿经济机会办公室开刀。"经济机会办公室的新角色应该是进行创新性的实验研究与示范,而不是像一个较为传统的机构那样,自己管理大规模的反贫困计划项目。经济机会办公室的价值在于设计帮助穷人的新计划,为那些处于起始阶段和实验阶段的计划充当'孵化器'。"②开端计划转交给卫生教育和福利部,并在该部内部成立儿童发展办公室代替经济机会办公室。这一机构显然把总统代表的联邦政府与福利政策的不良后果隔离开来。总统批准机会投资,挣了面子又挣了声誉,干不好,则成为具体部门的事情。然而,即便这样,还是不够保险。因为卫生教育和福利部毕竟是总统领导下的传统行政机构,因此,机构后来又发生了变化,进一步把行使传统公共权力的政府或行政机构与之隔离开来,采取社会的事情社会化处理的方案。到1990年时,开端计划变成了1 283项委托项目,并由500多个代理机构实施,资金规模高达15.52亿美元。③值得格外注意的是,从改革开始,尤其克林顿总统签署的1994年重新授权的开端计划由专业人士向总统提议,然后进行评估,由专业机构代理,并由行政管理机构殿后——对专业机构进行再次评估。专业代理机构面向幼儿教育机构、家庭等接受申请,并负责监督和实施。如此一来,联邦政府变成了投资人,负责筹措资金;所有投资转化为具体项目,由代理机构申请代理权,代理机构对受援助者(儿童、家庭、幼教机构等

① Maris A. Vinovskis. The Birth of Head Start. The University of Chicago 2005, p.96.

② Maris A. Vinovskis. The Birth of Head Start. The University of Chicago 2005, p.142.

③ 参见刘彤:《美国"开端计划"历程研究》,河北大学2007年度博士学位论文,第117页。

地)评估,并发放援助经费;而受援助者本身又必须向代理机构提出申请并接受评价。观察这一"经营方案",则不难发现,全部事务都实现了社会化。联邦政府变成了亲善大使,援助过程带有丰富的慈善性质,使得民众感恩戴德的同时还挑不出政府职权失当的弊端。更为关键的是,政府引入了极为丰富的社会资源,实现了全过程的社会化、福利化、程序化和平等化,且幼儿教师教育权被深刻地嵌入了这一程序机制之内。

观察美国的幼儿教师教育权制约机制,很显然,其具有如下几个特点:一是幼儿园和幼儿教师若想享受政府资金方面的待遇,就必须努力按照国家立法行动,否则无资格申请资助,或者所能获得的资金非常少。这必然导致幼儿园和幼儿教师为了自身利益相互进行监督,同时尽可能提高教育质量。二是幼儿园和幼儿教师的教育教学过程不断开放。基于同样的理由,为了待遇,幼儿园和幼儿教师必须经常向把握资金审批权的代理机构针对性的按照项目要求进行申请,也自然同时要接受这些机构的监督和评估。幼儿园的教育从"孤岛"演变成了主动向社会横向联合。三是专业代理机构为了获得政府授权,积极配合政府落实立法计划,同时吸引家长参与具体项目和计划的实施,使得社会大众和家长也获得了既监督代理机构又监督幼儿教育机构和幼儿教师的机会。

（二）社会权利规制模式

社会权利规制模式主要为英国所采用。英国之所以采用这一模式,主要原因在于三个方面:一是英国政府财力有限,无法套用美国的福利供给规制体系;二是英国的地方自治力量过于强大;三是英国的幼儿教育采取与家庭相结合的方案。

英国是一个传统上非常重视幼儿教育的国家,也格外重视父亲在子女教育上的权利。依据普通法,父亲拥有父权,且具有绝对性意味。不过,英国的父权与大陆法系有所不同。依据罗马法,父亲赋予了子女以生命,也可以剥夺其生命。可见,罗马法上的父权是一种权力,其本座以父亲的权威地位为依据。英国的普通法虽然也赋予父亲以类似的权力,但是这种权力是以父亲的义务和责任为前提的。更多体现出来的是对子女的抚养和保护义务。"以亲子血缘关系为纽带的自然义务在普通法上被看作一种源于自然法的规则。父亲应当为子女提供足够的经济来源,以保证子女的基本生活需求。"①后来,这一规则得到了延伸,父亲不仅应当照顾子女生活,同时也应当为子女提供与其社会地位相适应的教育。有司法案例表明,当父亲无力为子女提供合适的生活照顾时,其父权即受到损害。在 1774 年的一个案例中,衡平法院法官曼斯菲尔德认为,经济上破产的父亲已无能力履行父亲的义务,因此很有必要"有条件的解除父亲责任";何况,国家权力高于父权,因此父权可以受到国家权力的限制。②尽管曼斯菲尔德谨慎地对父权重新进行解释,但是该案在很大程度上撕开了父权弱化的一个小口子,为后来具有绝对意义的父权的弱化推开了一扇窗。在 1836 年的一个案件中,作为母亲的卡洛琳与丈夫乔治·诺顿分居。由于后者行使父权,卡洛琳未能获得子女的监护权,并且其丈夫禁止她探视子女。卡洛琳在穷尽一切方法后均未如愿。于是她通过发表文章、游说知名人士和议员等推动相关法律的修改。她的努力得到了议员托马斯·汤福德爵士(Thomas Noon Talfourd,1798—1854)的支持,并于 1837 年向议会提交了婴幼儿监护权草案。该法案经过多次修改和三次辩论后获得议会通过,使得离婚的母亲有机会获得对子女的监护权和探视权。该法案被视为英国家事法上的一次巨大进步,是"向普通法上的父亲的家长权和父权权威提出的挑战"。③婴幼儿监护法案对于幼儿教育而言具有极大的意义。按照该法案,母亲除了女性在照顾婴幼儿天然的优势外,又在经济上为母亲争取权益提供了另外一条途径。这在客观意义上,大大增强了父亲和母亲加大对幼儿教育的投入积极性。与美国不同的是,英国经历了两次世界大战的打击,国家经济实力下降。另一方面,

① 徐奕斐:《妥协与变革:英国 1839 年婴幼儿监护权法案再思考》,载全国外国法制史研究会主编:《外国法制史研究》2017 年第 20 卷,第 290 页。

② Blisset's Case, L, 748, 98Eng. Rep. 899(1767).

③ Susan Maidment, Child Custody and Divorce, Croon Helm, Kent, 1984, pp.115.

英国社会中单亲家庭比例过高,导致家庭养育成本不断提升,从而使得幼儿教育得到投入的概率降低,同时也极大地限制了英国幼儿教育机构的发展。

顺应社会实情,英国在二战后发展起来的幼儿教育不得不为了"解放劳动力"之社会问题而设置幼儿教育机构。这体现在三个方面:一是尽可能早地将幼儿纳入小学体系。英国格外重视幼小衔接,5 岁儿童一般入读 reception(学前班),相当于我国的小学一年级。二是,幼儿教育组织机构形态极为丰富。据笔者不完全地比较观察,英国是世界上幼儿教育机构类型最为丰富的国家。目前,英国至少存在如下一些类型的幼儿教育机构:(1)幼儿学校;(2)日托中心;(3)联合托儿中心;(4)家庭保育;(5)学前游戏小组;(6)父母婴儿组;(7)社区中心婴儿室;(8)学前班;(9)亲子小组;(10)儿童保育中心等。英国之所以幼儿教育机构如此众多,是因为单亲家庭过多,需要类型各异。这是其社会结构基础。同时,也因此导致了英国幼儿教育的服务目的,即解放父母。三是幼儿教育机构小而多。为了解放父母,英国不得不采取家庭式的保育模式,很多时候幼儿教师同时也是被教幼儿的亲生母亲。①这种模式导致幼儿教师保有数量太多,反而又进一步陷入了其中难以改变。幼儿机构过于分散的现实使得英国的幼儿教师极难得到整体素质的提升。诚然,相对而言,幼儿教师的压力也相对较少。因此英国很少发生幼儿教师虐童事件。以上情况导致英国幼儿教师教育权规制体系呈现出如下一些特征:

1.自觉高于强制。英国的幼儿教育起点早于世界上大多数的国家。英国因为少年妈妈过多,这些家长无法亲力亲为地保育婴儿,且这些少年妈妈急于外出工作,因此英国的幼儿教育不得不广泛与家庭结

①　英国从上世纪 50 年代以来生育率稳中有升,新生儿呈现出缓慢增长态势;与此同时,其人口居住非常集中,导致其幼儿教育机构开始出现扩张迹象。从 1950 年以来,英国人口从 5 000 万增长至 2018 年的 6 657 万人,但近几年的平均生育率又出现了下降趋势。目前,英国幼儿教师数大约在 31 万人左右,2018 年出生婴儿为 657 076 人,平均每个教师对应的幼儿数为 2.12 人。

合。在很多时候，幼儿教师同时也是幼儿的家长。加上幼儿教育机构小，且家长身置其中，从而使得母性的光辉被及时导入幼儿教育。在这种"一个妈妈带几个孩子"模式中，教师与家长的身份高度重叠，导致幼儿教育中教师的自觉性高于强制性。

2. 与社会紧密合作。正因为英国幼儿教育必须广泛依赖家庭力量，从而使得其幼儿教育往往发生在邻里、亲属、社区之间。家长在面临众多选择机会的前提下，往往基于充分的信赖才把孩子送入相应的幼儿教育机构受教育。尤其是对 3 岁以下的幼儿教育而言，英国的幼儿教育机构在功能上明显侧重于托护，幼儿教师在教育上的压力很小。不过，这种状况也导致英国极难以改变其幼儿教育质量的现状。毕竟小众型的教育机构在教育质量上差异显著。加上英国人口过于集中，也加剧了其地区间幼儿教育质量的非平衡性。"2016 年，英国政府曾打算让 infant school 和 junior school 合并，并转向更具学业性的学校教育模式，这一计划在英格兰和威尔士遭到了很大批评。"①对于英国政府而言，其幼儿教育权规制的难题往往比其他国家更为复杂。

3. 强化行政监督。强化对幼儿教师的行政监督在英国近年来的幼儿教育政策中得到较明显的体现。英国长期困恼于幼儿教育机构的小众化状态。面对教育现状，政府不得不想办法改变。其中非常重要的一个举措就是将幼儿教育机构与小学教育衔接起来。目前，作为英国历史最悠久的幼儿教育机构类型——Infant school，因为受政府资助较多，从而往往被设置在小学或类似教育机构之内或与其紧密衔接。这种做法节约了政府的监管精力和资源的付出。不过，在这类幼儿教育机构之中，学业更多地得到重视，以至于引发了各种各样的批评。尽管如此，政府似乎并没有放弃这一举措的打算。为了解决幼儿教育机构多、教师多、类型多，质量不平衡的现状，政府反而将其作为一种持续的举措不断加以维持和推进。2017 年《早期基础阶段法定框架》的修

---

① 苗曼：《英国幼教机构的分型及对我国幼儿教育的启示》，《江苏师范大学学报（哲学社会科学版）》2018 年第 1 期，第 148 页。

订就带有较为明显的此种倾向性。在此次修订中,英国政府采取了三项措施:(1)提高对幼儿教师专业性的要求;(2)制定了国家课程体系,要求统一实施;(3)强化规模和质量监督。这意味着幼儿教师职责的加重和专业素养的提高,进而迫使小众型的幼儿教育机构向专业机构转型。

(三) 行政监管规制模式

行政监管规制模式主要由日本所采用。目前,国内有很多文献资料均将日本幼儿教师列入教育公务员行列,有的甚至直接将幼儿教师的身份视为教育公务员。这种观点存在一定的偏颇。按照 1991 年日本修订的《教育公务员特例法》之规定,幼儿园园长肯定是教育公务员,但是在幼儿园中任教的其他教师则未必。因为该法规定的教员是"有条件任用",该法第十三条之二规定,幼儿园中的教谕(相当于教职工)必须按照公务员法之规定试用一年之后才能录用。可见,并不是所有在幼儿园中任教的幼儿教师都是公务员。日本之所以将幼儿教师纳入公务员序列,是因为其明治维新以来的几乎所有改革均与政府的指导或命令息息相关。

日本是一个岛国,资源匮乏,举国上下均极为重视资源的充分利用。这使得日本政府在社会生活中拥有了巨大的权力空间。再者,日本近代以来的政府改革较为成功,使得其快速近代化和现代化。这为政府获得民众信任提供了巨大的契机。1926 年的《幼儿园令》就体现出了将幼儿教师纳入公务员的迹象。在该法发布之前,只有幼儿园园长才享有国家"委任官"的待遇。该法则将所有公立幼儿园的幼儿教师(包括保育员)均纳入该体系。二战后,日本教育制度再次发生了剧烈的变革。美国幼儿教育理论对其产生了广泛影响。目前,日本幼儿教育面临的主要问题可以说并不是幼儿教育本身的问题,而是社会问题。一是出生人口逐年下降。从第一次生育高峰(1947—1949 年,共计 250 万名)以来,日本新生儿处于持续减少的状态。最近三年的数据分别为:2017 年 94 万,2018 年 92 万,2019 年 86.4 万。新生儿数量严重不足使得日本幼儿教育的成本高企,开园数量不足。不难预见,如果此种状态持续下去，日本幼儿教育体系的内生性生态将由好转坏，最终将面临极为困难的局面。二是新生儿不足导致政府和社会将注意力转向家庭减负，给幼儿教育造成了负面影响。众所周知，日本家长对学校教育的态度一向相当信任与宽容。然而，随着少子化程度日益严重，这种趋势也在缓慢地发生改变。一方面，家长们开始对幼儿园及幼儿教师挑剔起来。另一方面幼儿园内部竞争也日益激烈，竞争失败的幼儿园不仅幼儿数量极少，而且各方面的资源、管理等均容易出现问题。从日本教育部门公布的 2015 年的统计数据来看，全国共计 11 138 所幼儿园，在园幼儿 1 328 791 人，平均每所幼儿园 119.3 人。观察相关分区统计数据，其在园幼儿数量分布严重失衡。比如秋田 3 065 人，41 所幼儿园，平均每所幼儿园在园幼儿数为 74.8 人；东京 1 004 所幼儿园，平均每所 160.6 名在园幼儿。目前，许多农村幼儿园已经难以为继，原因就在于幼儿过少。近几年网上不时爆料出"黑心"日本幼儿园可以说即是该园无法有效获得关注和投入的典型事例。如果此种趋势进一步恶化，势必影响日本幼儿教育资源投入的均等化，可知其问题之严重性。正是在此种局势下，日本为确保教育质量，持续加大了对幼儿园及幼儿教师的管理力度。综合来看，日本幼儿教师教育权之规制体系呈现出如下几点特征：

1. 幼儿教师资格高度依赖行政程序管理。日本对幼儿教师的行政管理可以说是极为全面的，且相关岗位设置清晰、规范。依据日本《学校教育法》和《公立义务教育诸学校学级编制和教职员定数标准法》，公立教师岗位（养护教师、营养教师以外的所有教育公务员）岗类岗级设置标准清楚，发展通道丰富，强调岗位管理。①相关立法不仅设置不同管理岗位，而且每个岗类还有不同的纲级。当前日本幼儿教师职级共分为三级，由高至低分别为专修许可证、一类许可证和二类许可证，分别对应"专修资格证"（可以通过大学院、专攻科、短期大学专攻科

---

① 蔡永红、肖艺芳：《日本教育公务员制度的特点及其对我国的启示》，《教师教育研究》2011 年第 6 期，第 77 页。

学习获得)、"一种资格证"(通过大学学习获得)和"二种资格证"(通过
短期大学学习获得)。①二是日本幼儿教师选拔程序严格、规范。日本
在聘用幼儿教师时存在较多的程序性规范。在准入制度方面,第一个
条件是必须满足初始学历为专科以上。第二个条件是必须通过相关考
试,取得教师许可证。此时有两种途径,即在大学取得幼儿教师许可证
(必须根据许可证种类修完文部学科大臣认定的规定学分)或者通过都
道府县设置的教育职员检定考试。这一关是最为关键的环节,即必须
通过选拔考试。第三个条件是必须通过相应单位录用后的职前培训。
职前培训又称之为新教师研修,即对新任教师进行为期一年的实践能
力、使命感、视野和班主任等方面的培训。此种培训又分为园内研修和
园外研修,其中园外研修不少于 25 天。第四个条件是满足许可证期限
制度的限制。2009 年日本修订《教育职员许可法》,取消了教师资格终
身制度。教师许可证自获得之日起 10 年内有效,在此期限内必须实现
许可证更新学习和考核,否则不能更新。第五个条件是满足业绩要求。
日本还规定了教师工作实绩,幼儿教师如果达不到相关标准,可能被认
定为实绩不符,或不称职;一旦因此而被处分,许可证效力也会视不同
情况处理,严重的情况下可能提前失效。可见,日本对幼儿教师的管理
主要体现为程序性管理体系的综合配套。在此种境况下,幼儿教师不
得不长期处于学习和成长的过程之中,其教育权实现了内涵式发展。

2. 以课程管理约束幼儿教师教育权。设置较为统一的课程,目前
在世界上已经形成趋势。英国、日本、我国等均如此。不过,日本在课
程设置上受到美国幼儿教育理论的重大影响,并结合自身特殊的自然
环境和人文环境做出了重大调整。上世纪九十年代以来日本通过系列
立法和实践将幼儿教师职前培训课程和幼儿园教学课程法定化。2002
年文部科学省在《提高幼儿园教师素质——为了自主学习的幼儿园教
师》的报告中强调以改革幼儿教师职前培训的方式加强大学与幼儿教
师、幼儿园之间的关系。2006 年《今后教员养成和资格制度的理想状

---

① 　庞丽娟等:《国际学前教育法律研究》,北京师范大学出版社 2011 年版,第 152 页。

态》(中央教育审议会咨询报告)提议创设"教职实践演习"课程和创设"教职研究生院"。①这显然与英美的做法有着一定的差异，其中最为典型的体现是，日本通过中央机关或教育管理部门做出决定，而英国虽然也在法定化，但是其更多地是一种目标、实务性方法或者是倡议，幼儿园和幼儿教师带有浓厚的自主性。另外，在幼儿园课程设置上，日本也如出一辙，即法定化。与英国《早期基础阶段法定框架》较为原则化、框架化和笼统化的方式不同的是，②日本的《幼儿园教育要领》在课程、目标、注意事项等方面非常详细，甚至对课程规定时间外的活动也设定了注意事项，从而在可操作性和可执行性上强于英国。

3. 幼儿教育以幼儿为主非以教师为主。日本幼儿教育更为突出的一个特征是幼儿自主性远强于其他国家。这一点可能是日本特殊的地理环境影响的结果。日本是一个自然灾害频发的国家，因此其幼儿教育与其他国家不同的是加入了大量灾害预防与应对课程内容与训练课程。从日本幼儿教育的课时来看，其幼儿在园时间较短，大多为4—5个小时。幼儿一般上午9:30开始入园，下午2点结束，无午休。很多人容易将日本的保育园与幼儿园混淆，其实两者差别甚大。保育园大多为公立，在目的上服务于鼓励生育和幼儿福利，而幼儿园多为私立，服务于幼儿身心发育，且费用较高。在园幼儿的教育往往教师处于指导和鼓励地位，能让幼儿动手的事情，幼儿教师尽可能让幼儿亲自动手，亲力亲为是日本教育在外人看来较为"残酷"的一大特色。这一点，通过比较英国和日本的相关立法文本也可以观察出来。宏观来看，两国的课程差异不大，不过《幼儿园教育要领》在读写方面则没有要求，而且在认知领域方面也远不如英国要求的包罗万象，而是限于周边环境和生活。在本书看来，日本之所以如此，是因为其自然环境更为恶劣，

---

① 曹能秀、王艳玲、田静、[日]清水益治：《近十年来美英日三国学前教师教育改革初探》，《外国中小学教育》2013年第7期，第2页。

② 纵观英国相关立法文本，其幼儿园课程设置也在走法定化的道路，甚至在教育目标、具体课程领域等方面均与日本较为类似。不过，如果加以进一步考察则不难发现，英国的法定化并不如日本来得强烈，而且所涉范围上更广，扩张至儿童保护和福利要求等方面。

孩子们必须首先学会在灾害中自保。这也是日本幼儿教育中教师处于指导地位的极为重要的原因所在。

二、幼儿教师教育权规制模式比较之启示

比较法的基本目的在于发现不同制度或实务方法的差异以获得相应的启示。正如本书前文所言，目前国际上幼儿教育已经呈现出较为明显的融合趋势，过分强调某种模式本身意义不大。之所以还需要对其进行概括，是因为幼儿教育的融合趋势无法掩盖各国之间的差异，或者说，发现其中的差异更具有意义。本书认为，前述有关模式分析带来的启示主要有如下几个方面：

（一）幼儿教师教育权规制并非基于单一价值

很多人一看到"规制"二字就立马联想到如何约束幼儿教师的教育权。这种反应本没有什么大的问题。然而，这与本书对于"规制"的理解还存在诸多不同。事实上，幼儿教育以爱为基础，教育教学不涉及高难度的知识，从而幼儿教师并不需要负担诸多的知识压力。按照这种思路，大多数人均将幼儿教育的认知停留在保育层面之上，缺少进一步的发掘。正是因为幼儿无法接受较多知识教育的原因，也同时带来了保育的难度。因此，幼儿教师教育权规制并非仅仅出于防止伤害这么简单，有着更为广阔和深刻的含义。在本书看来，幼儿教育与其他学校教育迥然不同的地方在于两对关系：一是师幼关系事实上的严重非对等性和非平等性；二是国家、社会、家庭与幼儿的义务性关系。前者是基于身体、心智和行动能力而言的；后者是基于责任而言的。幼儿环境是未来成年人社会的提前投射。什么样的幼儿环境构造决定着未来成人社会的基本生态。不重视幼儿保教，或者说在幼儿保教中无法实现公平、正义，那么意味着未来的成人社会也必然是非公平非正义的。在这两组关系中，极大的难题是，即便成人社会是公平正义的，也并不意味着幼儿教育生态中的公平正义。因此，规制幼儿教师不仅遭遇师幼关系极难以矫正的难题，而且还遭遇难以实现的难题。试想，让所有与幼儿并无血缘关系的幼儿教师"爱"孩子，除开同情心外，是极难以实现

的。因为幼儿教师很难看到其实施的幼儿教育行为从受教育者得到回报的希望。正是基于此种判断，本书认为，幼儿教育是"一边倒"的，即只能通过全域性的规制机制才可能实现人们所期望的价值目标。只有价值目标确立得当，才能正在建立起符合社会发展所需的幼儿教师权力规制体系。

（二）幼儿教师教育权规制之重心并不在于加大义务

在法学界和法律实务界，一个通行的实现规制机制目标的方法是加大被规制者的法律责任。目前，我国也是采取此种简便易行的方案。其中最为典型的体现是在《刑法》中增设虐待被看护人、被监护人罪。当然，国家还采取了很多其他的措施。比如加大对幼儿教育机构的检查、考察，强化幼儿教师工作职责，加大投入等。然而，我们所得到的回复是幼儿教师虐童行为状况并没有因此而得到明显的改善，只不过变得更为隐秘而已。不难预见，随着国家和社会"一边倒"地责难幼儿教师，虐童行为将很可能从显而易见的身体虐待向更具有隐秘性和更难以认定的情感虐待、性虐待和儿童忽视的方向发展。

（三）规制幼儿教师教育权的理论出发点在于实践价值

从美英日以及前述三种规制模式的角度来看，幼儿教师教育权的理论预设在国际上已经基本趋于融合，即总体上让幼儿在快乐、愉悦的环境中获得心身健康发展，同时尽可能激发其自主探索世界的兴趣。实现这一期望的核心要素不在于教师能教什么和教多少知识，而是教师至少要将幼儿确立为教育关系的主体，赋予其以较大的空间。这一空间并不只局限于有形的空间，更在于无形的自主空间。换而言之，幼儿教师在教育过程中所起的作用是主导性，而不是管制性的。幼儿教师可以主导课程设置、课程内容与实施方案，可以管理和调节教育秩序，但其并不能代替幼儿做出如何行动的决定，或是必须按照其设想的行为模式行动。当然，理论设想与实践落实完全是两回事。从我国幼儿教育的理念来看，基本上已经实现了与国际接轨，但是实务差距极为遥远。究其原因就在于举国上下还未能形成"让幼儿教师放手"的教育宏观环境。人们总是以为教师讲得越多，做得越多，责任越大就越是能够实现教育的价值。殊不知在此种压力之下,不仅幼儿教师疲惫不堪,而且幼儿的自主空间被大幅度缩小,事与愿违。可以说,实践扼杀理念是我国当前幼儿教育最大的痛点。

4. 幼儿教师教育权规制需全域性的体系化制约机制配置。从前述三种模式来看,发达国家的幼儿教育模式总体上呈现出了政府让位于社区和家园的趋势。政府让位,并不是政府撒手不管,而是政府位于宏观调控的角色,主要作用是设定规则,而不是亲力亲为。即便在日本这种以政府主导的行政规制模式下,政府也极少直接管束幼儿教师的教育过程。日本只不过严把两关:即入口关和出口关。入口关是使得适格的人员进入幼儿教育领域,主要方案是竞争与职业培训;出口关主要是考核。美国虽然并不如日本那样在约束机制上来得直接,但是其同样通过受托机构的监督与考核达到了类似效果。诚然,不管如何设计操作方案,幼儿教师教育权规制的基本路径是全域性的,即让家庭、社区共同介入,而不只是政府在起作用。而家庭与社区介入幼儿教育过程,尤其配合实施幼儿教育内容是西方与我国显而易见的亮点所在。

第三节　我国幼儿教师教育权力规制机制之体系化思考

不能不说,近年来,随着幼儿教师虐童事件的频发,国家关注这一领域的机会增多,强度加大。《学前教育法草案》的公布显然是极为直接的证明。从幼儿教师教育权规制角度来观察,显然我国基本的色调是行政规制体系模式,但主要侧重于借用国家权威,弱化了家庭和社区的作用。下面,本书结合《学前教育法草案》谈谈我国幼儿教师教育权规制模式的构建。

一、爱心、耐心、恒心:我国幼儿教师教育权力规制体系之价值导向

著名教育学者杜威曾有一句名言:"教育应当是生活本身,而不是

生活的准备。"就此,也可以说,教育是生活的一个组成部分。人从生到死都是一个学习过程,也是一个受教育的过程。教育和受教育都是生活的一个组成部分,而不能切割开来。然而,从近代以来的幼儿教育来看,人为干预过多,功利主义因素过多,人们对教育的期望过多。从某种意义上来说,幼儿教师之所以做出虐童行为,是因为在园幼儿的行为不符合其主观追求,从而意图通过自身的判断来迫使幼儿做出改变。显然,这是一种功利主义行为。其行为逻辑既与幼儿教师本身的追求密切相关,也与国家、社会和所在教育机构等宏观环境密不可分。诚然,人类社会在演变过程中常常伴随着人们的干预举措。教育,就是人们主观热烈追求以促进社会发展的一种行为方式。为了便于能够合力促进社会发展,人们从宏观的价值理念到微观的具体教育举措开始了各种构建主义活动。这常常将现实实有的教育与生活切割开来,捡得了芝麻,丢掉了西瓜。诚如小原国芳所言:"历来的教育研究在根本上对这类问题等闲视之,实在是一大缺陷。只有确立了这个价值体系,才能确立教育思想,正确选择各教学科目,使教育的各种作用能占据应有的位置。"①因此,本书以为,教育的价值理念设计应当尽可能回归生活本身,以免打乱教育作为生活组成部分之自然本位。具体说来,我们的教育要回归人类生活本身,是为"全人教育"。针对我国现行幼儿教育现状,很有必要在幼儿教师教育权规制体系中至少确立如下几种价值观念,即爱心、耐心与恒心。

(一)爱心:幼儿教师教育权规制体系的首要价值

对于幼儿教育的价值导向,国内有着许许多多的观点,可谓莫衷一是。目前,较为流行的观点认为幼儿教育的价值在于快乐,教师应当实施快乐教育;新世纪之前,主流的观点认为幼儿教育应当是素质教育;也有学者提倡全人教育或是人本主义教育。最近十余年来,部分学者开始从价值分析的技术角度出发,主张幼儿教育应当考虑国家战略需

① [日]小原国芳:《小原国芳教育论著选》(下),刘剑乔,由其民,吴光威译,人民教育出版社 2018 年版,第 8 页。

求,因此幼儿教育的价值应当是"有助于提高国民素质,推进人力资源建设;促进妇女就业和家庭幸福;减少社会分层,促进社会公平;维持社会稳定和国家安全,并能够带来巨大的社会经济效益"。[1]如果切换到教师角度来分析,研究幼儿教师价值导向的成果很少。仅有学者在比较历史上不同的几种幼儿教育学理后,提出美国幼儿教师培育的价值导向存在"福禄培尔主义"技能取向(培养幼儿教师技能),科学主义实证取向(学习多种知识),人文主义人本取向(关怀幼儿教师个体价值)和二元价值观融合的专业取向(科学主义与人文主义融合,提高幼儿教师专业水平,并促进儿童学习与发展)。[2]这一研究并没有就我国幼儿教师价值导向问题作出分析,不能不说是一种遗憾。不过,该研究对我国幼儿教师价值导向有着重要的启示意义。毕竟,历史地来看,时代不同,价值导向不同是最常见不过的现象。

本书认为,于我国的幼儿教师现实状况而言,幼儿教师价值导向在现阶段应当将其首要价值定位于有爱心的教育。之所以如此,主要有如下几点理由:

一是爱心与人性深度关联。所有教育均发生在人与人之间。故而应首先从人的类本质出发来加以理解。纵观古代各类文献,对于爱的阐发,既有宏观的,也有微观的;既有欢愉的,也有理性的;既有诗情画意的,也有慷慨激昂的。柏拉图的概念最为恢宏——"爱是人类对整个世界的渴望";佛洛姆的概念极为理性——爱"是在保留自己完整性和独立性的条件下,也就是保持自己个性的条件下与他人合二为一"。[3]对于爱的定义,自古以来莫衷一是,因为对象不同,叙事背景不同,分析角度与逻辑取向不同都会导致这一名词的含义发生变化。我们在幼儿教育中谈爱的教育,第一位要考虑的是主体关系。一般而言,幼儿教师

---

① 韩小雨、庞丽娟、李琳:《从国家发展的战略视角论幼儿教育的价值》,《学前教育研究》2010 年第 7 期,第 3 页。

② 李秀云:《美国幼儿教师培养的价值取向流变》,《比较教育研究》2020 年第 4 期,第75 页。

③ [美]弗洛姆:《爱的艺术》,李健鸣译,商务印书馆 1987 年版,第 16 页。

面对的是一届又一届的幼儿，是一批又一批的幼儿。幼儿教师以少对多的现实使得幼儿教师绝不可能产生血缘意义上的移情（不排除个别现象）。日常存在的个体差异，也必然导致幼儿教师即使对在园幼儿有爱，在绝大多数情形下也只能局限于类本质意义上的爱，是以同情心为基础的爱。

二是幼儿教育是可以以人的类本质为基础的爱的教育。人类繁衍的自然需求使得家长爱自己的孩子。而人类自然而然的移情能力使得旁人也能感受到人的移情力量。幼儿教师是人，而且绝大多数情形下是女性，更容易产生移情倾向。因此幼儿教育本身是倾向于借用移情而实施的教育事业。当然，这只能说明幼儿教育是取向于爱的教育，并不能证明幼儿教师有实施爱的教育的义务。幼儿教师实施爱的教育的义务来自于其职业使命。幼儿教育本质上是人类干预人的成长过程的一种专业活动。在这一活动中，幼儿教师必须履行职业使命。幼儿与其他儿童不同的是，其稚嫩、天真、无邪，既无害念，也无害的能力。这为幼儿教师移情产生了天然的基础。既然幼儿对幼儿教师是无害的，幼儿教师自然也不能将负面的情绪、情感移向幼儿。换而言之，即使幼儿教师因偶然因素受到了伤害，也不能将其情感遭遇移向无害的幼儿，因而幼儿教师是可以以人的类本质为基础实施爱的教育的主体。

三是幼儿教师是能够持续实施爱的教育的主体。人人都有爱心，问题的关键是人能不能持续实施爱心的社会活动。本书认为，个人情感受到社会环境和个体因素的极大影响。如果一个社会缺乏爱，那么幻想幼儿教师持续输出爱心是基本无望的；如果幼儿教师自身缺爱，那么很难能对他人输出爱。要想幼儿教师能够持续实施爱的教育，就必须常常给幼儿教师充满爱，而这又源自于社会环境中爱的充盈状态。因此，幼儿教师持续实施爱的教育，在非常大的程度上依赖于整个社会中爱的亏盈状况。除开特殊时期，如战争、特大自然灾害外，绝大多数时期，特定地域的社会环境中往往是爱多于害的。因此，幼儿教师是能够持续实施爱的教育的。

四是幼儿教师实施的教育必须是爱的教育。从各类文献资料来看，不管观点如何有差异，均没有人否认幼儿教育是爱的教育。因此问题切换到"必须"二字上。对于爱的教育的重要性，有许多先贤有过著名的论断。比如马卡连柯说过："爱是教育的基础，没有爱就没有教育。"陶行知先生也有过类似的洞见："爱是一种伟大的力量，没有爱就没有教育，教育的最有效手段就是'爱的教育'。"爱之所以成为教育必备要件，是因为教育从古至今被视为是正能量的传递，是向善的行为，是向真的行为，是向美的行为。没有爱，哪来的教育呢？受教育者能接受吗？受教育者的家长能接受吗？国家和社会能接受吗？所以说，爱是教育的必要条件，教师没有爱就无法把教育的内容传授给学生；教师没有爱就无法在教育界立足。这自然也包括了幼儿教育和幼儿教师。

五是幼儿教育是更需要爱的教育。教育有很多种类型，可以说，有多少种区分的标准就有多少种类型的教育。但有一点是所有教育都无法拒绝的，那就是所有教育最终的目的是朝向更好的生活。教育是人类知识的传递。而幼儿显然心智能力低下，还无法区别知识的真伪，价值的高低。幼儿教育之所以被定位于保育和教育，且以保育为主，是因为幼儿需要身心上的成长。人的成长又显然是一个过程，是人的社会化的过程。幼儿只有在爱的教育中才能内心被充满爱，才能在生活中向外传输爱，成为爱的宏观社会环境的贡献者。幼儿显然又是基于自身基本需要而生活的，其创造爱的能力和机会是较少的。因此，幼儿教育比其他任何教育更需要爱。何况，爱本身也是对流的。幼儿教师只有付出爱的教育，才能从爱的教育中得到爱的回报。"既是关涉自心，必定要从自心出发，在自心内用功，才可能'明心见性'。"①

据上，幼儿教师教育权规制机制在价值导向上首要的功能是要培养幼儿教师实施爱的教育。这一点与其他学校教育有着一定的差异。这是也本书之所以说幼儿教师教育权规制机制并不能机械地理解为限制、约束幼儿教师教育权的重要原因所在。

---

① 谢云：《跟禅师学做教师》，中国轻工业出版社 2013 年版，第 34 页。

（二）耐心：幼儿教师教育权规制体系的关键价值

耐心在教育中的作用较少为学术界所关注和研究。在更多的时候，教师们总是将其作为一种教学技巧来加以运用。有教师这样应对一个"屡教不改"的吵吵嚷嚷的学生："解决方法很简单，无论学生告状还是发现该学生又出了同样的问题，笔者都忽视他。……当他总是出现同样问题时，教师不要绝望怒吼，给他时间；当他太让人抓狂时，教师不要急，静下来等一等他，也等一等自己。"①也有人认为，学生犯错是难以避免的，教师利用权威来驯服学生并不能得到学生内心的认同，因而需要教师的耐心，慢慢引导学生。②查看各种文献，我们不难发现，我国教育领域是比较少谈及耐心的。更多的时候是将其作为一种教学技巧来对待，即在教育教学过程中秉持不急躁不厌烦的态度，反复地长时间地教导学生。在本书看来，这种理解是不够全面的，甚至可以说是较为肤浅的。笔者之所以将耐心作为一种规制幼儿教师教育权的价值提出来，是因为其有着坚实的依据。

一是教育是一个过程，要求包括幼儿教师在内的所有教师有耐心。冯建军教授曾撰文指出教育"主体—客体"两级模式的弊端，即单一化的主体观，偏狭隘的教育过程结构，片面的教育关系，导致的结果是教育与生活断裂。从而主张将教育结构塑造为交往的教育过程。③郭元祥教授后来撰文指出："过程属性是教育活动的基本属性，教育活动的过程属性就是生成性和发展性。教育的过程属性具有转化与生成、情境化与关系结构、确定性与不确定性的统一等特征；创造性价值或创生性价值是教育的过程价值的核心。"④既然教育是一个过程，那么就意味着其并不能快速地开花结果，也就需要在这个过程中保持足够的耐心。本书更认为，教育虽然是一个教育者需要付出主动行动的过程，但

①　王伟：《教育需要耐心等待》，《中国教育学刊》2016 年 S2 期，第 123 页。

②　戴颖雨::《教师的耐心教育的责任——我的教学体会》，《教育》2019 年 34 期，第 90 页。

③　参见冯建军：《论交往的教育过程观》，《教育研究》2000 年第 2 期，第 35—41 页。

④　郭元祥：《论教育的过程属性和过程价值——生成性思维视域中的教育过程观》，《教育研究》2005 年第 9 期，第 3 页。

教育结果在很大程度上还取决于受教育者的内化与转化。而受教育者个体各异，因此，教育者需要耐心施教，耐心等待教育过程开花结果。可以说，耐心是教育过程的属性所决定的。而在幼儿教育中，过程性更为明显，更需要幼儿教师具有耐心。这是最一般意义上的理由。

二是幼儿教育的结果需要幼儿教师将耐心作为关键价值。"教育者不是造神，不是造石像，不是造爱人。他们所要创造的是真善美的活人。"①教育即是生活，生活也是人的成长过程。我们不可能期望同一教育活动都能培养出同样优秀的人。幼儿教育本身就不是以幼儿获得知识上的显要结果为导向的教育。幼儿的身心状况决定了幼儿教育以幼儿的健康、快乐成长为第一目标。换而言之，让幼儿获得基础性的且适合其年龄和心理特性的发展才是幼儿教育的目标所在。这也内在地决定了幼儿教师必须在幼儿教育活动中始终保持耐心，并且此种耐心更真切地体现在培养目标、教育教学举措的适当性上。当前，我国很多幼儿教师认为"幼儿教育得不到认可，更得不到回报"，无疑就是目标定位上的失当。本书认为，其实幼儿教育的目标是有着较难实现的目标价值定位的。小原国芳就曾对此有过期望，即幼儿教育应当指向培养"有纯洁的心灵、聪明的头脑、健壮的身体的儿童"；陶行知先生也明确地指出，教育并不是个人的创造，而是集体的创造。幼儿在回报教师方面的能力显然不如中小学生。因此，幼儿教师更需要面对现实，耐心地接受这样一种现实，即即便其付出很多，但是必须接受个体回报少和家庭认可度较低的现实。显然，这是情感难度更大的耐心要求。当幼儿教师在实施教育行为时，更大的难题在于教育计划、教育方法、教育需求等面临着更为全面更为生活化的现实需要。这没有持之以恒的耐心，幼儿教师是极难以完成相应的工作的。

三是幼儿教师在认同自身职业角色上需要更大更强的耐心。与中小学以上教育机构的教师相比，幼儿教师所负担的角色更多，更为繁琐。幼儿教师不仅需要履行教学职责，还需要帮助处理生活细节，更需

---

① 陶行知：《陶行知谈教育》，辽宁人民出版社2015年版，第178页。

要处理情感问题。孩子尿裤子,孩子弄湿衣服,小女孩要扎辫子,小家伙爱哭鼻子,小朋友之间的冲突,家长的责难等生活、情感、人际关系等等细节均要一一处理。实务中,幼儿教师在很多时候都认为自己所承担的职业角色更接近于陪伴型和护理型的保姆,并因此而极为沮丧。外界和自身的价值认同是几乎所有幼儿教师均难以逾越的一道"内心上的坎"。尤其在我国这个具有浓厚且长期的身份特权的社会,人们习惯于戴着变色眼镜区分职业高低。普遍的社会观念使得幼儿教师们无法认同自身教职工作的价值,甚至常常把自身的职业角色与自身的社会地位紧密挂钩。因此,幼儿教师更需要常态化的耐心。当然,现实如此,仅仅予以倡议是很难见到效果的。这就是笔者在构思幼儿教师教育权规制体系时考虑将耐心价值添加进去的坚实理由。

(三)恒心:幼儿教师教育权规制体系的重要价值

幼儿教育显然是更需要恒心的。这一判断也来自于对幼儿身心和智力状况的判断,同时也受到幼儿教师自身工作价值定位的严重影响。甚至可以这样说,除了特殊教育外,可能最需要幼儿教师付诸恒心的就是幼儿教育了。有一位幼儿教师如此对笔者谈起幼儿教学过程:"我们要关注的事情远比中小学老师多得多。不说其他的,就是小朋友上课的秩序就需要耗费我们差不多一半的时间。"也有幼儿教师在文章中表达了类似的观点:"有的孩子上课坐不住,小手小脚也管不住,你帮他把椅子换个方向,他人也跟着转过去了。也许有人会笑,连孩子朝哪里坐你都要抓,太小题大做了吧?"[1]显然,这些细节性的问题是那些所谓的"大教育家们"所不会关心的。然而,对于幼儿教师们而言,这是保教生活的常态。不过,相对于其他事项而言,教育教学秩序的维护并不算什么压力过载,毕竟幼儿教师在教学自由度上有着更大的空间,而且国家也反对幼儿教育小学化。有一些实证研究表明,幼儿教师的压力主要来自于工作回馈和工作负荷。这两种压力,往往成为摧毁其持续在幼

---

① 朱艳秋:《爱心、细心、恒心——成就幼儿教育的三要素》,《新课程学习(上)》2013 年第 10 期,第 87 页。

儿教育领域工作的主要"杀手"。

就工作回馈而言,幼儿教师很难得到幼儿和幼儿家长的情感回馈。且不说其他,几乎所有学生成年后发文颂扬老师和回校看望老师的极少有涉及幼儿教师的。因为,幼儿园的生活和教育经历在孩子们长大后基本忘却了。至于家长,我国社会普遍的观念认为幼儿园无升学竞争,不教文化,老师们只不过带带孩子而已。现实的情况也很残酷,北上广深的保姆薪酬和受家长重视的程度并不低于甚至普遍高于幼儿教师就能说明这一点。况且,幼儿教师在不同年龄阶段有着不同的压力分布。"单因素方差分析结果显示,不同年龄阶段的幼儿教师在工作压力和四个分维度上差异均显著,且整体差异表现为 36 岁以上年龄的幼儿教师在各方面的压力均大于 36 岁以下的年轻教师"。[1]如果仔细观察幼儿教师一天的生活,则不难发现,在单位工作一天,回到家还必须承担家务工作;不仅如此,两者的内容依然处于高度的重复性状态。这极容易给幼儿教师和家人造成一种沮丧感。于是在课题调研的过程中,笔者经常听到的声音是:"在单位是保姆,回到家还是保姆。我老公经常说我,你还不如一个真正意义上的保姆!"工作价值回馈方面的普遍性社会欠缺是造成幼儿教师心理失衡进而导致付出与回报完全不成比例的一个重要原因。

至于工作负荷,表面上来看观察,幼儿教师付诸行动的并不是什么重体力活,也不涉及高难度的专业知识,因而很难引起人们的关注。不过,如果仔细观察幼儿教师的工作时长和工作内容,则不难发现,其荷载极大。目前,各地幼儿园均按照国家标准普遍在一个班中配备 3 名保教人员(两名教师一名保育员)。然而,实践中,私立和农村幼儿园很少有专职的公共事务管理人员,加上保育员的职责比较明确。大量的人力资源被抽调或安排干其他行政管理性工作。这使得保教人员的配备实际普遍上低于国家标准要求。幼儿园内常常出现的情形是一个幼

---

[1] 郭梦聪:《幼儿教师工作压力与心理和谐的关系——一个有调节的中介模型》,河南大学 2019 年度硕士学位论文,第 48 页。

儿教师往往要连续看班 6 到 7 个小时，可谓身心疲惫不堪。当然，幼儿教师们也有应对方法，那就是轮岗。比较常见的方案是一个教师带班到下午两点左右，另一个教师再接着带班到放学。不过，私立幼儿园和农村幼儿园教师，因教师配备数量严重不足，则无法享受此种待遇，幼儿教师们往往得熬上 10 个小时，而且中午无法午休。因此，我们在多数幼儿园见到的情形是，幼儿教师们集中在入园、早操和放学两个时间段整体出现在家长们面前，其他时间段则尽可能分工负责。此时，一个教师带一个班的情形极为常见。工作负荷过大，也是造成我国幼儿教师轻视工作责任且流动性过大的一个重要原因。

也许有人会质疑，即便如此，也不能证明将恒心确立为幼儿教师教育权规制重要价值的必要性。为回应此种可能的质疑，笔者认为唯一可行的证明方法就在于还能不能找出比其更为合适的价值定位。事实上，国内也有其他观点，比如细心就是个别学者所强调的另一种价值。本书认为，细心是包括所有教育工作均必须具备的一种价值导向。幼儿教育自然离不开细心。但是相对于恒心而言，其重要性还有一定的差距，尤其不能解决我国幼儿教师所面临的现实职业困境。此外，也有其他学者主张在幼儿教育中确立"和美"价值观。"和美价值观是以真、善、美为核心的价值理念，幼儿园推行并追求的和美价值就是要和而不同、美彰特色。"[①]这种观点也有一定的说服力，不过，其最为明显的缺陷就在于它是一种整体性的观念倡导，是更为宏观的价值追求，在可操作性上存在不足。何况，主张和美价值观的作者本身也并未否认幼儿教师必须具有"爱心、责任心、耐心和细心"。笔者始终认为，任何教育价值的确立如果离开现实实有的需求是可望而不可及的虚幻观念。研究幼儿教师教育权规制的价值导向，必须深入到幼儿教师的实务中去，看准痛点，找准难点，才能切实地解决现存的问题，以实现对症下药。幼儿教师教育权规制机制价值导向之所以需要恒心，是因为整体性地来看，幼儿教师需要恒久应对于其不利的社会观念，需要恒久应对工作

---

① 马春玉：《幼儿园和美文化与教育》，光明日报出版社 2016 年版，第 220 页。

负荷较大的现实教务,需要恒久应对较低薪酬的现实状况,更需要恒久应对情感回报的单薄。

二、我国幼儿教师教育权力规制机制之立法思考

规制幼儿教师教育权在行动层面上面临的第一个现实问题就是立法问题。目前,我国行政立法依然秉持着传统国家行政的思维,即但凡涉及行政立法事项的均按照立法权限分级分类依程序立法。然而,随着社会行政的广泛兴起,国家行政立法体系和程序机制已经无法应对广泛发生的公共行政现象。这不仅表现在立法权限分配不明确,而且立法程序也处于模糊状态。当前,凡是涉及社会行政立法的事项,我国均沿用传统的国家行政立法机制来予以应对。比如属于劳动与社会保障范畴的行政立法事项,由国务院或者相关劳动与社会保障部门制定相关行政法规或行政规章或其他规范性文件;属于教育范畴的行政立法事项,则由国务院或者相关教育部门制定相关行政法规或行政规章或其他规范性文件。显然,此种立法模式在很大程度上无法应对公共行政带来的繁重的和不断变化的立法任务,导致法律规范无法及时更新。再者,仅仅依靠国家行政立法权来予以应对,很容易导致民众社会事务决策权的"被剥夺感",使得公众参与公共行政受到实质性的限制。最后,依靠国家行政立法程序来应对社会公共行政事务极容易导致外行代替内行的非专业现象和公共行政国家行政化,进而实质性地否定公共行政领域之现实实有的服务性、双向性、合作性等新元素。

事实上,新世纪以来,朱维究教授曾提出以行政过程论来代替行政行为论;罗豪才教授主张借鉴德国行政法律关系之软化方案来取代过于硬化的行政管理关系;马怀德教授主张从公务法人的角度构建一套全新的行政法律制度。本书认为,虽然学术界在社会行政立法应对方面还并未取得共识,但是并不能回避相关领域的立法行动。从《学前教育法草案》敷设的路径来看,目前国家依然在走国家行政之传统路线,但是也出现了软化迹象。这表现在如下几个方面:一是《学前教育法草案》确立了政府主导原则,放弃了传统的行政管理原则。这意味着其他

社会主体将有更多的机会参与社会教育公共管理实务。比如，《学前教育法草案》发展普惠性幼儿园只是未来的一个方向，该草案力图尽可能地扩大包容性。以幼儿园的类型为例，一方面国家扩大公立幼儿园的子类型，另一方面支持民办幼儿园。其中，公立幼儿园可以形式多样，即将军队幼儿园、国有企业幼儿园、人民团体幼儿园、高等学校等事业单位、街道和村集体等集体经济组织等利用财政经费或者国有资产、集体资产举办的幼儿园均视为公办幼儿园。此外，还容许政府可以向民办幼儿园购买普惠性学前教育服务。二是《学前教育法草案》开放了部分立法权限。比如普惠性民办幼儿园认定标准计划授予给省、自治区、直辖市或者设区的市、自治州人民政府依法制定，国务院教育行政部门有权制定幼儿园教育指导纲要和学前儿童学习与发展指南。不难看出，国家为协同中央立法和地方立法之间的关系，授予地方政府更大的立法空间。不过，在笔者看来，此种立法模式依然深深地陷入了国家行政的传统窠臼，故而有必要重新改造。

（一）改造立法机制，向社会放权

禁锢立法权带来的一个最为明显的后果就是立法陷入僵化的思维模式，且极容易为部门利益所蒙蔽。从我国立法机制来看，最高立法权属于全国人民代表大会，其次是全国人大常务委员会，再次才是国务院，最后是地方立法机关和地方人民政府。由于全国人大和全国人大常委事务繁多，且全国人大代表均为兼职，从而立法权实际上运用起来非常困难。由此，我国绝大多数立法文本均由国务院提出草案。而国务院为分解自身的压力，又基本上将相关法律文本的起草工作交由各部门来操作。于是，立法出现了部门利益化迹象。各部门在这一过程中常常习惯于从自身需要的角度去思考问题，巩固和扩大本部门职权。以至于出现了"权力部门化，部门利益化，利益法规化"现象。[1]不仅如此，我国地方立法机关也常常采取类似行动。诚然，立法利益部门化、

---

① 汪全胜：《行政立法的"部门利益"倾向及制度防范》，《中国行政管理》2002年第5期，第17页。

地方化是一种世界性现象。为改变此种背离人民意志的倾向，西方国家的经验是在立法程序引入社会力量，以强化制约。改造立法机制向社会放权，于我国而言，目前已经取得了一些新的进展。比如《立法法》要求征求社会公众意见，要求采取专家论证会、座谈会等方式论证。此后，2015《立法法》修改时，国家为平衡立法利益，向地方放权，将区以上的地方人大及其常务委员会和地方人民政府纳入立法主体。然而，这一次放权还依然未到位，即向社会放权还未能取得有效进展。笔者以为，如下一种观点是值得考虑的，那就是"为推进行政立法过程的参与机制，有必要使公民法人或者其他组织（公众）参与行政立法的相应规则和基准制度化。"①具体说来，就是要在立法机制中保障公众的知情权、建议权、参与权和监督权。其中，参与权和监督权最为核心，也是我国现行立法机制中急需改进的两大领域。于幼儿教师教育权规制机制立法而言，为弱化立法利益倾向，实现公众的参与权和监督权，可以考虑在如下方面进行改进：

一是改革法律草案起草方式。本书认为，法律文本的起草是利益分配最为关键的一环。目前国内立法部门利益化和地方化的主要根源就在于此。为克服此种缺陷，我国很有必要改变法律草案的起草主体，即在立法权不改变归属的前提下，将单一起草主体改变为复杂主体，并法定化，以实现利益牵制。以教育立法为例，我国可以将立法草案起草者改为三部分组成：中央教育管理机关、地方政府成员和相关领域专家，各部分成员各占三分之一。至于地方立法，甚至可以放得更宽，可以考虑委托相关领域的专家起草法律文本。

二是保障公众立法过程的参与权。在立法过程中，法律文本起草小组必须及时公布立法草案文本，征求公众意见的同时反馈公众意见的具体征集与采纳状况。方世荣教授曾经撰文指出："行政立法参与权在应然层面至少应包括四项权能内容，即'进入行政立法程序的权利'

---

① 杨建顺：《行政立法过程的民主参与和利益表达》，《法商研究》2004 年第 3 期，第 9 页。

'提出立法意见的权利''立法意见得到回应的权利'和'合理意见获采纳的权利'。行政立法参与权只有具备上述内容的权利功能，才能有效保障行政立法体现人民的意志。"①目前，我国相关立法机关虽然将立法文本向社会公布，且征求公众意见，但是至于收集到了哪些意见，关键意见是否纳入了考虑范畴，并没有任何进一步信息显示。从西方国家的情况来看，几乎所有法律案件均有着极为详细的讨论意见记录和采纳与否的说明，并公之于众。这一西方经验是值得借鉴的。

三是应当赋予公众监督国家立法的权利，即有请求审查、变更、撤销相关行政立法的权利。众所周知，我国迄今为止未确立违宪审查制度，以至于国家立法、地方立法中存在大量冲突，甚至是有悖于民主与法治精神的法律规定。当前最为可行的方案是赋予公众有权请求上级立法机关对已经生效的法律文本提请审查的请求权，以便上级立法机关能够通过有效途径行使立法监督权。

（二）明确幼儿教师教育权力类型和权限

本书在前文中反复比较美英日三国幼儿教师教育权力，并对我国幼儿教师教育权力运行机制开展实证研究。之所以如此是因为在行政法领域，行政权和行政程序是其中的关键性因素。依照行政权有限且无法律既无行政之基本原理，本书认为，幼儿教师教育权的类型和权限可以做如下划分与确定：

1. 课程设置与课程内容建议权。严格来说，幼儿园设置哪些课程，课程内容如何设计主要受到三个方面的影响，一是法律法规所容许的范围，二是本园教师的水平；三是教育的现实需要。世界性地来观察，发达国家都只是通过法律文本设定课程的大致领域（类型与范围），并不设定具体课程名目与内容。我国也采取这种方案，而将课程设置权交由教育机构去具体行使。目前《学前教育法草案》为防止课程及其内容僵化，禁止使用教科书。然而，遗憾的是，无论何种立法文本，均没有明确幼儿教师对幼儿园有课程设置与课程内容的建议权。实务中，

① 方世荣：《论行政立法参与权的权能》，《中国法学》2014 年第 3 期，第 111 页。

几乎所有幼儿园均有着自己的办学风格,而且此种办学风格主要是通过课程设置和课程内容来体现的,以至于绝大多数的幼儿园将所有课程均固定化,幼儿教师只能遵守和执行。相反,如果明确赋予幼儿教师以课程设置和课程内容建议权,那么幼儿教师将握有参与幼儿园保教管理的实质性权利,而不仅仅是义务,同时也能打开幼儿教育的创新空间。反过来,幼儿教师违法设置课程和课程内容的,教育管理部门和幼儿园均有权要求其更正,严重的情况下应当追究其责任。

2. 在园幼儿信息披露权。信息披露在我国历来不太受重视。之所以如此,是因为国人对自身相关权益并不完全知晓。加上幼儿教育中竞争较少,从而似乎信息披露并不会较多触及其个体利益。诚如本书前文所言,在园幼儿信息披露对于幼儿教师而言,其更多的是一项义务。幼儿尚处于身体和智力较为稚嫩的阶段,无法保护自身权益。幼儿教师之所以肆意虐待在园幼儿,一个重要的原因就在于在园幼儿的信息披露极为稀少且不够全面。为此,我国应当授予幼儿教师披露在园幼儿相关信息的权力,同时侧重于作为其义务予以规范。本书以为,在园幼儿信息披露的对象主要为:教育管理部门、依法评价组织、幼儿监护人和其他国家机关;披露范围为幼儿在园情况、表现情况、受到伤害之过程及救治情况等不涉及其个人隐私与不会造成其人格、精神权益受损的信息。赋予幼儿教师信息披露权,也同时意味着幼儿教师必须担负起幼儿注意义务、保教义务、安全维护义务,并做好相应的记录。

3. 督促家长、社区配合幼儿教育权。幼儿教育在本质上是家庭教育的延伸,而非独立的受教育阶段。培养全人就意味着幼儿应当获得社会提供的受教育的权利。幼儿权益受到侵害并非仅仅来自于幼儿教师,更常见的情形来自于家庭和社会。因此,幼儿教师在保教过程中应当享有代替幼儿请求受教育并督促其他法定主体履行义务的权力。

4. 管理权、引导权、制止权、惩戒权等固有权力。在教育中,教师拥有教育教学的固有职权。这主要体现为对学生的管理权、引导权、制止权、惩戒权等。然而,我国教育法和教师法均没有明确这些权力,以至于在实务中常常引发争议。本书以为,这些权力虽然属于教育教学固有权，但依然需要进一步明确，因为在不同阶段的教育中，这些权力的内涵有着极大的差异。比如管理权，在幼儿教育中，主要体现为对学生遵守教育教学制度、行为纪律等的管理；引导权，主要体现为对学生学习内容的引导、指导；制止权主要用于制止学生不适当的行为；而惩戒权则主要用于对学生违反教育教学制度和纪律的违法违规违纪行为的惩戒。这些权力亟待界定其具体的边界和内涵。以目前学术界争议最大的惩戒权为例，教师体罚、侮辱学生导致了众多的伤害事件，但同时也引发了教师缺失惩戒权的担忧。那么到底何种惩戒才属于合理的范畴呢？学术界的观点纷纷扰扰，莫衷一是。有观点认为"教师惩戒行为的实施应以罚促教，做到罚之有理、罚之有度、罚之育人，最大限度地保障其正当性"；并且需要结合目的因素、权限因素、对象因素、结果因素来加以综合判断。①也有观点认为："我国教育惩戒权可以考虑划分为轻微违纪行为、一般违纪行为和严重违纪行为。对应地，根据情况轻重缓急，由不同的实施主体加以处置"；并确定逐出课室、停课、停考、停宿、校内劳动、留校（留在单独休息室）、约谈家长、停坐校车、4 天及以下的停学、强迫转学、转入特殊学校等举措。②本书认为，教师惩戒权无法通过列举固定的行为种类来加以确定，因为社会生活不断变化，固定的行为种类难以适应社会生活的发展。实际上，行政法之所以无法制定法典也是受到此种现实的限制。顺应美浓部达吉以排除法确立的行政权概念的逻辑，教师惩戒权的范围、种类和幅度也适合采取排除法。一是要排除所有虐待行为；二是要排除超时限行为；三是要排除剥夺受教育权行为。至于如何设置具体的惩戒举措，应当由立法文本授予相关教育机构在学校章程中具体设定。幼儿教育机构在章程中设置幼儿教师惩戒权时必须参照立法程序征求家长委员会、社区和教育管理部门的意见。

---

① 程滢：《论教师惩戒行为的正当性——惩戒德性之异化与回归》，《教育科学研究》2014 年第 3 期，第 31 页。

② 周贤日：《论教师教育惩戒权》，《华南师范大学学报（社会科学版）》2020 年第 4 期，第 80 页。

三、我国幼儿教师教育权力规制机制之主体、范畴与措施

任何权利规制机制必然要设定权力主体,也必须预设其规制权力的范畴与措施。之所以如此,是因为行政法本身是控权法。幼儿教师教育权属于社会行政法的范畴,自然也应当纳入行政法范畴来予以规制。所不同的是,幼儿教师教育权是属于利他性的行政权,从而就也必须针对其特性相应地调整规制方案。诚如高秦伟教授所提出的:"现代社会之下,政府规制难以应对各种复杂的经济社会问题。强化个人、企业、市场的自我意识极为重要,因此如何引导私人主体积极主动地展开自我规制,将成为国家规制模式发展成功与否的关键。"①本书之所以在前文中用极大的篇幅来论述幼儿教师教育权规制机制之价值导向,在很大程度上就是处于提高幼儿教师之主体自觉性的考虑。当然,仅仅如此,还根本不足以规制幼儿教师教育权的正当化与合法化的行使。本书以为,幼儿教师教育权既然属于社会行政权,那么也应当顺应此种规律将规制机制的重心放置在社会规制方案的设计方面。

(一)我国幼儿教师教育权规制机制之主体

众所周知,随着我国社会自由化程度不断提高,经济活动不断增强与频繁,个体越轨的现象也愈发多见。比如产品安全问题、环境安全问题等如同教育问题一样,都迫切地需要大量规制资源的投入。显然这是国家无法承受的。西方发达国家很早就发展出了一整套社会性的应对理论和方法。其中包含权利主体自身的自我规制、国家行政机关的监督管理、第三方社会主体的评估与考核。整个规制主体之间形成一种合作关系,而非对抗关系。之所以如此,是因为社会行政权所涉及的事项大体上牵涉到被规制者、被规制行政权作用对象、社会公众等诸多主体的利益。比如德国学者图特(Hans-Heinrich Trute)将国家与社会分工作为标准,将社会规制区分为私人行动与决定、公益导向的私人行政、国家责任的私人执行、受国家监督的自我规制和受国家引导的自

---

① 高秦伟:《社会自我规制与行政法的任务》,《中国法学》2015 年第 5 期,第 73 页。

我规制。①日本学者原田大树以市场取向或团体取向为标准,将社会规制区分为纵向的国家他律、横向的团体自律、团体参与、监督认证和诱导模式。②美国学者弗里曼(Jody Freeman)以国家介入强度为标准,将社会规制划分为自愿性自我规制和委托型自我规制。③英国学者布莱克(Julia Black)则按照规制形态将社会自我规制区分为委托型自我规制、批准型自我规制、被迫型自我规制(coerced self-egulation)、自愿性自我规制。④从前述理论创见可见,在社会自我规制理论上,我们可以看出,国家、社会团体、被规制者等均在其内。问题的关键是如何创设或选择适合自身国情的社会主体参与规制程序。本书以为,我国幼儿教师教育权规制机制主体可以作如下体系化的构造:

1. 幼儿教育机构与幼儿教师。作为幼儿教师教育权规制机制,第一位重要的主体就是幼儿教育机构与幼儿教师。如果这一规制机制不能促进幼儿教育机构与幼儿教师自觉规范教育权行使理性因素的增加,那么其无疑是极为失败的。当然,幼儿教育机构与幼儿教师自觉规范自身教育权并非空穴来风或心血来潮,而是必然依赖于其他主体的督促。换而言之,幼儿教育机构与幼儿教师自觉规制自身教育权是因被动而变主动的过程,是目的,而非手段。

2. 国家机关。无论何种理论,在规制社会行政权时很难缺少国家行政力量的介入,因为国家机关是执行国家法的最为重要的主体。本文以为,这一方面,我国已经取得了比较成熟的经验,即国家向社会组织放权的同时,国家站在这些社会组织后面。比如律师协会、消费者协会、医师协会等均在规制社会行政权的形式方面起到了重要且较好的作用。诚然,这些社会组织之所以能够起到良好的作用,很大程度上是因为他们的背后还站着至少一个以上的行政执法机关。所不同的是,

---

① 参见郑少华:《简论社会自我管制》,《政治与法律》2008 年第 3 期,第 64—65 页。

② 高秦伟:《社会自我规制与行政法的任务》,《中国法学》2015 年第 5 期,第 76 页。

③ See Jolly Freeman. Private Parties, Public Functions and the New Administrative Law, 53 Admin. L. Rev. pp.813, 831, 834(2000).

④ See Julia Black. Constitutionalism Self-Regulation. 59 Mod. L. Rev. 24, 27(1996).

在教育领域,教育部门直接站在各类教育机构的背后。这一点,也许是我国需要改革的新领域。本书认为,我国应当大幅度缩小国家机关介入幼儿教育领域的事项,以避免行政干预社会组织之自主理性。其中司法事项显然不能缩减,而应当扩大;缩小的范围应主要为教育行政管理领域。具体而言,但凡涉及严重侵害幼儿权益可能涉嫌犯罪的事项,应当主要按照《刑事诉讼法》交由公安机关、检察机关进行调查或侦查并提起公诉;涉嫌行政违法的事项,应交由公安机关进行调查;至于民事纠纷,应当及时告知涉案当事人有起诉权,由人民法院依法审判。

3. 教育评价组织。目前,我国教育领域缺少代替政府机构起作用的社会中介组织。不过,这并不代表社会组织不愿意介入。相反,我国已经出现了大量有意向介入教育监督和教育评价的社会机构。比如武书连《中国大学评价》课题组、中国校友会网、零点研究咨询集团等等。这些机构的出现实际上是国家于 1985 年向社会开放第三方评价领域的结果。目前所面临的问题主要在于:一是这些评价组织缺乏合法依据以获得被评学校的真实、全面信息,导致评价结论可靠性不够强;二是评价组织的功利主义色彩过强,导致评价结论的公信力不足;三是评价组织背后往往存在着"行政指挥棒"的影子,导致社会公众很难接受评价结果的中立性。本书认为,目前,我国对于教育评价组织的评价行为并没有一个明确的态度,更没有赋予其以法律效力。实际上,往往是国家教育部门组织力量来进行评价,导致教育质效评价都是行政性质的,且有严重的利益维护倾向。这种状况应当加以改变。本书主张国家行政机关不应当直接对各类教育机构进行评价,而是应该改为以竞争采购服务的方式委托社会专业评价机构评价,确立相关法律依据并赋予评价结论以法律效力,即作为国家奖励、经费配置、招生资格与招生计划的重要依据。如此一来,一方面可以增强评价过程的专业性和透明性,另一方面也可以增强评价结论的中立性和公信力。将社会专业评价组织引入幼儿教育领域具有极为重大的意义:一是可以督促幼儿教育机构高度重视依法办学,切实履行自身的职责,从而促使幼儿教育机构自觉履行监督幼儿教师的职责,同时也能防止幼儿教育机构的牟利倾向和压迫幼儿教师的倾向。二是评价过程中,社会评价机构必然无法回避自身之间的竞争,提高自身专业水平同时也促使其与幼儿教育机构、幼儿教师必然形成广泛的交流和沟通,打破"教育孤岛"现象。三是能够有效督促幼儿教师自觉履行职业角色,实现自我监督和中肯地进行自我评价。四是教育评价能够产生广泛社会影响,促进社会公众理性对待幼儿教育和幼儿教师的价值。当然,国家行政机关在委托教育评价方面很有必要引入竞争机制,并加以程序化和常态化的监督。这一则是出于提高评价质效和降低评价耗费的考虑,二则也能有效强化评价组织评价行为的公开、公正、公平与效率。

4. 基层群众自治组织和其他公益机构。幼儿教育中一个较为突出的特色就是社园合作。我国幼儿教育一个非常明显的弊端就是"闭门不出",以至于幼儿教育指导纲要所确定的社会发展方面的内容几乎无法落实。①造成这一方面的原因可以说是多方面的,除开理念和经费上的因素外,主要是如下两个方面的原因:一则是幼儿教育机构害怕幼儿出园后无法控制损害结果的发生,无法承担责任;二则是社区机构基于经济理性不愿意配合。本书以为,要改变这种状况,将我国幼儿教育赋予更强意义上的"活的教育",那么很有必要在《学前教育法》中规定"国家行政机关、基层群众自治组织和社会公益组织在幼儿教育机构提出请求时有义务配合其实施社园合作活动"。从现实情况来看,我国社区机构和公益组织众多,尤其是公益组织,出于创品牌树形象的考虑,很愿意和各类教育机构合作。我国应当重视这类社会资源的利用,既能增强幼儿教育的活力,预防幼儿教师职业倦怠感,也能让幼儿深入社

---

① 从《学前教育法草案》来看,目前勉强涉及社园合作事宜的仅有两处,一处是第九条第一款规定"全社会应当为适龄儿童接受学前教育、健康成长创造良好环境。"第二款规定"公共博物馆、图书馆、美术馆、科技馆等公共文化服务机构应当提供适合学前儿童身心发展的公益性教育服务,按照有关规定对学前儿童免费或者优惠开放。"显然,其无法达到社会参与幼儿教育的目的。因为第一款过于原则,缺乏可操作性;第二款是无法实现公共文化服务机构与幼儿教育合作意义上的互动。第二处是第五十条第二款:"乡(镇)政府、城市街道办事处应当支持本辖区内学前教育发展。"严格来说,这一款规定并不属于社园合作。这一则是其规定在第六章"管理与监督"内,二则是文义也没有表露出明确社园合作的语义。何况,其主体仅仅为国家行政机关或行政组织,不具有明显的社会性。

会活动的同时促进社区居民凝聚力的增强。至于幼儿外出存在的各种风险,一则可以通过保险予以分化,二则可以凭借家长和社会力量加以保障。试想,日本幼儿园一年到头数不清的社园活动都能顺利进行,我国为何就不可行呢?!

5. 家长委员会与家长。家长可以说是所有社会力量中最为乐意深度介入幼儿教师教育权规制机制的社会资源。因为家长们最关心自家孩子在幼儿园的表现,同时也对幼儿教师的工作充满了各种好奇。在西方国家,几乎所有幼儿教育机构将家园合作事项日常化。幼儿园中不仅时常能够见到家长的身影,而且乐在其中。家园合作事项极为广泛,不仅涉及游戏、庆典、社园活动,而且也常见诸于日常的保教工作。家长入园,不仅可以监督幼儿教师,更大的意义在于实现了幼儿教育与社会的常态化衔接。家长可以与幼儿们共享快乐时光,而且也可以与幼儿教育机构管理人员和幼儿教师就各方面进行广泛的沟通,还可以分享和传播幼儿教育的理念和成果。《学前教育法草案》第三十四条也原则性地规定了家园共育,第三十六条第三款规定了家长委员会制度,参与幼儿园重大事项决策、日常管理与监督。然而,即便如此,其在可操作性方面依然较为缺乏。一是家园共育较为原则,笔者建议将第二款规定"父母或者其他监护人应当积极配合、支持幼儿园开展保育教育。"末尾增加一句:"父母或者其他监护人在幼儿园或幼儿教师提出合理化建议时一般不得拒绝,其所在单位应当为其家园合作行为提供便利。"而家长委员会制度没有规定参与行为的效力,也没有规定家长委员会成员的选举办法和职责。诚然,这一部分的内容无法在学前教育法中予以规定,而是应当授权教育管理部门制定相关规范。笔者以为,《学前教育法草案》应当在第三十六条第三款规定中增加一句:"家长委员会的具体运行等制度由有地方立法权的机关参照立法程序制定。"如此规定,一方面可以激活地方立法活力,另一方面也可以实现相关制度的因地制宜。

(二)我国幼儿教师教育权规制机制之范畴

在法学理论上,任何一部法律文本都必须确定其所能作用的对象。

幼儿教师教育权规制机制所能覆盖的范畴是指哪些事项能够成为该机制所能作用的对象。从目前我国幼儿教育实务来看，幼儿教师教育权规制机制总体上是静态且封闭的，主体稀少，事项单一，程序僵化。本书以为，如下几个方面应当纳入我国幼儿教师教育权规制机制的范畴：

1. 幼儿园设置及其设施设备。2017 年教育部主持编写了《幼儿园建设标准》。该行政规章从静态的角度对幼儿园设施设备确立了极为全面和细致的标准。然而，从实务来看，几乎半数以上的幼儿教育机构均无法达到这一标准所设定的要求。令人惊讶的是，我国教育监管机构在具体实务中并未对此作出明确的或硬性的要求，更未采取实际执法行动。家长们对此也无动于衷。之所以造成此种双重"妥协"的现状，一则是因为幼儿教育机构无动力进行建设，二则是家长们不仅毫不知情，而且也没有相关的动力。再进一步深究则不难发现，其更深层次的根由在于：教育行政管理部门不得不照顾社会现实，如果严格执法不仅不能改进现状，反而会引发相关建设成本必须由国家行政机关承担的不良后果。而家长们也知道，即便其提出相关质疑，如果行政执法机关不加以督促，也无法达到其目的。再者，如果果真依法执行，幼儿教育收费必然大幅度上涨，其成本还必然由家长承担。直言之，目前我国幼儿园设施设备标准远不能达标的原因并不在于教育管理部门和家长，而是相关立法规范脱离社会实际。从《学前教育法草案》来看，国家并没有做出强制性的要求，转而意图通过普惠性幼儿园的推广来逐步予以改善。这既显示出国家意图在幼儿教育领域加大投资的决心，也显示出其建设成本并不需要由家长们来承担。显然是一种较好的方案。可以预见的是，未来这一方案的实现难度非常大。

2. 幼儿园师资与职级评定制度。在幼儿教育之教师、幼儿、设施设备和保育方案四要素中，幼儿教师是最为关键的因素。本书认为，幼儿教师的聘用与保教绩效考评属于《学前教育法草案》所规定的重大事项。目前，有学者希望参照日本相关制度抬高幼儿教师资格的准入"门槛"。本文认为，这一难度非常非常大。《学前教育法草案》回避了这一问题，但做出了改革：一是打通幼儿教师资格，实行国家幼儿教师资格制度和幼儿园园长资格与职级制度,具体由省自治区直辖市人民政府操作与制定标准;二是在职称评审方面设置专门评聘机制,避免幼儿教师利益受到其他因素的挤压;三是授权国务院教育行政部门会同有关部门制定幼儿园人员配备标准。这一方案维持了国家行政的典型色彩。不难发现,地方政府将面临极大的经济压力和人事管理压力,同时也意味着地方矛盾的增多。更有甚者,可以预见,社会资源将在这一领域无所作为。本书以为,此种方案无法应对社会现实。国家只需设置宏观制度即可,微观制度可以交由地方决策:一是设置全国统一的幼儿教师职业资格(包括幼儿园园长)的准入门槛与制度;二是规定幼儿园人员配备标准;三是授权地方立法机关制定幼儿教师职称评定规则。鉴于地方政府的专业能力与经济负担水平,可以预见,其必然在幼儿教师职业培训、职称评定、绩效管理等方面引入社会资源协助加以解决。

3. 幼儿教师聘用与保教绩效考评。在这一领域,基层群众自治组织、家长委员会、教育评价组织均有必要介入。诚然,幼儿教师聘用与保教绩效考评本来属于幼儿园自主管理的事项,也是其职权所在;只不过这些事项直接关碍到在园幼儿的权益,因而为确保相关程序的公正和效率,有必要引入社会性因素。本书以为,幼儿园在聘用幼儿教师和考评幼儿教师保教绩效时应当向所在社区公示。基层群众自治组织、家长委员会和教育评价组织认为必要时,可以提出意见和建议。至于该意见能否被相关幼儿园所采信则没有必要进一步予以干涉,以防止幼儿园自我管理权限的受损。不难预测,如果社会评价组织能够介入幼儿教育评价,如果基层群众自治组织、家长委员会能够在幼儿教育过程中起到实质性的作用,幼儿园在聘用和保教绩效考核时必然能够尊重他们的意见。

4. 幼儿教育教学课程设置与实施。课程是贯彻保教理念和落实幼儿教育原则的具体举措,再好的保教理念,再好的价值导向,再好的立法文本,如果缺乏具体教育教学课程来予以落实无疑不过是一场黄粱美梦。可以说,我们从来没有面临如此多变的理念与价值观念变化。

"六十年代，受前苏联卫星上天的影响，兴起'天才教育运动'，强调智力开发；七十年代，又转向创造性培养，强调思维训练和知识的难度；八十代年，人文主义教育思潮兴起，课程目标的中心转向人的情感社会性的培养；进入九十年代，则关注人的整体性及和谐发展。"①新世纪以来，终生教育、知识经济也在幼儿教育领域不断被提及。可以说，每十年左右，有关教育理念就会发生一次裂变，就会有所谓的主义之争。然而，纵观幼儿教育之课程设计，这些所谓的主义并没有产生深切的影响，犹如过眼烟云，"谈笑间灰飞烟没"。在本书看来，尽管学术界一直对幼儿教育的所谓知识论、认识论、价值论等等津津乐道，但是这对于幼儿教育而言不仅无益而且有毒。简言之，一切返璞归真而已。宋庆龄先生曾说过一句话："把最宝贵的东西给予儿童。"在本书看来，幼儿课程的设置就是要把最适合幼儿身心健康发展的东西给予儿童。从世界范围来观察，一个较为普遍的经验就是各国只是对幼儿教育的基本范畴做出规定，而将具体的教学课程与内容开放，由幼儿园和幼儿教师具体实施。不过，从我国的具体情况来看，由于各幼儿教育机构的硬实力和软实力差距甚大，大多数幼儿园均无法自主开设课程，也无法与时俱进地改进课程内容，因此国家教育部门制定具有指导性的教育文件是十分必要的。目前实务中最为突出的问题是相关幼儿教育指导性文件（如《幼儿教育指导纲要（试行）》《3—6岁儿童学习与发展指南》）并不能完整地落实。依照本书的设想，教育评价组织和家长委员会自然有权对特定幼儿园的课程设置和幼儿教师对课程内容的实施有着评价与监督的权力。这就需要赋予中央教育行政部门制定的幼儿教育指导性文件以明确的法律地位和法律效力。《学前教育法草案》第三十一条第二款对此作了初步规定，明确了国务院教育行政部门有权制定"幼儿园教育指导纲要和学前儿童学习与发展指南"，同时要求地方人民政府教育管理部门组织实施。这明确了中央教育行政部门制定的幼儿教育指导性

---

① 邓志伟：《二十一世纪世界幼儿教育课程发展的趋势——日美德法四国幼儿教育课程改革的启示》，《比较教育研究》1998年第6期，第39页。

文件为行政规章性质的法律地位，但遗憾的是，该款没有明确其法律效力，也没有明确中央教育管理部门及时更新相关指导性文件的义务。《幼儿教育指导纲要（试行）》从 2001 年 8 月 1 日发布，已经"试行"了近二十年而没有得到修订，这显然已经远远超出了"试行"的时间范畴。类似的是，2012 年 10 月 9 日发布的《3—6 岁儿童学习与发展指南》也适用了近 10 年而没有更新，也不符合幼儿教育实务的发展现状。本书以为，之所以出现此种现象，最为重要的原因就在于中央教育管理部门实在无此脑力与精力来管理如此庞大的教育系统。这也正是本书在设计幼儿教师教育权力规制体系时让教育部门退出一线监督的重要原因。在经济时代与信息时代交混的宏观环境下，教育事业发展日新月异，希望规制个体行为的事项都由政府机关来承担是不切实际的。因此，我国很有必要改革此种路径设计，那就是将相关行政指导性文件的制定权授予地方立法机关。事实上，2015 年《立法法》修改以来，诸多拥有立法权的地方立法机关苦于立法事项领域过小而无法发挥其职能。如果将幼儿教育方面的部分立法权授予给地方立法机关，一则是可以使得幼儿教育的指导性文件实现因地制宜，避免全国"一刀切""一盘棋"和中央教育管理部门精力不济的尴尬；二则是可以实现相关指导性文件的快速更新，与实务接轨，进而促进幼儿教育领域课程设置和实施的"百花争鸣"。至于幼儿教育行政指导性文件的法律效力问题，也可以迎刃而解。

　　5. 幼儿教育内容与举措。"横看成岭侧成峰，远近高低各不同。"即使面对同一幼儿教育活动，不同的幼儿教师必然存在不同的认知，不同的实施方案和不同的举措。"活的教育"追求的就是活生生的教育教学实施过程。目前，受信息化技术的促动，国内已经在大中小学教育阶段之内萌动这所谓 AI 智能教学。甚至有研究宣称 AI 教学远比活生生的教师有效。然而果真如此吗？显然并不如此简单。AI 智能教学虽然能够糅合多名特别优秀教师的教学过程与教学成果，设计出特别优秀的教学内容和教学方案，但是其永远无法实现情感传递，无法实时监督学习状态，无法实现因材施教，更无法实现多人共同在场所渲染的学习氛围。笔者始终相信一点,机器,无论其多么高级,终究不能代替人。否则,人类存在于这个世界的意义就完全消失了。"自斯腾豪斯提出了引起广泛关注的'视教师为研究者'的观点后,随着课程理论研究和课程改革的深入,教师在课程活动中的地位和作用也发生了重大转变。"①这种转变最为本质的就是教师角色的承担,即通过尊重教师以激发教师活力,使得教师从纯粹的教学计划、教学方案、教学内容的执行者转变为研究者、开发者、设计者和执行者。本书以为,目前,我国幼儿教育之封闭式管理所造就的"孤岛"现象可以随着外部性力量(如教育评价组织、家长、社区人员)的入驻而得到根本性的改变。因此,最为可靠的举措在于设计教育教学评价指标和方案。而这一点已经远远超出笔者的能力范畴,属于纯幼儿教育领域,从而搁置不谈。

(三) 我国幼儿教师教育权规制之具体举措

对于幼儿教师教育权规制适合采取何种方式,即举措问题,在前文中其实已经有部分涉及。比如教育部门的执法检查、监督管理和奖惩行为;教育评价组织的评估与评价;家长的监督与合作;基层群众自治组织与社会公益机构的服务、支持、合作等均属于这一范畴。只不过,执法机关的行为具有更强的刚性,是最为典型的传统行政行为;而其他机构的行为要么属于委托行政行为,要么属于社会自治管理行为,虽然也具有一定的行政性,但是在本质上属于社会行为,必须转化为幼儿园的内部管理行为才能产生预期的法律效果。从传统行政的角度来看,控制行政行为的一个有效方法就是将行政行为法定化。然而,与此并不相适应的是,社会行政行为过于复杂,几乎难以概括其行为类型,从而无法将其类型法定化,并据此设计相对应的约束机制。不过,这并不意味着社会行政行为无法控制。本书认为,以不变应万变,在行政法上的经验就是构建行政程序性机制。这是西方国家行政法治发展所取得的一项重大成果。显然,我国也在这一方面已经着手进行制度建设,只

① 刘旭东:《现代课程的价值取向研究》,西北师范大学 2000 年度博士学位论文,第 77 页。

不过迄今为止还未能催生一部行政程序法典，相关内容在行政处罚法、行政许可法等法律文本中已经多有规定。

四、我国幼儿教师教育权规制机制之责任类型及追责程序

从法学的角度而言，规制机制不同于传统的行政管理机制，而是应对现代性风险的一种法律技术性方法。这就决定了规制机制本身有着区别于传统行政的特征——软法之治。教育法是典型的软法。曾有学者认为我国教育法"软化"是一种亟待破解的现实性缺陷，意图将其"硬化"。①笔者认为，这种担忧是多余的。经济发展的现实必然要求放松对社会主体的法律约束，不仅教育法，民法、刑事法、行政法，几乎无一不在"软化"。其中的根本性因素在于，经济发展刺激了社会主体理性的增长，也扩张了社会主体自由意志的扩张。作为公共意志的产物，法律自然要认可公共意志在国家生活中的作用。因此，现代性社会不是需不需要"硬化"法律问题，而是如何规范公共意志在法律中发挥更有效的作用力的问题。罗豪才教授曾撰文指出："中国社会现实中存在着大量的软法规范，并在调整社会关系方面扮演着重要角色。……软法的形成和实施，有赖于社会行动者的积极参与和行动，这有助于中国社会主体精神的形成。"②本书的一个基本的观点是，作为民众极为关注的现代教育法，不仅要大踏步地接近民意，同时也需要确立更为妥善的机制以保障符合时代发展需要的公共意志朝着正性的方向发展。而此种保障性的机制典型地体现为程序规范，又被称之为"看得见的正义"。这才是法治国家、法治政府和法治社会意义上的与时俱进和顺势而为。幼儿教师教育权规制机制恰恰就是此种理性主义的体现。从程序法意义上而言，幼儿教师教育权规制体系之最重要也是最终的一个环节就是要构建其责任机制，包括责任类型以及责任追究程序。

---

① 段斌斌：《教育法"软化"：制度成因与逻辑重构》，《中国教育法制评论》2017 年第 14 辑，第 163 页。

② 罗豪才：《公域之治中的软法》，《法制日报》2005 年 12 月 15 日。

（一）责任类型及其后果

本书坚持认为，幼儿教师教育权规制机制的重心不在于构建惩罚性规范，而在于导入社会理性并促使其依法产生作用力。因此，这一机制的责任类型典型地体现为一种合作模式。

1. 配合责任及其后果。在本书中，前文型构了幼儿教师教育权规制机制的价值导向、规制模式，规制主体、范畴和举措，其真实的意图在于促使幼儿教育机构和幼儿教师配合行动，以便敞开幼儿教育的窗口，增加其保教过程的透明度，进而促进教育过程的公平公正。因此，对于教育部门的行政执法行为、教育评价组织的评价行为、家长委员会和家长的监督与合作行为等，幼儿教育机构和幼儿教师均负有积极配合的义务。此种配合具体说来主要体现为在其他规制主体依法提出合理化请求时，依法提供幼儿教育依据、教育规范、教育材料，开放场地与教育过程等。除开国家公权力机关外，如果幼儿教育机构和（或）幼儿教师不尽配合义务的，其他规制主体并不拥有任何权力对其施加任何形式的惩罚措施，但拥有向国家公权力部门建议、检举、投诉和控告的权力。

2. 陈述责任及其后果。其他规制主体在实施影响幼儿教育机构和幼儿教师的行为时，应当说明理由和依据。类似的，幼儿教育机构和幼儿教师也应当履行其陈述责任，即在可能产生误解或遗漏的事项等方面，或者其他规制主体提出请求时，其应当向其他所有规制主体进行客观陈述，并提供相关材料与信息。由此，与其说这是一种责任，还不如说更类似于行政法上的陈述与辩解的权利，这必然进一步促进幼儿教育机构与幼儿教师与外界的信息交流，使得幼儿教育更为快速、及时地与社会互换信息，进而促成合作。反过来，如果幼儿教育机构及其幼儿教师在其他规制主体告知相关事项后不及时、不完整陈述，或进行误导性陈述而对其权益造成不利影响时，其应当担负此种不利后果。

3. 参与责任与后果。社会行政法不同于传统行政法的另一大特色就在于并不严格区分权力的归属性。因此，社会行政主体常常存在多重主体的组合。比如幼儿教育评价组织，其成员不仅应当吸收幼儿教育专家参加，更应当吸收一线幼儿教师参加（当然应当适应回避制度）。另一方面,在其他规制主体履行职责时,作为被规制者的幼儿教育机构和幼儿教师也应当积极参与相关活动。这不仅能够避免信息不对称的缺陷,也能让其知晓整个规制程序的展开过程,进而获得改进幼儿教育的信息与契机。反过来,如果被规制者拒绝参与,一是不影响相关规制行动和程序的进行,二是以应当赋予其以消极后果,即丧失陈述的机会并承担不配合的不利后果。

4. 接收责任与后果。规制主体对幼儿教育机构及幼儿教师做出某种规制行为,前者有反馈信息的义务,后者有接收相关信息的义务。对于不利的规制结论,如果后者拒不接受,那么规制主体享有提请有关管理部门做出进一步处理的权力,而后者将可能面临不利的后果责任。当然这并不能否定其有进一步申诉或起诉要求公正处理的救济权利。反过来,如果此种规制结论是明显的授益行为(如增加某种机会,给予奖励,增配经费等),基于理性人的假定,其往往不会持有异议。

（二）责任追究程序

幼儿教师的责任追究程序在我国现行的立法中已经存在。只不过由于本书所归结的责任类型有别于现有责任类型,从而需要构建与之相适配的责任追究程序制度。其中,最大的变化就在于本书提出的在园幼儿与幼儿教师之间的关系系施惠型社会行政法律关系。从目前我国相关立法来看,追究幼儿教师教育权违法行使权力的程序主要存在三种类型:一是违法行政责任追究程序;二是民事侵权责任追究程序;三是刑事违法责任追究程序。其中民事责任和刑事责任的追究完全可以依照现行立法操作,从而在此处不再赘述。

幼儿教师教育权规制机制本质上属于对违法行政行为的规制,因此我国应当着力完善这一方面的程序规则。笔者以为,我国现行违法行政行为追责程序可资借鉴。之所以作出此种判断,是因为这一机制已经比较完善,无需动用大量的立法资源,也无需耗费过多的立法时间。不过,现有相关制度还需要进一步加以改造。既然幼儿教育带有强烈的社会行政性质,那么规制幼儿教师教育权规制也应回应这一社会行政现象。鉴于我国现行行政程序的分散性、非完整性和幼儿教育的特殊性,本书建议在《学前教育法草案》中作出一定的程序性改造:一是增设行政听证程序;二是需要加重幼儿教师的举证义务。

教育听证在我国现行立法中没有任何制度设计,这不能不说是现行立法的一大缺陷。不过,教育行政管理部门已经开始在实务中操作这一程序。2004年2月24日,国家发改委与教育部联合颁布了《建立和完善教育收费决策听证制度的通知》,对教育收费决策听证制度进行简要的规定。本书认为,教育听证可以分为教育行政立法听证、教育行政决策听证和教育行政执法听证三种类型。下文主要就教育执法听证简要论述。增设教育执法行政听证程序主要用于两个方面:一是幼儿监护人不服幼儿园和幼儿教师的教育权力行为时,可以向相关教育主管部门申请听证;二是幼儿教师认为自身受到不公平待遇时也可以向相关教育主管部门申请听证。教育行政执法听证程序的增设既可以保障幼儿教师的正当权益,也可以为幼儿监护人保护幼儿权益提供有力的程序保障。在设计相关行政听证程序时,有必要突出听证程序的外部性,即导入社会主体。具体而言,可以考虑做如下几点设计:一是听证会应当在与听证申请人和被申请人无利益牵连的公共场所进行。这既方便申请人和被申请人,也方面家长们和社区居民参加,以便扩大其影响力和凭借幼儿教育事件促进社会融合。二是听证主持人应当由幼儿教育机构所在的基层人民政府指定。之所以如此设计,一方面是考虑到程序运行的便利、成本;另一方面是考虑到幼儿教育对当地的影响,以便引起基层政府的关注。三是有必要规定听证笔录是有关教育行政执法部门作出相关行政决定的依据。我国现行行政听证程序的一个明显的缺陷就在于听证笔录效力的有限性。既然耗费如此之大的成本举行相关听证程序,那么有必要将听证会笔录作为教育管理部门作出行政决定的依据。

至于加重幼儿教师的举证义务之设计则主要应用于在园幼儿监护人申请的听证程序、提起的民事诉讼和刑事诉讼案件。之所以做如此之设计,原因就在于幼儿教育机构的教育行为具有封闭性,整个在园教育过程由幼儿教育机构和幼儿教师所掌控,外界很难知晓其相关信息。

即便导入家园合作、社园合作，也不能完全实现其教育过程的透明度。这非常类似于医院的医疗过程。因此，本书认为，为了促使幼儿教育机构履行信息披露义务，促进幼儿教育过程的透明度，有必要在相关追责程序中加重幼儿教师的举证责任。可以考虑将该规则设计为：在在园幼儿监护人控告幼儿园及幼儿教师教育行为违法的案件中，幼儿园及相关幼儿保教人员负有未实施被指控行为的证明义务。

结语

幼儿教育是一个极为特殊的领域,此种特殊性最为显著的方面在于其教育目的上的自然性,教育主体的非对等性和教育过程的封闭性。说自然性,是因为幼儿处于身体、情感、认知发展的起步阶段,顺其自然成长规律进行保教活动是幼儿教育最为基本的职能;说非对等性,是因为幼儿与幼儿教师处于行为能力上的严重非对等性;说封闭性,是因为幼儿教育过程由幼儿教育机构和幼儿教师所全面主导。幼儿教育的第一要义是保护幼儿,只有在保障幼儿基础权益的层面上才可能谈得上保教理念、教育价值等问题。1917 年的《清华学报》曾刊载《儿童教育之研究》一文,开篇直言:"一国教育之发达权与于儿童教育,其理至明,不容置辩者也。"①所言甚是。幼儿教育的发达只有奠基于法治的基础之上才能获得坚实的基础。然而,与党中央之全面依法治国战略安排依然存在差距的是,我国幼儿教育的法治建设还需要进一步加强。2012 年温岭幼儿教师虐童事件发生后,举国上下均在研究与反思。不少学者认为,之所以出现如此严重和如此之多的虐童事件,不仅与法律制度存在缺陷有关,而且也与幼儿教师社会地位、薪酬待遇、职业压力也密切相关。这些观点均不无道理。然而,近十年快过去了,媒体所爆料的幼儿教师虐童事件并没有明显减少,而且似乎有着顽强的"生命力"。就在本书付梓之际,2020 年 9 月 29 日呼和浩特市公安局新城分局发布公告,其辖区内的鼎奇幼儿园昭君园三名幼儿教师因扎伤幼儿而涉嫌犯虐待被监护人、被看护人罪被刑事拘留。可见,我国现有学前教育制度在应对幼儿教师教育权方面存在严重缺陷。如果说此种制度

① 程其保:《儿童教育之研究》,《清华学报》1917 年第 6 期,第 137 页。

性缺陷有着沉重的历史原因和社会现实原因,那么其最为关键的问题在于未能有效回应师幼关系本质上是施惠型社会行政法律关系。从世界性的经验来看,促进幼儿教育发达的主要因素并不在于有何种先进的理念,有高额的经费投入,有高素质的幼儿教师。因为这些因素都可能是短暂而容易摇摆的。促进幼儿教育发达的因素来自于外部,在于相关机制机理与社会发展的相适应。在社会行政已经成为普遍现象的今天,规制幼儿教师教育权最有利也最可持续的方法莫过于导入"看得见的正义"——程序正义。程序正义存在纯粹的程序正义和完全的程序正义之分。在纯粹的程序正义观念下,程序公正与结果无关,即只要经过公正程序的保障,即使是恶的结果也被视为是可以接受的。显然,人们不能接受赌博带来的家破人亡,因而纯粹的程序正义并不能获得正当性。更为理想的正义实现方式是完全的程序正义。萨默斯的程序理论和马修的尊严理论均认为法律程序是为保障公平、尊严和参与等价值且能实现正确结果的程序;后来,贝勒斯进一步认为,法律程序除了具有解决争端和发现真相的功能外,其最大的价值是最大限度地减少错误成本和直接成本的总和。①减低我国幼儿教育的错误成本,增进其正性效益显然也有赖于程序正义理念在学前教育制度中的落实。目前,国家已经公布了《学前教育法草案》,向社会征求意见。值此良机,笔者有幸完成书稿,希望本书关于幼儿教师教育权规制机制之写作能够于国家立法有所裨益,也希望借此书的创作为程序性保障理念在我国幼儿教育实务的改革与创新贡献一点绵薄的力量。当然,不当之处敬请读者指正。

---

① Michael D. Bayles. Procedural Justice: Allocating to Individuals. Kluwer Academic Publishers,1990,pp.125.

参考文献

一、著作

[1]《马克思恩格斯文集》(第4卷),人民出版社2009年版。

[2][德]福禄贝尔:《人的教育》,孙祖复译,人民教育出版社2001年版。

[3][德]哈贝马斯:《重建历史唯物主义》郭官义译,社会科学文献出版社2000年版。

[4][德]黑格尔:《法哲学原理》,范扬、张企泰译,商务印书馆1961年版。

[5][德]老卡尔·威特、小卡尔·威特:《卡尔·威特教育全书》,《卡尔·威特教育全书》编委会编译,中国妇女出版社2018年版。

[6][德]马克斯·韦伯:《新教伦理与资本主义精神》,赵勇译,陕西人民出版社2009年版。

[7][俄]库斯聂:《社会形式发展史大纲》(上),高素明译,上海社会科学院出版社2016年。

[8][法]让-保罗·萨特:《存在与虚无》,杜小真译,生活·读书·新知三联书店1997年版。

[9][法]卢梭:《爱弥儿——论教育》(上),李平沤译,人民教育出版社1985年版。

[10][法]卢梭:《爱弥儿——论教育》(上),李平沤译,人民教育出版社1985年版。

[11][法]卢梭:《论政治经济学》,王运成译,商务印书馆1962年版。

［12］［法］卢梭:《社会契约论》,何兆武译,商务印书馆 1982 年版。

［13］［法］孟德斯鸠:《论法的精神》,张雁深译,商务印书馆 1982 年版。

［14］［法］让-保罗·萨特:《萨特戏剧集》(下),袁树仁等译,人民文学出版社 1985 年版。

［15］［荷］格劳秀斯:《战争与和平法》(第 2 卷),中国政法大学出版社 2016 年版。

［16］［加］张晓凌、［加］詹姆斯·季南:《美国独立电影制作》,北京联合出版公司 2017 年版。

［17］［美］Marjorie V. Fields,［美］Patricia A. Meritt,［美］Deborah M. Fields:《0—8 岁儿童纪律教育:给教师和家长的心理学建议》,中国轻工业出版社 2019 年版。

［18］［美］R·弗里曼·伯茨:《西方教育文化史》,山东教育出版社 2013 年版。

［19］［美］阿尔蒙德·鲍威尔:《比较政治学:体系、过程和政策》,曹沛霖等译,上海译文出版社 1987 年版。

［20］［美］艾伦·埃森斯托克:《幼儿园大战:美国精英教育的第一步》,新星出版社 2007 年版。

［21］［美］房龙:《宽容》,煤炭工业出版社 2016 年版。

［22］［美］弗雷德赫钦格等:《美国教育的演进》,美国驻华大使馆文化处(香港)1984 年版。

［23］［美］弗洛姆:《爱的艺术》,李健鸣译,商务印书馆 1987 年版。

［24］［美］黄仁宇:《万历十五年》,生活·读书·新知三联书店 2019 年版。

［25］［美］李普塞特:《政治人:政治的社会基础》,张绍宗译,上海人民出版社 1997 年版。

［26］［美］林德伯格:《西方科学的起源》,湖南科学技术出版社 2016 年版。

［27］［美］摩尔根:《古代社会》,杨东莼等译,商务印书馆 1981

年版。

[28][美]斯科特·克里斯蒂安松:《文件中的历史:改变世界历史进程的 100 份文件》,王兢译,北京联合出版公司 2017 年版。

[29][美]梯利:《西方哲学史》(增补修订版),葛力译,商务印书馆 2015 年版。

[30][美]小查尔斯·爱德华·梅里亚姆:《卢梭以来的主权学说史》,毕洪海译,法律出版社 200 年版。

[31][南斯拉夫]普雷德拉格·弗兰尼茨基:《马克思主义史》(第 1 卷),胡文建等译,黑龙江大学出版社 2015 年版。

[32][日]仓桥惣三:《幼儿园真谛》,李季媚译,华东师范大学出版社 2014 年版。

[33][日]大须贺明:《生存权论》,林浩译,法律出版社 2001 年版。

[34][日]福田心田:《上日本幼儿园》,载程帆主编:《坚守梦想:活着就是为了改变世界》,北京教育出版社 2012 年版。

[35][日]金文学:《重新发现近代:一百年前的中日韩》,现代出版社 2015 年版。

[36][日]日本世界教育史研究会编:《世界幼儿教育史》(上),刘翠荣译,吉林人民出版社 1986 年版。

[37][日]室井力主编:《行政法》(上卷),吴微译,中国政法大学出版社 1995 年版。

[38][日]我妻荣、有泉亨:《日本民法·亲属法》,夏玉芝译,工商出版社 1996 年版。

[39][日]小原国芳:《小原国芳教育论著选》(下),刘剑乔,由其民,吴光威译,人民教育出版社 2018 年。

[40][瑞典]爱伦·凯:《儿童的教育》,沈泽民译,商务印书馆 1923 年版。

[41][英]怀特海:《教育的目的》,徐汝舟译,三联书店 2002 年版。

[42][英]贾雷德·戴蒙德:《枪炮、病菌与钢铁——人类社会的命运》,谢延光译,上海译文出版社 2016 年版。

[43] [英]韦恩莫里森:《法理学——从古希腊到后现代》,李桂林等译,武汉大学出版社 2002 年版。

[44] 艾其来、胡俊平主编:《教职工法治教育读本》(以案释法版),中国民主法制出版社 2016 年版。

[45] 包祥:《自然生长教育》,福建教育出版社 2014 年版。

[46] 北京大学中国名人丛书编委会编:《风雨年代》,北方妇女儿童出版社 1990 年版。

[47] 本书编委会编:《班主任工作手册:班级管理与活动设计》(中),中央民族大学出版社 2006 年版。

[48] 边玉芳等编:《儿童心理学》,浙江教育出版社 2009 年版。

[49] 卜中海:《今天怎样当老师》,宁夏人民教育出版社 2018 年版。

[50] 曾繁康:《比较宪法》,三民书局 1978 年版。

[51] 曾天山主编:《外国教育管理发展史略》,教育科学出版社 1995 年版。

[52] 陈鹤琴:《儿童语言教育》,南京师范大学出版社 2013 年版。

[53] 陈鹤琴:《幼稚教育》,南京师范大学出版社 2012 年版。

[54] 陈鹤琴:《创建中国化科学化的现代幼儿教育》,金城出版社 2002 年版。

[55] 陈培永:《女性的星空:恩格斯〈家庭、私有制与国家的起源〉》,广东人民出版社 2016 年版。

[56] 陈倩、郭东爽、李广海、马炳霖编:《国内外幼儿教育改革动态与趋势》,东北师范大学出版社 2015 年版。

[57] 迟慧:《变化多端的魔法课》,青岛出版社 2017 年版。

[58] 单中惠、杨汉麟:《西方教育学名著提要》,江西人民出版社 2000 年版。

[59] 单中惠主编:《西方教育问题史》,人民教育出版社 2011 年版。

[60] 邓志军、卢筱红、邓佳楠:《学前教育理论与实践问题研究》,

武汉大学出版社 2018 年版。

[61] 杜成宪,单中惠主编:《幼儿教育思想史》,人民教育出版社 2008 年版。

[62] 杜成宪、王伦信:《中国幼儿教育史》,上海教育出版社 1998 年版。

[63] 杜小真:《萨特引论》,商务印书馆 2007 年版。

[64] 杜小真:《一个绝望者的希望——萨特引论》,上海人民出版社 1988 年版。

[65] 费正清主编:《剑桥中华人民共和国史(1949—1965)》,上海人民出版社 1990 年版。

[66] 傅广典:《生存逻辑:全球化穹顶下的人类同生共存》,武汉大学出版社 2017 年版。

[67] 高专诚:《荀子传》,北岳文艺出版社 2018 年版。

[68] 龚向和:《受教育权论》,中国人民公安大学出版社 2004 年版。

[69] 顾明远:《教育大词典》,上海教育出版社 1998 年版。

[70] 顾明远主编:《教育大辞典(12):比较教育》,上海教育出版社 1992 年版。

[71] 郭爱妹:《家庭暴力》,中国工人出版社 2000 年版。

[72] 郝维谦、李连宁主编:《各国教育法制比较研究》,人民教育出版社 1999 年版。

[73] 胡锦光、任端平:《受教育权的宪法学思考》,载郑贤君:《公民受教育权的法律保护》,人民法院出版社 2004 年版。

[74] 华东师大教育系等编:《西方古代教育论著选》,人民教育出版社 1985 年版。

[75] 黄人颂主编:《学前教育学》,人民教育出版社 1989 年版。

[76] 基督教会民国二年全国议会组立续行委员会编制:《中华基督教会年鉴》,商务印书馆 1914 年版。

[77] 江国华:《中国行政法(总论)》(第 2 版),武汉大学出版社 2017 年版。

［78］将经三:《西洋教育思想史》(上),福建教育出版社 2011 年版。

［79］蒋晔、武京予:《费孝通》,河北人民出版社 2008 年版。

［80］寇研:《她的国》,哈尔滨出版社 2016 年版。

［81］劳凯声:《变革礼会中的教育权与受教育权—教育法基本问题研究》,教育科学出版社 2003 年版。

［82］李步云主编:《宪法比较研究》,法律出版社 1998 年版。

［83］李楚材编:《帝国主义侵华教育史资料——教会教育》,教育科学出版社 1987 年版。

［84］李春生:《中国小学教学百科全书教育卷》,沈阳出版社 1993 年版。

［85］李定开编:《中国学前教育》,西南师范大学出版社 1990 年版。

［86］李凤:《萨特说人的自由》,华中科技大学出版社 2018 年版。

［87］李建兴:《中国社会教育发展史》,三民书局 1986 年版。

［88］李龙执行总主编:《人权的理论与实践》,武汉大学出版社 1995 年版。

［89］李卫刚:《宪法学讨论教学教程》,对外经济贸易大学出版社 2005 年版。

［90］李喜蕊:《英国家庭法历史研究》,知识产权出版社 2009 年版。

［91］李秀清等:《20 世纪比较法学》,商务印书馆 2006 年版。

［92］李永连、李秀英:《当代日本幼儿教育》,山西教育出版社 1997 年版。

［93］梁启超:《教育政策私议·文集之九》,中华书局 1989 年版。

［94］梁启超:《梁启超论教育》,商务印书馆 2017 年版。

［95］廖军和、曹丽:《中外学前教育简史》,安徽大学出版社 2013 年版。

［96］田景正主编:《学前教育史》,湖南大学出版社 2015 年版。

［97］林语堂:《吾国与吾民》,群言出版社 2010 年版。

［98］刘凤珍主编:《史说世界大讲堂》(双色图文版),中国华侨出版社 2018 年版。

［99］刘文斌:《思想独舞》,团结出版社 2013 年版。

［100］刘小红:《中国百年幼儿园课程的价值审思——基于课程文本的分析》,西南师范大学出版社 2015 年版。

［101］刘叶深:《原则效力与法律的概念》,中国政法大学出版社 2018 年版。

［102］马春玉:《幼儿园和美文化与教育》,光明日报出版社 2016 年版。

［103］马怀德主编:《行政诉讼原理》,中国政法大学出版社 2003 年版。

［104］马兰主编:《悦读坊:世界通史》(耀世典藏版),天津人民出版社 2015 年版。

［105］马平安:《走向大一统》(华夏传统政治文明书系),团结出版社 2018 年版。

［106］麦惠庭:《中国家庭改造问题》,商务印书馆 1935 年版。

［107］欧潮泉:《基础民族学:理论·人种·文化》(修订本),民族出版社 2007 年版。

［108］庞丽娟等:《国际学前教育法律研究》,北京师范大学出版社 2011 年版。

［109］曲正伟主编:《中小学和幼儿园教师资格考试相关法律法规解读》,东北师范大学出版社 2012 年版。

［110］上海市教育与生产劳动相结合展览会编:《大跃进中的幼儿教育》,上海教育出版社 1958 年版。

［111］舒新城编:《中国近代教育史资料》,人民教育出版社 1981 年版。

［112］粟高燕:《中国百年幼儿师范教育发展史研究(1904—2004)》,天津古籍出版社 2014 年版。

［113］孙庆斌：《勒维纳斯：为他人的伦理诉求》，湘潭大学出版社2009年版。

［114］孙向阳主编：《高素质幼儿教师新思维：域外视野国外学期教育理念解析》，北京少年儿童出版社2011年版。

［115］陶行知：《陶行知谈教育》，辽宁人民出版社2015年版。

［116］万超、陈清淑主编：《幼儿园课程论》，东北师范大学出版社2016年版。

［117］汪明、梁艳、刘慧敏主编：《学前比较教育》，安徽大学出版社2016年版。

［118］王春瑜：《明清史杂考》，商务印书馆2016年版。

［119］王涵：《美国进步时代的政府治理1890—1920》，上海社会科学院出版社2013年版。

［120］王人博：《业余者说》，广西师范大学出版社2018年版。

［121］吴洪成：《中国近代教育思潮新论》，知识产权出版社2016年版。

［122］吴鹏飞：《儿童权利一般理论研究》，中国政法大学出版社2013年版。

［123］吴式颖、褚宏启主编：《外国教育现代化进程研究》，山西教育出版社2006年版。

［124］吴遵民：《教育政策国际比较》，上海教育出版社2009年版。

［125］项家庆主编：《幼儿游戏设计与教师成长》，北京时代华文书局2016年版。

［126］熊月之等编著：《大辞海·中国近现代史卷》，上海辞书出版社2013年版。

［127］徐辉、郑继伟：《英国教育史》，吉林人民出版社1993年版。

［128］许崇德：《宪法》，中国人民大学出版社1999年版。

［129］杨英杰、苑朋栋编：《中国历史文化》（第2版），南开大学出版社2011年版。

［130］余雅风主编：《中小学教育法与教育政策读本》，东北师范大

学出版社 2012 年版。

[131] 余中根编著:《外国教育史研究》,云南大学出版社 2008 年版。

[132] 喻本伐:《中国幼儿教育发展史》,华中师范大学出版社 2012 版。

[133] 袁兆春、宋超群:《教育法学》(修订版),山东人民出版社 2014 年版。

[134] 云南省民族事务委员会编:《云南民族文化大观丛书(傈僳族文化大观)》,云南民族出版社 2013 年版。

[135] 云南省民族事务委员会编:《云南民族文化大观丛书(佤族文化大观)》,云南民族出版社 2013 年版。

[136] 华文:《〈经济、社会、文化权利公约〉可诉性研究》,中国社会科学出版社 2008 年版。

[137] 张家琼:《学前比较教育》,西南师范大学出版社 2016 年版。

[138] 张千帆:《国家主权与地方自治—中央与地方关系的法治化》,中国民主法制出版社 2012 年版。

[139] 张文质:《教育的勇气:张文质和青年教师的谈话》,长江文艺出版社 2018 年版。

[140] 张文质:《奶蜜盐——家庭教育第一定律》,江苏文艺出版社 2017 年版。

[141] 赵立行:《世界文明史讲稿》(修订版),复旦大学出版社 2017 年版。

[142] 中国学前教育史编写组编:《中国学前教育史资料选》(全 1 册),人民教育出版社 1989 年版。

[143] 中央教育科学研究所编:《鲁迅论教育》,教育科学出版社 1986 年版。

[144] 朱成全、徐祥运、姜秉权:《形式逻辑学概论》(第 2 版),东北财经大学出版社 2017 年版。

[145] 朱家存、徐瑞:《外国教育史》,山东人民出版社 2008 年版。

二、期刊

［1］［美］W.韦德林顿：《美国对儿童问题的再认识》，郭伟译，《法学译丛》1992 年第 1 期。

［2］［日］西村洋：《日本个人信息保护制度及其对中国的启示》，《网络法律评论》2017 年第 1 期。

［3］安七：《日本幼儿教育的 20 个细节（上）》，《青春期健康》2018 年第 17 期。

［4］包锋：《教会幼稚园的兴办与中国新式幼儿教育的产生》，《呼伦贝尔学院学报》2008 年第 2 期。

［5］包秀荣：《试论教师的法律地位》，《内蒙古民族师院学报（哲社版）》1998 年第 1 期。

［6］鲍聪：《生存论视野中的师生关系》，《宁波大学学报》2005 年第 3 期。

［7］蔡永红、肖艺芳：《日本教育公务员制度的特点及其对我国的启示》，《教师教育研究》2011 年第 6 期。

［8］曹能秀、王艳玲、田静、［日］清水益治：《近十年来美英日三国学前教师教育改革初探》，《外国中小学教育》2013 年第 7 期。

［9］曹能秀：《英国和日本学前课程目标的比较——以两国新版的学前课程纲要为蓝本》，《外国中小学教育》2016 年第 2 期。

［10］常畅：《论幼儿教育中平等的师幼关系》，《湖南第一师范学报》2006 年版第 3 期。

［11］车丽娜：《中国古代教师文化的考察》，《山东师范大学学报（人文社会科学版）》2007 年第 2 期。

［12］陈静琪、Michael P. Dunne、王兴文：《某中学高中女生儿童期性虐待发生情况调查》，《中国学校卫生》2002 年第 2 期。

［13］陈伟、熊波：《幼师虐童的生发机理与犯罪防控模式——基于264 起幼师虐童案的实证分析》，《山东大学学报（哲学社会科学版）》2019 年第 1 期。

[14] 陈忠:《弹性:风险社会的行为哲学应对》,《探索与争鸣》2020年第 4 期。

[15] 成绍荣,李旭:《幼儿园教师教育权失范及规范路径构建》,《陕西学前师范学院学报》2018 年第 4 期。

[16] 程汉大:《英国地方自治:法治运行的三个阶段》,《经济社会史评论》2016 年第 3 期。

[17] 程其保:《儿童教育之研究》,《清华学报》1917 年第 6 期。

[18] 程滢:《论教师惩戒行为的正当性——惩戒德性之异化与回归》,《教育科学研究》2014 年第 3 期。

[19] 崔岳崇、代倩倩、王瑞凤等:《儿童虐待的流行状况及其对心理健康影响的研究进展》,《伤害医学(电子版)》2016 年第 2 期。

[20] 崔跃武:《试论教师法律关系》,《佳木斯教育学院学报》1992年第 4 期。

[21] 戴颖雨:《教师的耐心教育的责任——我的教学体会》,《教育》2019 年 34 期。

[22] 邓永妍:《幼儿教育合同若干法律问题研究》,《湖南医科大学学报(社会科学版)》2005 年第 2 期。

[23] 邓志伟:《二十一世纪世界幼儿教育课程发展的趋势——日美德法四国幼儿教育课程改革的启示》,《比较教育研究》1998 年第6 期。

[24] 董沛:《"天价园"可以有,"平价园"更不能少》,《工人日报》2012 年 10 月 11 日第 3 版。

[25] 段斌斌:《教育法"软化":制度成因与逻辑重构》,《中国教育法制评论》2017 年第 14 辑。

[26] 方世荣:《论行政立法参与权的权能》,《中国法学》2014 年第3 期。

[27] 费广洪、胡思静:《英国幼儿教师薪资福利政策与启示》,《早期教育(教科研版)》2019 年第 1 期。

[28] 冯购:《校内受伤害,校方应负责》,《人民日报》2000 年 8 月

30 日。

〔29〕冯建军：《论交往的教育过程观》，《教育研究》2000 年第 2 期。

〔30〕冯晓霞：《努力促进幼儿教育的民主化》，《学前教育研究》2002 年第 2 期。

〔31〕高秦伟：《社会自我规制与行政法的任务》，《中国法学》2015 年第 5 期。

〔32〕龚瑜：《南京天价幼儿园引发争议》，《中国青年报》2006 年 12 月 1 日。

〔33〕郭道晖：《论国家权力与社会权力——从人民与人大的法权关系谈起》，《法制与社会发展》1995 年第 2 期。

〔34〕郭元祥：《论教育的过程属性和过程价值——生成性思维视域中的教育过程观》，《教育研究》2005 年第 9 期。

〔35〕郭之纯：《天价幼儿园的"孤岛效应"》，《幼儿教育》2004 年第 12 期。

〔36〕海存福：《我所看到的英国幼儿教育》，《学前教育研究》2003 年第 11 期。

〔37〕韩显阳：《告诉你一个真实的美国学前教育》，《光明日报》2017 年 3 月 29 日第 15 版。

〔38〕韩小雨、庞丽娟、李琳：《从国家发展的战略视角论幼儿教育的价值》，《学〔38〕前教育研究》2010 年第 7 期。

〔39〕郝少毅：《幼儿教师教学反思：个案研究》，《教师教育研究》2016 年第 3 期。

〔40〕霍力岩、齐政坷：《全面整合学前儿童服务体系——走向"保教一体化"的英国学前教育》，《比较教育研究》2010 年第 5 期。

〔41〕贾芷昔、凌晓俊：《儿童忽视研究述评》，《陕西学前师范学院学报》，2020 年第 9 期。

〔42〕江必新、邵长茂：《社会治理新模式与行政法的第三形态》，《法学研究》2010 年第 6 期。

〔43〕鞠光宇：《美国国家教育权配置特点分析》，《中国高教研究》

2010 年第 12 期。

　　[44] 李传英、王纬虹、何长青：《影响幼儿园保教质量的关键因素——基于重庆市幼儿园教师队伍、保教内容和保教方法的初步调查》，《教育科学论坛》2016 年第 8 期。

　　[45] 李方：《后现代教学理念探微》，《教育研究》2004 年第 11 期。

　　[46] 李芳芳、谢文宇：《2010—2014 年媒体曝光的幼儿园"虐童事件分析研究》，《滇西科技师范学院学报》2016 年第 1 期。

　　[47] 李华：《谁来为特殊儿童撑起"保护伞"？》，《广州日报》2012 年 10 月 9 日第 20 版。

　　[48] 李建军：《"国民性批判"的发生、转向与重启》，《文艺研究》2009 年第 10 期。

　　[49] 李楠：《德国义务教育法制变迁历程探究》，《安康学院学报》2012 年第 1 期。

　　[50] 李普华、曹辉、李晓波：《基于权力与权利的教师惩戒权属性研究》，《煤炭高等教育》2011 年第 5 期。

　　[51] 李生兰：《美国学前教育机构崇尚自然的教育及启示》，《比较教育研究》2017 年第 10 期。

　　[52] 李帅军：《美国教育行政管理体制简论》，《教育评论》1991 年第 2 期。

　　[53] 李秀云：《美国幼儿教师培养的价值取向流变》，《比较教育研究》2020 年第 4 期。

　　[54] 李亦书：《家长：报名上幼儿园，咋这么难？》，《彭城晚报》2018 年 5 月 16 日第 7 版。

　　[55] 厉以宁：《关于教育产品的性质和对教育的经营》，《教育科学研究》1999 年第 3 期。

　　[56] 林雅：《行政法上特别权力关系理论之历史沿革》，《河南师范大学学报（哲学社会科学版）》2005 年第 4 期。

　　[57] 刘军国：《日本少子化问题愈发严峻》，《人民日报》2020 年 6 月 9 日 17 版。

[58] 刘润忠:《试析结构功能主义及其社会理论》,《天津社会科学》2005 年第 5 期。

[59] 刘乡英:《孩子是风之子——日本家长的育儿观与幼儿园的户外游戏》,《幼儿 100(教师版)》2018 年第 10 期。

[60] 刘杨:《正当性与合法性概念辨析》,《法制与社会发展》2008 年第 3 期。

[61] 罗朝猛:《日本如何管好幼儿教师这道关》,《中国教育报》2017 年 12 月 15 日第 5 版。

[62] 罗豪才:《公域之治中的软法》,《法制日报》2005 年 12 月 15 日。

[63] 吕珩:《建立教育行政仲裁制度,解决学校管理纠纷》,《教育探索》2010 年第 2 期。

[64] 吕可红、张春浩:《日本〈21 世纪教育新生计划〉述评》,《外国教育研究》2002 年第 10 期。

[65] 马岭:《对受教育权性质的评析》,《中国青年政治学院学报》2009 年第 4 期。

[66] 马元龙:《身体空间与生活空间——梅洛-庞蒂论身体与空间》,《中国人民大学学报》2019 年第 1 期。

[67] 苗曼:《英国幼教机构的分型及对我国幼儿教育的启示》,《江苏师范大学学报(哲学社会科学版)》2018 年第 1 期。

[68] 苗学杰,姜媛媛:《英国幼教虐童事件的防范与惩戒机制探析》,《比较教育研究》2019 年第 11 期。

[69] 潘建平:《中国儿童忽视现状与研究展望》,《中国学校卫生》2014 年第 2 期。

[70] 皮艺军:《"虐童"浅析》,《青少年犯罪问题》2013 年第 1 期。

[71] 钱雨:《美国学前教育立法的发展、经验与启示》,《湖南师范大学教育科学学报》2020 年第 3 期。

[72] 秦惠民:《对市场经济条件下国家教育权作用的再认识》,《国家教育行政学院学报》2000 年第 2 期。

[73] 荣鑫,刘志洪:《〈家庭、私有制和国家的起源〉导读》,中国民主法制出版社 2017 年版。

[74] 石中英:《全球化时代的教师同情心及其培育》,《教育研究》2010 年第 9 期页。

[75] 宋熙炯:《论教师教育权》,《江西教育科研》2007 年第 1 期。

[76] 孙言平、董兆举、衣明纪、孙殿风:《1 307 名成年学生儿童期性虐待发生情况及其症状自评量表测试结果分析》,《中华儿科杂志》2006 年第 1 期。

[77] 覃秋旺、方彩琼、沈惠玲:《流水线劳务工焦虑抑郁症状发生率及相关危险因素分析》,《中华全科医学》2014 年第 7 期。

[78] 陶东风:《"国民性神话"的神话》,《甘肃社会科学》2006 年第 5 期。

[79] 汪全胜:《行政立法的"部门利益"倾向及制度防范》,《中国行政管理》2002 年第 5 期。

[80] 王本余:《儿童权利的观念:洛克、卢梭与康德》,《南京社会科学》2010 年第 8 期。

[81] 王金云:《论建构主义的师生角色观》,《河南师范大学学报(哲社版)》2004 年第 1 期。

[82] 王砷庆:《论精神与精神教育——一种教育哲学视角的当代教育反思》,《华中师范大学学报(人文社会科学版)》2002 年第 3 期。

[83] 王伟:《教育需要耐心等待》,《中国教育学刊》2016 年 S2 期。

[84] 王艳:《公办幼儿园稀缺就别怪民办园天价》,《中国青年报》2012 年 1 月 10 日第 2 版。

[85] 王振霞:《城市化视域中古罗马儿童地位研究》,《商丘师范学院学报》2016 年第 11 期。

[86] 温辉:《受教育权可诉性研究》,《行政法学研究》2000 年第 3 期。

[87] 吴萍萍、贺苗、杨静等:《乌鲁木齐农村 3—6 岁儿童忽视现状及其危险因素分析》,《中国当代儿科杂志》2019 年第 11 期。

[88] 吴漩、王宏方:《日本中小学教师流动的政策体系——基于法律演化的视角》,《上海教育科研》2020 年第 4 期。

[89] 吴志宏:《把教育专业自主权回归教师我们需要什么样的教育管理》,《教育发展研究》200 年第 9 期。

[90] 夏璐:《聚焦"天价"园,破冰"入园难"——由一则贵族幼儿园新闻引发的思考》,《教师》2011 年第 34 期。

[91] 向海英:《现代幼儿教育发展的新趋势》,《教育评论》1997 年第 4 期。

[92] 项贤明:《论人文系统中的教育》,《教育研究》2001 年第 9 期。

[93] 谢非非:《受教育权属性阐释》,《社会科学家》2013 年第 9 期。

[94] 谢智静、唐秋萍、常宪鲁、邓云龙:《457 名大学生儿童期心理虐待和忽视经历与心理健康》,《中国临床心理学杂志》2008 年第 1 期。

[95] 徐文秀:《人可以低调不可以低声》,《秘书工作》2016 年 11 期。

[96] 徐秀丽:《中国古代家训通论》,《学术月刊》1995 年第 7 期。

[97] 徐奕斐:《妥协与变革:英国 1839 年婴幼儿监护权法案再思考》,《外国法制史研究》第 20 卷。

[98] 阎光才:《教师"身份"的制度与文化根源及当下危机》,《北京师范大学学报(社会科学版)》2006 年第 4 期。

[99] 杨丹燕:《幼儿园心理虐待问题之研究》,《学前教育研究》1999 年第 2 期。

[100] 杨建顺:《行政立法过程的民主参与和利益表达》,《法商研究》2004 年第 3 期。

[101] 杨锦清:《基层幼教师资储备和管理体制中存在的问题及其解决策略——以福建省连江县为例》,《学前教育研究》2010 年第 5 期。

[102] 杨玉凤:《儿童的虐待与忽视及其干预对策》,《中国儿童保健杂志》2006 年第 4 期。

[103] 杨玉玲、庞淑兰、李凤杰:《淄博市农村 3—6 岁儿童忽视现状》,《中国学校卫生》2016 年第 9 期。

[104] 姚伊：《家庭教育权之法理探微》，《社会科学动态》2018 年第 3 期。

[105] 叶强：《论作为基本权利的家庭教育权》，《财经法学》2018 年第 2 期。

[106] 于潇：《幼儿园学费若真"天价"，怎么办?》，《检察日报》2016 年 7 月 26 日第 4 版。

[107] 袁洪亮：《中国近代国民性改造思潮研究综述》，《史学月刊》2000 年第 6 期。

[108] 湛中乐：《教育法学研究的问题、范围与方法》，《中国高等教育》2014 年第 17 期。

[109] 张伯玉：《论日本自民党的集权化》，《日本问题研究》2018 年第 3 期。

[110] 张步峰：《兼具自由权与社会权性质的受教育权》，《北京行政学院学报》2009 年第 5 期。

[111] 张鸿宇：《美国家园合作国家标准评介与借鉴》，《教育探索》2017 年第 4 期。

[112] 张竟洋、祁型雨：《"教师管教权"的概念辨析》，《辽宁行政学院学报》2010 年第 5 期。

[113] 张礼永：《幼儿教育首次纳入日本〈教育基本法〉》，《早期教育》2007 年第 7 期。

[114] 张利洪：《改革开放 40 年我国学前教育政策法规的历程、成就与反思》，《陕西师范大学学报（哲学社会科学版）》2019 年第 1 期。

[115] 张琦：《教育权问题初探》，《当代教育科学》2003 年第 7 期。

[116] 张淑芳：《社会行政法的范畴及规制模式研究》，《中国法学》2009 年第 6 期。

[117] 张雁：《全纳教育理念对幼儿教育的启示》，《伊犁师范学院学报（社会科学版）》2008 年第 3 期。

[118] 赵丹、李丽萍：《某医科院校 485 名大学生儿童期虐待经历的调查》，《疾病控制杂志》2006 年第 2 期。

［119］赵剑云:《北京"天价幼儿园"回应本刊,艾毅国际幼儿园:利润在 5％,学费贵在外教》,《中国经济周刊》2013 年 1 月 7 日。

［120］赵梦雅、武翠红:《英国学前教育的再出发——基于 2017 年〈早期基础阶段法定框架〉的分析》,《外国教育研究》2019 年第 4 期。

［121］赵敏:《大学校长与国家教育权力系统关系论释》,《现代大学教育》2004 年第 1 期。

［122］赵南:《学前教育"保教并重"基本原则的反思与重构》,《教育研究》2012 年第 7 期。

［123］赵幸福、张亚林、李龙飞:《435 名儿童的儿童期虐待问卷调查》,《中国临床心理学杂志》2004 年第 4 期。

［124］郑少华:《简论社会自我管制》,《政治与法律》2008 年第 3 期。

［125］周贤日:《论教师教育惩戒权》,《华南师范大学学报(社会科学版)》2020 年第 4 期。

［126］朱艳秋:《爱心、细心、恒心——成就幼儿教育的三要素》,《新课程学习(上)》2013 年第 10 期。

三、学位论文

［1］冯钊:《20 世纪 90 年代以来的日本幼儿园教师教育改革研究》,云南师范大学 2011 年年度硕士学位论文。

［2］郭梦聪:《幼儿教师工作压力与心理和谐的关系——一个有调节的中介模型》,河南大学 2019 年度硕士学位论文。

［3］刘彤:《美国"开端计划"历程研究》,河北大学 2007 年度博士学位论文。

［4］刘旭东:《现代课程的价值取向研究》,西北师范大学 2000 年度博士学位论文。

［5］柳姜述弢:《社会权的宪法保障研究》,黑龙江大学 2019 年度博士学位论文。

［6］唐钰滢:《仓桥惣三幼儿教育思想研究》,河北大学 2017 年度

博士学位论文。

[7] 王慧:《儿童虐待国家干预制度比较研究》,武汉大学 2015 年度博士学位论文。

[8] 王燕婷:《虐童行为的伦理探析及其防治》,河南师范大学 2015 年度硕士学位论文。

[9] 王莹:《虐童行为刑法规制问题研究》,吉林大学 2014 年度硕士学位论文。

[10] 姚家康:《苏格兰地区地方自治分析》,山东师范大学 2017 年度硕士学位论文。

[11] 翟楠:《教育权力及其正当性之研究》,南京师范大学 2008 年度博士学位论文。

[12] 邹强:《中国当代家庭教育变迁研究》,华中师范大学 2008 年度博士学位论文。

四、外文

[1] Blisset's Case, L, 748, 98Eng. Rep.899(1767).

[2] Condie Ward. Connecting Young Children With Nature. Teaching Young Children. Teaching Young Children. 2014, 8(1), pp.25.

[3] Deci EL, Ryan RM. The "What" and "Why"of Goal Pursuits: Human Needs and the

[4] Self-determination of Behavior. Psychological Inquiry, 2000; 11(4), pp.227—268.

[5] Jerome Carcopino. Daily Life in Ancient Rome. New York: Penguin Books Press, 1956. p.87.

[6] Jolly Freeman, Private Parties, Public Functions and the New Administrative Law, 53 Admin. L. Rev. 813, 831, 834(2000).

[7] Julia Black. Constitutionalism Self-Regulation, 59 Mod. L. Rev. 24, 27(1996).

［8］Kathryn L, Hildvard, David A. Wolfe. Child Neglect: Developmental Issues and Outcomes. Child Abuse & Neglect, 2002; 26 (6), pp.679—695.

［9］Mahwah, N. J. Lawrence Erlbaum Associates Education: Yesterday, Today, and Tomorrow, Inc., 2001, p.75—76.

［10］Mann. DALE. The politics of training teachers in schools, Teachers college Record, 1976(77).

［11］Maris A. Vinovskis. The Birth of Head Start. The University of Chicago 2005, p.96.

［12］Mganus O. Bassey. Wenstern Education and Political in Africa. Bergin Garrey, 1999, p.16.

［13］Michael D. Bayles. Procedural Justice: Allocating to Individuals. Kluwer Academic Publishers, 1990, pp.125.

［14］Phippen A, Bond E. The Case of Vanessa George and the Little Teds Nursery in Plymouth: Calls for a Return to Capital Punishment? //Organisational Responses to Social Media Storms. 2020. pp.11—12.

［15］Riggs SA. Childhood Emotional Abuse and the Attachment System Across the Life Cycle: What Theory and Research Tell Us. Journal of Aggression, Maltreatment & Trauma, 2010; 19 (1), pp.5—51.

［16］Rosernherg M. Society and the Adolescent Self-image. Princeton, NJ: Princeton University Press, 1965, pp.134.

［17］Jolly Freeman, Private Parties, Public Functions and the New Administrative Law, 53 Admin. L. Rev. 813, 831, 834(2000).

［18］Stenven Mintz. "Placing Children's Rights in Historical Perspective", in 44 No.3 Crim. Law Bulletin, May-June 2008, pp.35.

［19］Susan Maidment, Child Custody and Divorce, Croon Helm, Kent, 1984, pp.115.

[20] Tank, R. M. Young Children, Families, and Society in America since the 1820s: The Evolution of Health, Education and Child Care Programs for Preschool Children. University of Michigan, 1980, p.118.

[21] Wallace v. Batavia Sch. Dist. 101, 68 F. 3d 1010 (7th Cir. 1996).

[22] Xiangming Fang, Deborah A Fry, Kai Ji, David Finkelhor, Jingqi Chen, Patricia Lannen & Michael P Dunne. The Burden of Child Maltreatment in China: A Systematic Review. Bulletin of the World Health Organization, 2015; 93(3), pp.176—185.

图书在版编目(CIP)数据

失范与规范:幼儿教师教育权力规制机制研究:基
于虐童事件的反思/刘澍著.—上海:上海三联书店,
2022.7
　　ISBN 978 - 7 - 5426 - 7284 - 1

　Ⅰ.①失…　Ⅱ.①刘…　Ⅲ.①幼教人员-行为规范-
研究-中国　Ⅳ.①G615

　　中国版本图书馆 CIP 数据核字(2020)第 237880 号

失范与规范:幼儿教师教育权力规制机制研究
——基于虐童事件的反思

著　　者 / 刘　澍

责任编辑 / 殷亚平
装帧设计 / 一本好书
监　　制 / 姚　军
责任校对 / 张大伟　王凌霄

出版发行 / 上海三联书店

　　　　(200030)中国上海市漕溪北路 331 号 A 座 6 楼
邮　　箱 / sdxsanlian@sina.com
邮购电话 / 021 - 22895540
印　　刷 / 上海惠敦印务科技有限公司

版　　次 / 2022 年 7 月第 1 版
印　　次 / 2022 年 7 月第 1 次印刷
开　　本 / 640mm×960mm　1/16
字　　数 / 260 千字
印　　张 / 19.75
书　　号 / ISBN 978 - 7 - 5426 - 7284 - 1/G·1584
定　　价 / 88.00 元

敬启读者,如发现本书有印装质量问题,请与印刷厂联系 021 - 63779028